［カラー版］

地形と立地から読み解く「戦国の城」

萩原さちこ

マイナビ

はじめに

かつては、城といえば天守が必需品でした。「天守のない城など見るに値しない」とまでいわれていたのも、遠い昔の話ではありません。ところがここ数年はそうした認識が一変し、戦国時代の城が脚光を浴びています。実際に戦いの舞台となった城には豪華な天守は存在せず、いわゆる「土づくりの山城」であったことが認知されるようになったのです。

私がいただく執筆や講演の依頼も、ここ数年は天守についてのテーマはめっきり減り、もっぱら戦国時代の城に関するものが大半を占めるようになりました。いくら熱く戦国時代の城を語っても、天守の話題に触れないといまいち満足いただけなかったあの頃…。城のイメージや認識が大きく変わったと感じます。

14～17世紀初頭、日本には3～4万の城があったといわれ、その99パーセントが土づくりの城と考えられています。多くが南北朝時代から戦国時代にかけての築城ですから、本書がスポットを当てた戦国時代の城は、城を知る上で欠かせない存在といえるでしょう。

　もちろん、戦国時代の城を知らなくても天守のある近世の城は楽しめます。しかし、中世の城は近世の城の前身ですから、切り離されたものではありません。戦国の城の本質を理解することは、少なからず近世の城を楽しむことにもつながるはずです。

　関心が高まるにつれ、実際に戦国時代の城を訪れる人もかなり増えました。この本を手に取ってくださっているのも、実際に訪れてみたい、もっと深く城歩きを楽しみたいという思いがあってのことでしょう。やはり、戦国の城は歩いてこそ醍醐味がわかるもの。ぜひ、現地を訪れていただきたいところです。

　とはいえ、戦国の城歩きには、どうしても基礎知識が必要です。天守の意匠や天守最上階からの景色を鑑賞する楽しみ方とは異なり、目に見えないものと出合い、向き合うのが醍醐味のひとつだからです。城という空間の中で、時空に埋もれた片鱗を探し、つなぎ合わせ、さまざまな思いをめぐらせる時間に、私たちを虜にする味わいがあるのです。

　ですから、どんなに張り切って山城へ登っても、片鱗の正体がわからなければ気づけず、全体像を知らなければ思いをめぐらすことはできません。スキー板を持たず滑り方も教えてもらえないままゲレンデに放置されたところで、まったく楽しめないのと同じです。斜面を滑り降りる爽快感、雪質による疾走感の違い、ゲレンデの良し悪しなどわかるはずがありません。山城も同じように、思い立って足を踏み入れたところで、ただ山中をウォーキングするだけで終わってしまいます。

これでは、もったいない。山城歩きを楽しむためには、まず「戦国時代の城とはなにか」をざっくりと知ることが大切です。戦国の城の特徴や種類、概念や機能を少しだけ知っておくと、その知識が現地を訪れたときに想像力を広げる大きな手助けをしてくれます。いくつかの城を訪ね歩くうちに城を見る目が養われ、やがて城を何もないと思っていた山の中に、壮大な城の姿が見えるようになるでしょう。コツを掴むと城の見え方が大きく変わり、楽しみがどんどん広がるはずです。

戦国時代の城を知ろうとするとき、どこに観点をおけばすんなりと頭に入ってくるのか、訪城時の満足度を上げられ、訪れる城を選ぶ際の指標となるのか。そんなことを考えるうち、城の築かれる「地形と立地」を整理しておくことが大切と感じたのが、本書を書くきっかけです。

城のおもしろいところは、オンリーワンであること、理に適っているところです。緊迫した情勢下で、軍事施設である城が適当な場所になんとなく築かれることはありません。築城も戦略のうちであり、それぞれの城に課せられた役割と目的が最大限に発揮できる場所が選ばれています。もちろん縄張（設計）や機能性も大切ですが、まずは「どこに築くか」が重要なのです。

その上で、地形の利点を生かし弱点を補いながら、できるだけ精度の高い城になるよう試行錯誤されます。地形と立地は、戦国時代の城の本質に迫る上で欠かせないファクター。ですから裏を返せば、立地と地形に着目して築城者の試行錯誤を読み解いていけば、城の目的や役割、時代背景のほか、戦略もおのずと見えてくるのです。

本書は、城の地形と立地に注目して、戦国時代の城の種類と変化、役割と意義、実用性などに迫った1冊です。キーワードを挙げて章立てし、訪れやすい城を例としながら、なぜその地形と立地が選ばれたのか、どのようにしてその地形と立地を生かし、いかにして戦ったのかを解説しています。

ひとつひとつの城について多面的に追求するものではなく、縄張を読み解き軍事的な工夫や実用性を検証する本でもありません。歴史的解説も、城の見どころも思い切って省きました。ですからガイドブックとしての実用性はありませんが、城を実際に訪れたとき、地形と立地という見地からその城の本質に深く迫り戦略に思いを馳せられるよう、端的にまとめています。

第一章の「城の分類と戦国の城の基礎知識」は序章として、「立地条件による城の分類」をテーマに、城が築かれる場所による呼称の違いと特徴、山城の誕生と平山城への移行、山城の構造について簡単に解説しています。

第二章は「戦国の城を読み解くキーワード」がテーマ。「地形」「地質」「街道」「国境」「支城網」「付城・陣城」「変遷」「改造」という8つのキーワードを取り上げ、戦国時代の城と戦いを具体的に読み解いていきます。実例として、それぞれのキーワードがカギとなる有名な戦いも紹介しています。

第三章では「戦いの城を歩く」と題し、第一章と第二章を踏まえた実際の城歩きを紹介しました。鳥取城攻め、韮山城包囲戦、小田原攻め、関ヶ原合戦と、いずれも現地を歩いてこその醍醐味が実感できる城を取り上げ、私自身が感じる山城歩きの楽しみ方を綴っています。

本書がみなさまを魅惑の世界へ導く1冊になれば、うれしく思います。

なお、戦国の城歩きに欠かせないのは、事前の準備です。観光地化された城とは異なり、戦国の山城には快適な舗装道や休憩所はなく、アクセスが困難だったり、登城道が未舗装であることも少なくないからです。言うなれば、軽い登山。決して文系の史跡探訪ではなく、アウトドア系のアクティビティと心得てください。自然が相手ですから、たかが城見物などと侮っていると、生命の危険を伴うこともあります。

難易度や所用時間を調べ、自分の体力や脚力、経験値に合った城を選び、必要な装備を十分すぎるほど確認しましょう。天気予報や体調のチェックもしっかりと。熊やマムシの生息地、スズメバチなどの動物に関する情報収集も必ず行ってください。

本書では全国的によく知られ、比較的訪れやすい整備された城を取り上げていますが、初心者向けではない城も含まれます。体力や脚力、経験値には個人差がありますから、決して無理はせず、準備を万全にしてお出かけください。私有地であることも珍しくありませんから、くれぐれもマナーを守り、また貴重な遺構を破壊しないように細心の注意を。多くの人が山城歩きを長く心地よく続けられるよう、安全に楽しく歩きましょう。

平成30年9月
萩原さちこ

目次

地質による城の違い

街道を取り込んだ国境の城……136

第三節　城を読み解くキーワード③　支城網と付城・陣城……147

第四節　城を読み解くキーワード④　変遷・改造……190

第三章 戦いの城を歩く……231

第一章

城の分類と戦国の城の基礎知識

立地条件による城の分類

城は標高を指標として、築かれた場所により山城《やまじろ》・平山城《ひらやまじろ》・平城《ひらじろ》・水城《みずじろ》（海城《うみじろ》）などに分類される。山全体を城域にした城が、山城だ。平山城は、山城よりも低い小高い山や丘を利用した城のことを指し、なだらかな起伏が続く丘陵を利用した城は丘城《おかじろ》とも呼ばれる。完全な平地に築かれた城は平城、河川や海に面した城は水城や海城という。

山城は標高1000メートルを超えるものもあるが、一般的に比高《ひこう》（2地点間の高低差）100～200メートル以上の独立した山や、高い山から派生する尾根上の突端部やピークに築かれた城を指すといっていい。

標高何メートル以上の城は山城、などと基準値があればわかりやすいのだが、実際のところ厳密には明確な定義はない。たとえば、標高132メートルの勝山に築かれた伊予松山城《いよまつやま》（愛媛県松山市）は平山城として紹介されることもあれば、山城と記されるケースもある。標高約40メートルの丘陵に築かれた大洲城《おおず》（愛媛県大洲市）は一般的には平山城に分類されているが、正保元年（1644）に江戸幕府が諸大名に命じつくらせた『正保城絵図《しょうほうしろえず》』を見ると、山城と表記されている。

山や丘に城を築くのは、相手より高いところに立てるからだ。大前提として、城は軍事施設である。

そのため、相手よりもなるべく優位なポジションにつくことが必須となる。平山城であれ山城であれ、高所に陣取るメリットは、迫り来る敵を高いところからいち早く察知でき、城下の動きを監視できることだ。至近距離で対峙する場合も、高所に立つほうが対等に向き合うより絶対的に優位であり、ちょっとした石でも高いところから投げつけたほうが殺傷力も高まる。

攻め登る手段を絶ってしまえば敵を足止めでき、その間に強力な兵器でとどめを刺すことも、勝ち目がなければ逃亡もできる。なにより、坂を駆け上がるのは体力的につらく、高所で待ち構えるほうが無駄な体力を消耗せずに済む。高いところにいる側には、さまざまなアドバンテージがあるのだ。

つまり、城は「自然地形を生かして、いかに守りやすく攻めにくい城をつくるか」が大事なのである。高低差を最大限に利用して、防御力を上げていく。

必ずしも、高さのある大きな山に築くのが望ましいわけではない。当然ながら、兵力に見合った規模、目的を効率よく達成できる立地が理想的だ。一時的に敵から逃れたい場合は人里離れた急峻な山奥が望ましいが、恒久的な施設として機能させるのであればそれは不向きだ。ただ高いところにつくればよいというわけではなく、領域が見渡せる場所、敵の進軍路となる街道を見下ろせる見晴らしのよい場所、物資輸送のための河川や入り江が確保できる場所など、城の持つ目的や役割に応じて理想的な立地は変わってくる。城づくりは、選地からはじまっているといえよう。

◆城の種類と変化① 中世の城と近世の城

私たちが現在目にすることができる、**姫路城**《ひめじ》（兵庫県姫路市）や**彦根城**《ひこね》（滋賀県彦根市）などの有名な**近世の城（近世城郭）は、平山城が主流**だ。これに対して、鎌倉時代を含む、**南北朝時代や戦国時代に築かれた中世の城（中世城郭）は山城が多い**。たとえば上杉謙信の**春日山城**《かすがやま》（新潟県上越市）や毛利元就の**吉田郡山城**《よしだこおりやま》（広島県安芸高田市）も山城であるし、元就による第二次月山富田城の戦いで陥落した尼子氏の**月山富田城**《がっさんとだ》（島根県安来市）や織田信長に攻められ落城した浅井長政の**小谷城**《おだに》（滋賀県長浜市）も、高い山に築かれた山城である。

もちろん、そもそも山が存在しない地域もあるし、適当なところに山がなければ平山城や平城をつくらざるをえない。高い山がなければ丘陵や台地を使うし、それもなければ平地に城をつくるしかない。そのため**中世の城が絶対に山城というわけではないが、山城が主流**と考えてよいだろう。

中世城郭と近世城郭における見た目の大きな違いは、**土づくりであるか石づくりであるかだ**。厳密には中世城郭にも石垣や石積みが存在する城は少なからずあるが、いわゆる一般的にイメージされる、**大坂城**《おおさか》（大阪府大阪市）や**名古屋城**《なごや》（愛知県名古屋市）のような、高い石垣で城全体が囲まれる城は、近世城郭といえる。

戦国時代の城は、壁が石ではなく土で、読んで字の如く〝土から成る〟土木工事でつくられる土の城になる。だから、標高による分類上は平山城だとしても、山城のような雰囲気の城に感じる人も多いだろう。本書では、**戦国時代の城（戦国の城）＝山城、という定義**にしておこう。

○山城

山全体を城地にした城のこと。山を掘削して平地をつくり、土木工事で迷宮化する。中世城郭の主流。

例／中世城郭…吉田郡山城、小谷城、高根《たかね》城（静岡県浜松市）など

近世城郭…備中松山《びっちゅうまつやま》城（岡山県高梁市）、津和野《つわの》城（島根県鹿足郡津和野町）、岩村《いわむら》城（岐阜県恵那市）など

○平山城

山城よりも低い、小高い山に築かれた城のこと。山城より城域

山城／高根城（写真提供：浜松市）

山城／吉田郡山城（写真提供：安芸高田市歴史民俗博物館）

を広くとれる利点がある。近世城郭の主流。
例／中世城郭…滝山《たきやま》城（東京都八王子市）、韮山《にらやま》城（静岡県伊豆の国市）、鉢形《はちがた》城（埼玉県大里郡寄居町）、新府《しんぷ》城（山梨県韮崎市）など
近世城郭…姫路城、彦根城、松江《まつえ》城（島根県松江市）など

○平城

高低差のない平地に建てられた城のこと。城域をいくらでも広げられるが、攻め込まれやすくなる。
例／中世城郭…備中高松《びっちゅうたかまつ》城（岡山県岡山市）、躑躅《つつじ》ケ《が》崎《さき》館（山梨県甲府市）、勝瑞《しょうずい》城（徳島県板野郡藍住町）など
近世城郭…松本《まつもと》城（長野県松本市）、広島《ひろしま》城（広島県広島市）など

○水城（海城）

河川や海の一部を取り込んだ城のこと。
例／中世城郭…能島《のしま》城（愛媛県今治市）、来島《くるしま》城（愛媛県今治市）など
近世城郭…中津《なかつ》城（大分県中津市）、高松《たかまつ》城（香川県高松市）など

平山城／韮山城（写真提供：伊豆の国市教育委員会）

海城／能島城

◆城の種類と変化② 山城の誕生と戦い方による変貌

城のはじまりは弥生時代の環濠集落とされ、時代の変化とともに姿・規模・役割を変えていった。城といっても、姿も規模も、築かれる場所もさまざまなのだ。ここでは、本書の対象となる南北朝時代の山城の誕生から近世城郭の誕生までに限定し、戦国の城の変遷を簡単にたどってみよう。

かつて、日本には3〜4万もの城があったといわれる。その**99パーセントが中世に築かれたもの**と考えられる。古代に築かれた城は律令国家が対外戦争を目的としたものだが、中世になると、武士が築くようになった。

しかし、**中世といっても山城が築かれた時期は室町時代に限られる**。中世は一般的に平安時代末から戦国時代までを指すが、平安時代末から鎌倉時代にはほとんど山城は築かれていないからだ。南北朝時代になって、山城は爆発的に築かれ発展していった。

山城が登場するのは、南北朝時代のことだ。南朝勢力が山を拠点にする悪党勢力や密教系の寺院勢力と結びついたため、彼らが本拠とする要害の地が臨時の城となり、やがて平地に築かれていた居館や籠城用の城は高い山の上に築かれるようになった。

その背景には、戦い方の変化も大きく関係する。鎌倉武士は歩兵ではなく、馬に乗って矢を放つ騎兵だった。そのため、馬の足止めさえできればよかった。

たとえば文治5年（1189）の阿津賀志山《あつかしやま》の戦いでは、源頼朝を迎え撃つ奥州の藤原泰衡が**阿津賀志山防塁**《ぼうるい》（福島県伊達郡国見町）という約3キロにも及ぶ長大な二重の防塁を構築しているのだが、これも街道を土塁と堀で遮断し騎兵隊を阻止するためのものだ。同じように、鎌倉幕府が元寇に際して博多湾に沿って今津から香椎まで約20キロにわたり構築した**防塁**（元寇防塁・福岡県福岡市ほか）も、騎馬の侵攻を阻止する防御線である。

ところが、騎兵から歩兵へと戦い方が一変すると、馬の進軍を阻止するだけでは防御施設として意味をなさなくなった。そのきっかけとして知られるのが、元弘3年（1333）の千早《ちはや》城の戦いだ。倒幕のため後醍醐天皇に呼応した楠木正成《くすのきまさしげ》は、兵力で圧倒的に劣りながらも鎌倉幕府軍を**千早城**（大阪府南河内郡千早赤阪村）で撃退。このとき活用したのが城の地形だったとされ、合戦の場に山城が登場し、山城が飛躍的に発展したと考えられている。

正成は**赤坂城**《あかさか》（大阪府南河内郡千早赤阪村）を落城したとみせかけて金剛山中に逃げ込み、千早城で態勢を整えて迎撃し大勝利を収めたとされる。後醍醐天皇方は鎌倉幕府軍とは異なり、騎兵を有していなかった。その軍事力の低さを克服するために、騎兵が近づけない高く険しい山を戦場としたのだ。

幕府軍としては、山上に逃げ込まれれば馬を捨てて攻め登るしかない。正成が取った作戦は単純で、ひたすら攻め登る敵に対して、上から石を投げつけたり、柵列をつくって身を隠しながら、奇襲をしかけるといったものといわれる。**少ない城兵で効率よく戦えるよう、山の高低差を利用した**のだ。これによって戦いは長期的な持久戦へと変化し、源平合戦以来野戦が中心だった戦いに籠城戦という選択肢が生まれたのだった。


南北朝時代の城には山岳寺院を利用した山城が多い。寺院では堂や塔を兵舎にでき、僧たちを兵に加えることもできる。また、修験の山道は各地との連絡通路になりえた。

南北朝の動乱が収まると、地方の豪族や国人たちは平地に居館を構えるようになった。駿河守護・今川氏の**駿府《すんぷ》館**（静岡県静岡市）や、甲斐守護・武田氏の**躑躅ヶ崎館**がその典型例だ。武田氏が躑躅ヶ崎館の北東2キロの地に**要害山《ようがいやま》城**（山梨県甲府市）を築いたように、**万が一に備えて詰城《つめじろ》と呼ばれる籠城用の山城を築く**守護大名もいた。**金剛寺《こんごうじ》城**（滋賀県近江八幡市）か

観音寺城の遠景。標高440メートルの繖山に位置する

ら**観音寺城**《かんのんじ》（滋賀県近江八幡市）へと本拠地を移した近江守護・佐々木六角氏のように、**平地の居館から山城へと移行した者もいた。**

応仁元年（１４６７）からの応仁の乱により内乱がはじまると、平地の居館では戦いに対応しきれなくなり、各地で国人・土豪たちが詰城となる山城を築くようになった。これにより、急峻な山に臨時的に逃げ込むための南北朝時代とは異なり、**恒久的な建造物をともなう防御力の高い山城**が築かれるようになった。室町幕府や守護大名が衰退し戦国時代に突入していく経過のなかで、城も変化を遂げていったのだ。山城には人工的な防衛施設が築かれるようになり、**自然地形と人工的な施設を組み合わせた戦国時代の山城**が誕生した。

戦国大名が台頭すると、増幅した家臣団を住まわせる広い敷地も必要になり、より巨大で恒久的な山城がつくられるようになった。戦国大名の居城の典型例が、毛利元就の**吉田郡山城**や上杉謙信の**春日山城**、浅井長政の**小谷城**、三好長慶の**芥川《あくたがわ》山城**

金剛寺城は滋賀県近江八幡市金剛寺町にある。観音寺城は金剛寺城を経て近江守護の佐々木六角氏の居城となった（現在の地形図に加筆して作図）

（大阪府高槻市）や**飯盛城**《いいもり》（大阪府大東市・四條畷市《しじょうなわて》）などだ。巨大な全山を要塞化した城で、膨大な数の曲輪が設けられ、いずれも山上に居住空間が設けられていたことがわかっている。

これら戦国大名の居城の特徴は、比高200〜400メートル程度の城であることだ。近江《おうみ》守護・佐々木六角氏の**観音寺城**、同じく近江守護・京極氏の**上平寺城**《じょうへいじ》（滋賀県米原市）、播磨《はりま》守護・赤松氏の**置塩城**《おきしお》（兵庫県姫路市）など、守護大名の城も同様だ。山城といっても実はさほど高い山に築かれるわけではなく、せいぜい1時間程度で登れる高さだ。領国内を見下ろし、領民からは見上げられる山を城地としたのである。

13〜17世紀初頭には3〜4万あったといわれている城だが、もちろんすべてが居城ではなく、さまざまな役割と目的を担った、規模も用途も異なる城が存在していた。戦いの前線基地となる城も、この時代に数多くつくられた。

三好長慶の居城である芥川山城は、芥川に面した標高約180メートルの三好山山頂にあり、三島平野が見渡せ、眼下には西国街道や芥川宿がある。芥川を下ると水上交通の要である淀川に至る（現在の地形図に加筆して作図）

城づくりは、基本的に突貫工事だ。現代においてマイホームをつくるとしたら、念入りに土地を厳選し、とりあえずパンフレットを取り寄せてよい施工業者や素材を選ぶことからはじめるだろう。しかし、いつ戦いが起こるかわからない戦国時代の城づくりでは、そんな悠長なことはいっていられない。地勢の優劣を見極め、与えられた条件下で目的と役割に沿ってできる限りの試行錯誤をするのだ。

だから、古墳や南北朝時代の城を改造するケースも多く、奪った城を改造して使うこともよくあった。南北朝時代と同様に、寺院が城塞化されることも珍しくなかった。土塁や堀切、竪堀まである**弥高寺**《やたかじ》（滋賀県米原市）も、京極氏が城郭化した山岳寺院の代表例だ。山麓の居館から詰城の上平寺城を経て、弥高寺へと続く。一大城塞化された**根来寺**《ねごろじ》（和歌山県岩出市）には、堀や土塁のほか、地下壕や物見櫓まで設けられていた。

◆城の種類と変化③ 山城から平山城への移行

戦国時代の終わりとともに、山城の時代は終わりを告げ平山城に移行したといってよい。天正4年（1576）から織田信長によって築かれた**安土城**《あづちじょう》（滋賀県近江八幡市）が誕生すると、城の姿・形、存在意義までもががらりと変わった。戦うためだけに存在した城には示威的な側面が加わり、権力と財力の象徴である天守や高石垣を備えた、強く、かつ美しい城へと変化したのだ。

一般的に、安土城以前の城を中世城郭、以降の城は近世城郭と分類し、安土城をターニングポイントとして城は語られている。近年はその定説が覆り、信長が永禄6年（1563）から築いた**小牧山《こまきやま》城**（愛知県小牧市）や、永禄10年（1567）から築いた**岐阜《ぎふ》城**（岐阜県岐阜市）で、安土城に先立つ城を築いていたことが判明している。しかしいずれにしても、近世城郭の歴史は信長によって幕を開けたといってよい。

領国支配体制や主力兵器の変化、城の役割や存在意義の変化など、さまざまな理由により城は変化を遂げた。信長が生み出した新しい城の概念は豊臣秀吉、徳川家康に引き継がれ、現在一般的にイメージされる城の基本理念となっていくことになる。

山城から平山城への移行は、信長の城の誕生が直接的に関係するわけではない。岐阜城は標高329メートルの山城であり、安土城も標高199メートルの山城だ。よって、信長自身が近世城郭の条件として平山城への移行を決定づけたとはいえない。ただ

安土城の遠景。標高199メートルの安土山に築かれた

安土城の伝大手道

し、標高はさておき、安土城はそれまでの城とは立地が違う。象徴としての存在、政治・経済・商業の中心地として考えた場合、水運・陸運の要衝であることは必須だ。城下町の形成を考え、おのずと山を降りることになっていったのだろう。

この背景には、弓矢から鉄砲への主力兵器の変化のほか、築城技術の発達によって、土木工事だけに頼らなくても軍事力の高い城が築けるようになったことも起因すると思われる。こうして城は、土の城から石の城へと変貌したのだった。

私たちが現在目にできる城は、長い城の歴史のなかで生き残った最終形ということになる。城が築かれるのは、基本的に武家諸法度が公布される元和元年（1615）までだ。

秀吉の死去によって朝鮮出兵が収束した慶長3年（1598）から関ヶ原合戦勃発までの2年間は、相当な軍事的緊張下にあったに違いない。命からがら帰国した諸大名は、とにかく領国の立て直しと強化を図り、城づくりにも力を注いだ。

そして、世の中が二分された慶長5年（1600）の関ヶ原合戦後から豊臣家が滅亡する慶長20年（1615）の大坂夏の

彦根駅から望む佐和山城。彦根駅からは、東側に佐和山城、西側に彦根城が見える

陣までの15年間は、また別の軍事的緊張に包まれる。政権交代の気配がただようなかで、諸大名は領国を守るため次々と城に手を入れていったのだ。

また、関ヶ原合戦後に行われた家康による領地替えにともない、大名たちが新たな領国で城を新築した。その際に山城を廃城とし平山城を新築するケースも多かった。

たとえば、近江・佐和山18万石を与えられた井伊直政は、石田三成の居城であった標高約233メートルの佐和山に築かれた**佐和山《さわやま》城**（滋賀県彦根市）に入ったものの、慶長8年（1603）には子の直継が、すぐ西側にある標高約133メートルの彦根山に**彦根城**を築きはじめている。立地は申し分ないが、望ましい地形を求めた例だ。

堀尾吉晴も、出雲《いずも》・隠岐《おき》24万石を与えられた子・堀尾忠氏とともに、戦国時代に尼子氏が拠点とした堅城、標高約184メートルの月山に築かれた**月山富田城**に入城したものの、水上交通には不便で城下町形成には適していないことから新城の築城を計画

松江城は月山富田城から約25キロほどのところに築かれた（現在の地形図に加筆して作図）

し、慶長12年（1607）には標高約28メートルの亀田山に**松江城**の新築を開始している。立地も地形も新装したケースである。

こうして、城は平山城が主流となっていった。本書では、近世城郭が誕生する以前の戦国時代後期に絞り、城が築かれた地形と立地、城をめぐる戦いを読み解いていこう。

◆山城を構成するもの

城を歩くとき、どうしても専門用語が登場してしまう。本書はあくまで城の地形と立地にスポットを当てて城を読み解いていくものだから城の構造や設計を詳しく探るものではないのだが、やはりどうしても頻出してしまうし、知っていたほうが理解しやすい。構造から、本書で述べるような城の役割や目的、変遷がたどれるのも事実だ。

そして、実際に城を歩くときはまずは構造を理解し、遺構を確認しながら楽しんでもらいたい。城歩きにも使えるよう、覚えておくべき基本的な用語を解説しておこう。

○普請と作事

土木工事のことを普請《ふしん》、建築工事のことを作事《さくじ》と呼ぶ。近世城郭は普請と作事がほぼ同比率だが、戦国時代の城は土づくりであるため普請によりほぼ築かれている。

○縄張・縄張図

城の設計のことを縄張《なわばり》という。設計といっても建造物の設計図を描くといった限定されたものではなく、城をどこに築くかという城地の選定から、城をとりまく河川の整備、城内にどれくらいの規模のスペースをいくつつくり、それらをどのように間取りするのか、防御力を高め弱点をカバーするためにどういった工夫をするのかという**レイアウト・プラン全般**を指す。

縄張を示した平面図のことを縄張図といい、これが山城歩きの友となる。山の起伏はもちろん、土木工事によって人工的につくられた防御装置のフォルムを描き記したものだ。ひとりで山中を歩いてもなかなか遺構や工夫に気がつけないことが多いが、縄張図を片手に記されているものをひとつひとつ確認して歩くことで、遺構を見逃さずにたどることができるし、もちろん全体の構造を読み解くヒントにもなる。

はじめのうちは、解読できないこともあるだろう。そういう場合は、城の案内板にある簡素化されたイラストなどを手がかりにしていくとよい。縄張図は実はさほど難しいものではなく感覚的に理解できるものなので、少し山城歩きに慣れてきたら活用してみよう。

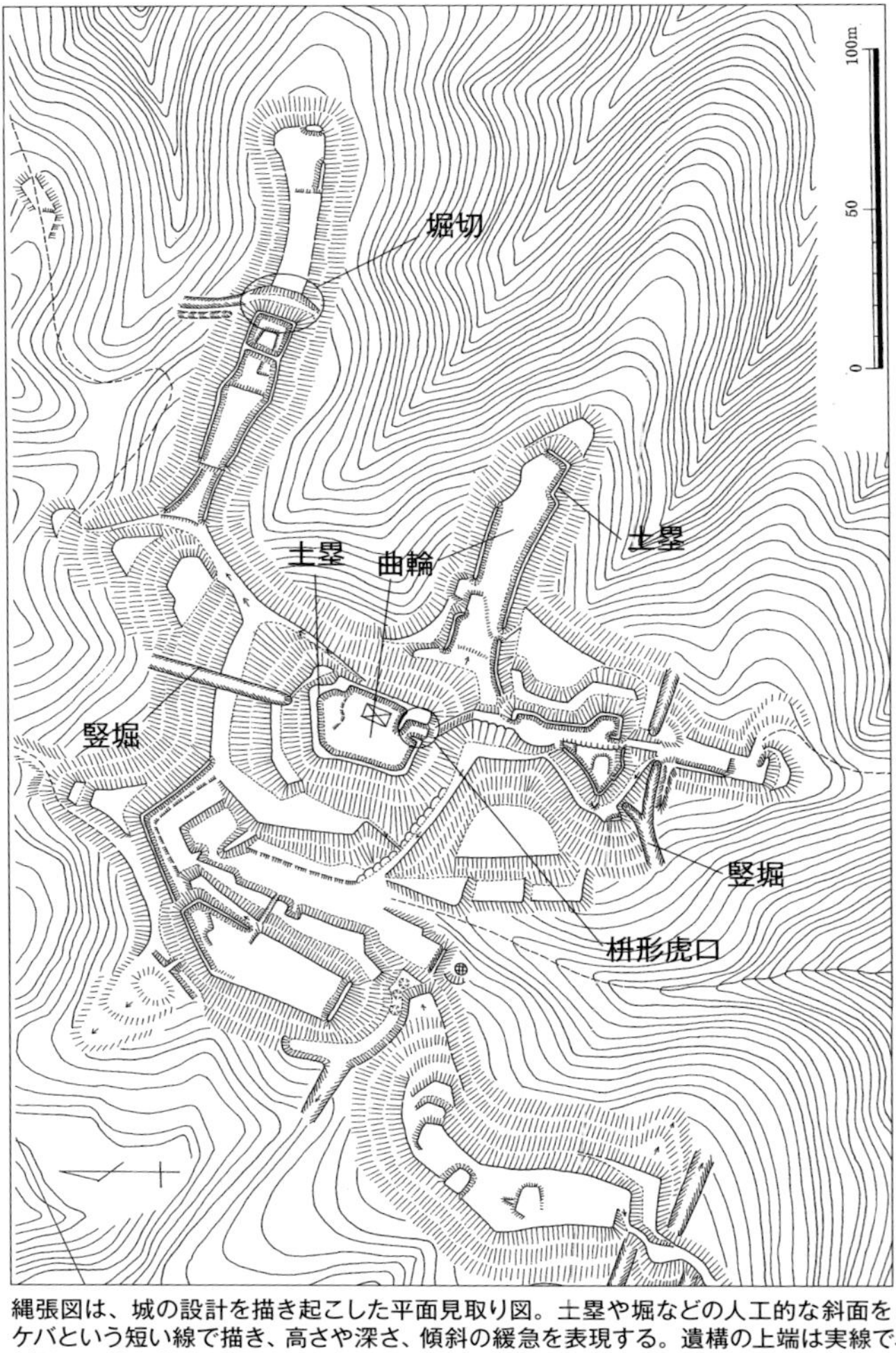

縄張図は、城の設計を描き起こした平面見取り図。土塁や堀などの人工的な斜面をケバという短い線で描き、高さや深さ、傾斜の緩急を表現する。遺構の上端は実線で、斜面の下端を点線で描く(松尾山城/作図：中井均)

城の規模や構造、しかけなどがわかる。城を見る目が養われてくるまでは、縄張図を片手に、宝探しゲームのように遺構を見つけながら歩くのがおすすめだ。

○横矢掛かり

側面から攻撃することを「横矢《よこや》を掛《か》ける（横矢掛《が》かり）」といい、城ではこの横矢掛かりが強く意識されている。敵が攻め寄せてきたとき、一方向から迎え撃つよりも二方向・三方向と複数方向から集中的に迎撃したほうが、効率がよいからだ。

城の塁線が直線のままだと、攻撃面が制限される上に隅角部に死角が生じてしまう。そこで、**出っ張らせたりへこませたりすることで攻撃面を増やし、死角を補う。**塁線を連続して折り曲げると、城壁全体に横矢が掛かって最強の鉄壁になる。

横矢が掛かる屈曲する土塁／玄蕃尾城（福井県敦賀市・滋賀県長浜市）

○曲輪（帯曲輪、腰曲輪）

山の斜面を削って確保した平坦面の区画のことを曲輪《くるわ》（または郭《くるわ・かく》）という。近世城郭では、曲輪ではなく丸が使用されることが多い。

いわば平らにならされたスペースのことで、本曲輪、二の曲輪、主郭、北の郭などというように使われる。山頂から周囲や尾根上に階段状に配置された曲輪を**腰曲輪**《こしぐるわ》、ひとつの曲輪の周囲をめぐる曲輪を**帯曲輪**《おびくるわ》という。

○土塁

曲輪の端につくられた、**土を盛った壁を土塁《どるい》という。**河川敷の土手のようなもので、堀を掘った土を盛り上げて叩き固めてつくる。中世の山城は、ほぼ例外なく土塁が構築されている。土塁は土を固めてつくるため45度くらいの斜面にすることが

曲輪・土塁・空堀／谷戸城（山梨県北杜市）

でき、なかには60度に近い急斜面のものもある。自然地形を削り残したものも土塁に含まれる。

○空堀

中世の城に必ずある、基本となる防御装置を指す。堀には水をたたえた水堀と水のない空堀《からぼり》の2種類があり、山や台地などではおのずと空堀になる。そのため山城を中心とした中世城郭は空堀が主流となる。堀幅が広すぎると敵が移動しやすくなってしまうため、狭く掘るのが常識。城兵からの攻撃が届くよう、広すぎず深すぎないようにつくる。

断面の形状から薬研《やげん》堀、片薬研堀、箱堀などに分かれる。薬研堀は堀底がV字状の堀のことで、漢方薬を粉末にする薬研の底のように尖った形状であることからそう呼ばれる。V字に尖った堀底は敵兵が歩きにくいため、**土づくりの城の空堀は薬研堀が主流**となる。堀の幅と深さは同じくらいで、3~6メートルほど。城外側の斜面だけを緩くしたものを片薬研堀、堀底が平らなものを箱堀という。

障子堀/山中城(静岡県三島市)

空堀/諏訪原城(静岡県島田市)

堀底に障壁を掘り残した障子《しょうじ》堀などもある。

○堀切

侵入路を遮断する目的で、**尾根を分断するように掘られた空堀を堀切《ほりきり》という**。尾根筋を自然地形のままにしておくと敵が簡単に侵攻できてしまうが、尾根筋や峰を堀切で断ち切ることで城域を独立させられる。二重、三重に設けられるケースも少なくない。

○竪堀・横堀・畝状竪堀

山の斜面と平行に掘られた空堀を竪堀《たてぼり》、斜面と垂直に掘られた空堀を横堀《よこぼり》という。竪堀は敵の斜面での横移動を防ぎ、敵が山麓から攻め入る道筋を限定することができる。山城における城兵の利点は、常に上から敵を見下

堀切／山家城（長野県松本市）

ろせること。敵の進路を竪堀に制限することで、斜面の上から効率よく攻撃ができる。

これに対して、**横堀は縦移動を阻止**できる。曲輪や城域をぐるりと囲むように横堀をめぐらせることで、独立性を高めていく。とくに丘陵や低い山に築かれた城は高さがないため多用される。堀切と同様に、二重、三重に掘り込まれたものもある。

堀切の両端を尾根の斜面に沿って竪堀とすることもあれば、竪堀と横堀を組み合わせることもある。**竪堀を山の斜面に何本も連続して並べたものは畝状《うねじょう》竪堀（連続竪堀、畝状空堀群）と呼ばれる。**

○切岸

敵が堀底から簡単に登れないよう、**曲輪周**

竪堀／向羽黒山城（福島県大沼郡会津美里町）

畝状竪堀／平山城（京都府綾部市、写真提供：公益財団法人 京都府埋蔵文化財調査研究センター）

横堀／天方城（静岡県周智郡森町）

切岸／河後森城（愛媛県北宇和郡松野町）

辺の斜面を削り込んで急傾斜にしたものを切岸《きりぎし》と呼ぶ。戦国時代の城において、もっとも重要な防御施設といえる。

○土橋・木橋

堀を渡るための土手道のようなものを土橋《どばし》といい、山城では堀を通路状に掘り残してある。簡単には破壊できないため、大手門前など重要な虎口に使用された。敵はおのずと1列にならざるをえず、集中攻撃の場ともなった。周囲の設計次第で自在に横矢が掛けられる。

木橋は木製の橋。いざというときは取り外したり壊したりすれば敵の侵入を阻止できる利点がある。いざというときは曲輪のなかに引き込める引橋（曳橋）もあった。

土橋／飯盛城（大阪府大東市・四條畷市）

○虎口（平虎口・喰違い虎口・枡形虎口）

城の出入口のことを虎口《こぐち》という。はじめは**扉を置いただけの平《ひら》虎口**だったが、敵の正面に向けてしか攻撃できないため、**虎口両側の土塁をずらしたり交互に置く喰違《くいちが》い虎口**が登場した。敵の足を止め、視界を遮ることができ、横矢が掛けられる。

枡形《ますがた》虎口は、枡形（四角形の空間）を利用した二重構造の虎口だ。枡形の四辺を土塁（または石垣）で囲み、一辺に第1の門、その左右どちらかの辺に第2の門を設ける。城兵は枡形内に敵を集め、四方の土塁の上から集中砲撃できる。

枡形虎口

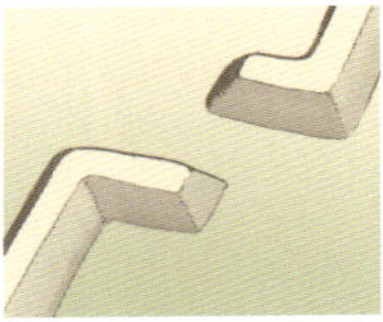
喰違い虎口

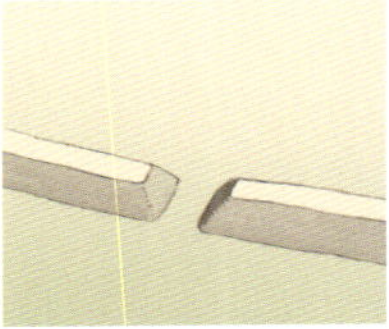
平虎口

丸馬出／諏訪原城

○馬出

馬出《うまだし》は虎口の前面に設けられた小さな出撃用のスペースで、攻撃の起点にもなる。半円型の**丸馬出**と方形の**角馬出**があり、丸馬出は武田氏や徳川氏が築いた城に、角馬出は北条氏の城に多く見られる。

これらのパーツを組み合わせて、城は設計されていく。地勢の弱点は、人工的な土木工事で補っていくのだ。尾根伝いに侵入されないように城域の終わりや曲輪間を堀切で仕切り、敵が簡単に駆け上がれそうな緩斜面は斜度を高めて切岸をつくるなり、横堀をめぐらせるなり、畝状竪堀を掘り込むなりして強化する。土塁で壁をつくり、通路や虎口に折れをつくることでくまなく横矢を掛ける。

竪堀は敵の侵入路になるから、敵の通路をこちらでつくって誘導すれば、頭上から効率よく攻撃できる。どんな大軍も1列になって規則正しく登ってくれれば、先頭から仕留めていけばよいのだから、無駄な乱射の必要もない。

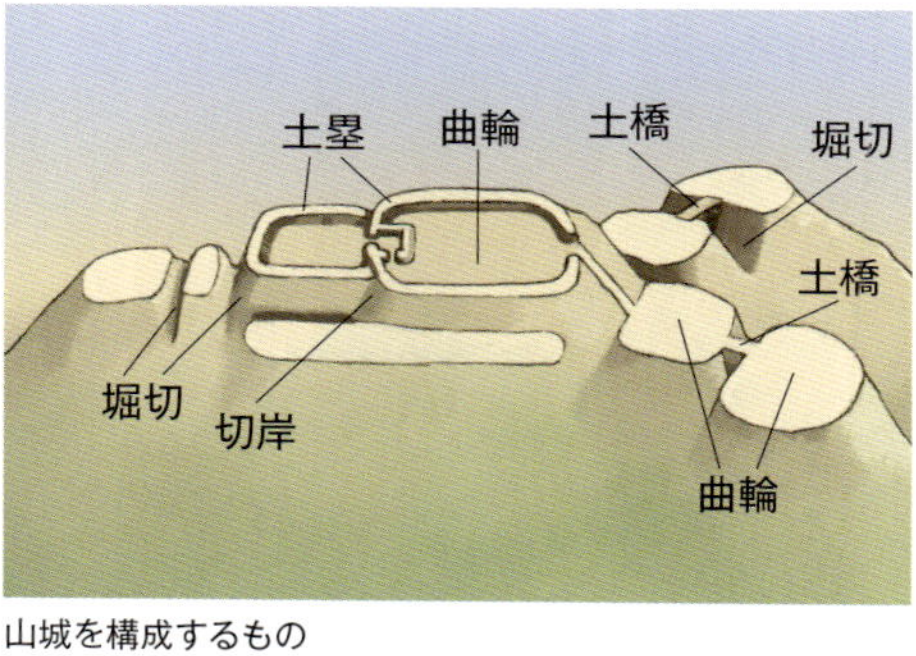

山城を構成するもの

第二章

城を読み解くキーワード

城を読み解くキーワード①

地形と地質

城が築かれる地形

まずは城の土台となる場所に注目して、地形の種類や特徴、違いをみていこう。

軍事施設であり領国の中心地である城にとって、大切なのは「どこに築くか」だ。高低差や起伏をうまく利用して堅城を完成させたいところだが、日本全国、地勢はさまざま。山岳地帯もあれば平野や盆地もある。ひとくちに山といっても、標高も規模もまちまちだ。「このあたりに標高○メートルくらいで○ヘクタールくらいの山城をつくりたい」と思っても、都合よくジャストサイズの山があるわけもなく、そもそも山がない地域もある。まさか、一から山をつくるわけにもいかない。

また、山は尾根と谷があり、おにぎりのようなきれいな三角形をしているケースはほとんどない。だから、尾根や谷などによってできてしまう急傾斜を、生かすなり、改造なりする必要がある。高さがなければ、設計力でカバーするしかない。

肝心なことは、目の前にある地形（地表の高低や起伏の形態）や地質（地殻を構成する岩石・地層の性質や構造）のメリットとデメリットを考慮して、いかに〝そこにしかない城〟をつくりだせるかだ。そう、城はフルオーダーの注文住宅のようなもので、同じものは2つとない1点モノなのだ。自然の利点を最大限に生かせる場所を選び、地勢の強みを引き出して防御力の要にし、弱点や欠点は人工的な工夫で補う。だから、城を歩くときはこれらを意識することで、城づくりの基本構造が読み解け、どのような知恵が投じられているのかがわかる。

城づくりは、真っ白なキャンバスに絵を描くというより、素材を生かしてつくる料理に似ているのかもしれない。良質な素材なら余計な味付けはせず、よさを引き出すことに徹する。クセがあるものや下処理が必要なものには手をかけ、技術とセンスを駆使して仕上がりの完成度を高めていく。ちなみに、盛り付けに美しさが求められるように、城の見映えにも意味があるような気がしてならない。

城が築かれる地形に目を向けると、強さの軸のようなものに迫れる。さまざまな条件や要素が組み合わせられて、城は誕生し活用されるのだ。

◆河川を味方につけた牧之島城・大島城

地形に着目する前に、山をとりまく環境や条件に目を向けておこう。何度も繰り返すが、**城づくりの基盤は「自然の利点を最大限に生かすこと」**だからだ。

まず、城の近くに必ずあるといえるのが、河川だ。**河川と城は切っても切れない密接な関係**にある。山城でも平山城でも丘城でも、セットで共存する共同体といってよい。河川は**城を守る天然の水堀になり、城内への物資搬入や河川交通の掌握にも必要**だからだ。

わかりやすく近世の城でいうと、たとえば**岡山《おかやま》城**（岡山県岡山市）は、一級河川の旭川に面して天守がそびえ、旭川に城の背後を守られている。川を渡って城に攻め込むのは現実的ではないから、**4面すべてを守る必要はなく、川に面していない1～3面を守ればいい**のだ。岡山城を見ると、天守の建つ丘を包むよう、なんとも都合よく旭川が蛇行しているものだと感心してしまう。しかし、実は築城時に河川の改修工事を行い流路が変更されている。

蛇行する旭川に面して建つ岡山城天守

河川は、城の中心部をとりまくだけではない。ときどき城歩きを終えて帰路につくと、忘れかけた頃に城の外側のラインをたどるように流れる河川に遭遇することがある。この河川は、城を守る最終ラインだ。もし戦いが起こったら、敵が川を渡っている間に時間を稼ぎ、城内で戦闘態勢を整えるのだ。

このように、城は河川を味方につけている。城を訪れるときは、広域の地図や観光マップを広げて河川との関わりにも注目していくとよいだろう。ついつい城の中心部ばかりに目が行ってしまうが、玉ねぎの皮を剥くように、外側から少しずつ真実をめくり、芯に迫っていくのがポイントだ。

戦国時代の城は土木工事の比重も高まり、より戦いの場としての実用性が求められるから、さらに河川との関わりが深くなる。**城を守る防衛線としてだけではなく、船を使って兵糧などの物資を運び入れる役割もある**からだ。だから**河川の近くには、戦いのときに兵站ルートの拠点として機能する城**が置かれている。

城をつくるために存在するような地勢にあるのが、**牧之島城《まきのしま》**（長野県長野市）だ。西側に大きく蛇行して流れる犀《さい》川のラインを利用して、**川がつくり出した半島状地形を生かし**

て**構築**されている。犀川が外郭の塁線をなぞるようにぐるりとほぼ1周し、**三方を天然の堀とする構造**だ。これでは容易に近づけまい。陸続きになる半島状の根元は、幅11メートルほどの空堀でしっかりと分断されている。

牧之島城は永禄4~9年（1561~66）、武田信玄が北信濃に侵攻する際に大改修したとされる丘城だ。越後の上杉氏に対する兵站基地として、また松本~善光寺間の押さえ、更級・水内の支配拠点として機能していたという。

このように半島状台地の上に築かれる場合、主郭は先端に置かれるのが一般的だ。しかし牧之島城は、台地の幅がもっとも狭くなる、半島の付け根に築かれている。堀切と主郭部分で厳重に遮断し、物資の保管や兵の駐屯地として利用される空間の安全性を高める構想なのだろう。

大島《おおしま》城（長野県下伊那郡松川町）も同様に、信玄により大改修されたとみられる城だ。奔流《ほんりゅう》で知られる**天竜川に突出した段丘上**に築かれ、蛇行する天竜川に包み込ま

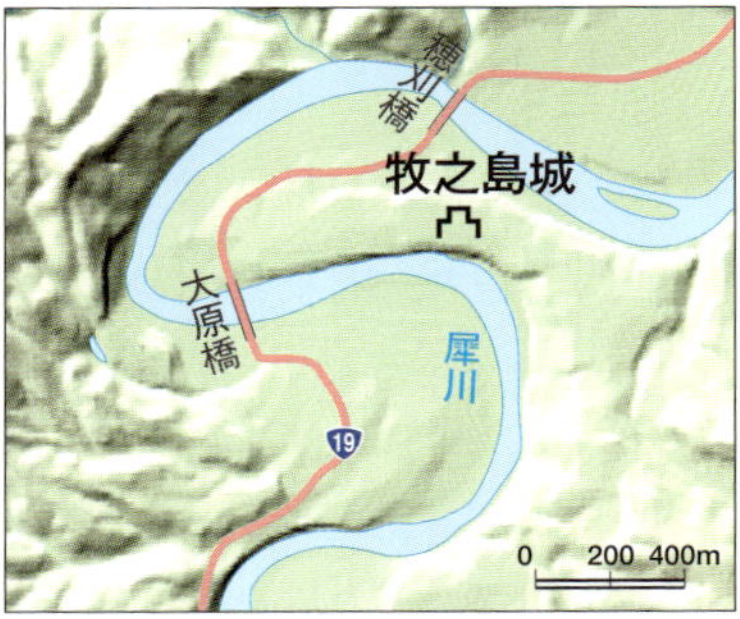

牧之島城は犀川に三方を囲まれた半島状の地形を利用している（現在の地形図に加筆して作図）

れるような半島状になっている。

牧之島城とは異なり、大島城は半島状台地の先端に主郭を置き、台地続きに曲輪を順番に配置する構造だ。まさに、**三方を河川に守られた城の典型**といえる。厳密には天竜川に面するのは東側だけだが、北・南面も自然の断崖となっていて、西面以外からは侵攻できない。よって、西面からの敵を迎撃する縄張となっている。

実際に訪れて、天竜川の対岸から大島城を見てみれば、河川の威力と城の堅固さがよくわかる。行く手は完全に天竜川に阻まれ、泳いで渡るなど正気の沙汰ではない。西側から真っ向勝負を挑まざるを得ないことが実感できるだろう。

牧之島城は、標高約460メートルだが比高は30メートルほどしかない。大島城も、標高は490メートルだが比高は40メートルほどだ。いずれの城も高さの優位点はないのだが、**標高に頼らなくても河川が強靭なバリアとなって、その欠点をカバーしている**といえる。

大島城は天竜川に突き出す半島状の段丘上に築かれている(現在の地形図に加筆して作図)

◆河川の強みを発揮した長篠城・二俣城

河川が実戦で防御力を発揮した例が、天正3年（1575）の長篠の戦いで知られる**長《なが》篠《しの》城**（愛知県新城市）だ。長篠城は、寒狭《かんさ》川（豊川）と宇連《うれ》川（三輪川）の合流点に位置し、**河川によって削られた河岸段丘を利用**している。現在でも牛淵橋の上から、「Y」の字にぶつかる2つの河川と、深く切り込む渓谷の断崖上に立つ城を見ることができる。

主郭と西側の曲輪との境目に、北方から豊川に注ぐ川が滝となって落ち、深い谷を形成しているのも見逃せない。谷が曲輪を区切る堀となっている。

長篠の戦いは、徳川家康方の奥平信昌《おくだいらのぶまさ》が籠る長篠城を武田勝頼が攻めた戦いだ。最終的な長篠城の改修は、天正元年（1573）に徳川方の城となった後に城主となった奥平氏によるとみられる。しかし、元亀2年（1571）に徳川方から武田方に帰属した際には、

牛淵橋の上から見る長篠城。寒狭川と三輪川の合流点に位置し、2つの河川によってできた扇型の地形をしている

武田氏も手を入れていたようだ。少なくとも地勢には通じていたはずで、しかも、奥平信昌はもともと武田方の家臣であった。

しかし、河川と断崖に守られた長篠城の攻略は難しく、武田軍は苦戦した。寒狭川と三輪川に竹筏を浮かべて川を渡り、険しい崖を駆け上がって野牛門を攻撃したり、横穴を掘って城内進入を試みたものの、決定力に欠けたという。

持久戦が続いたことで、かの有名な鳥居《とりい》強《すね》右衛《え》門《もん》の脱出伝説が行われることになる。強右衛門は、野牛曲輪の不浄口から寒狭川に降り、周辺の武田軍の監視や寒狭川中に張られた鳴子網をかいくぐって、約4キロ下流の広瀬（新城市川路）まで泳ぎ切ったといわれている。

二俣《ふたまた》城（静岡県浜松市）も、戦いで河川が威力を発揮した城だ。二俣城は、天竜川と二俣川、

寒狭川と宇連川の合流点に位置する長篠城。東三河地域の平野と山地の境目にあり、東美濃平野部や遠江方面、美濃方面や伊那方面へ通じる街道の分岐点でもあった（現在の地形図に加筆して作図）

2つの河川が合流する地点に築かれている。二俣川の河口が河川改修により移動したため現在は南側の**鳥《と》羽《ば》山《やま》城**（静岡県浜松市）を取り囲むように天竜川が流れるのみだが、**かつての二俣川は二俣城と鳥羽山城を分断するように流れ**、二俣城は河川に囲まれていた。

二俣城は信玄・勝頼父子と家康が争奪戦を繰り広げた城なのだが、元亀3年（1572）の第1次二俣城の戦いでは、武田軍は破竹の勢いで遠江・三河侵攻に駒を進めていたにもかかわらず、二俣城の攻略に手こずり2か月もかかっている。河川を取り込んだ城の強みは、敵が接近しにくいことに加え、**飲料水をいくらでも確保できる**ことにある。二俣城はその2つの強みを武器に籠城戦を展開した。

二俣城は、天竜川と二俣川が合流する地点、標高80メートルほどの台地に築かれていた（現在の地形図に加筆して作図）

『諸国古城之図 二俣（遠江）』（広島市立中央図書館所蔵）。旧広島藩主の浅野家に伝わる、城絵図集に描かれた二俣城。江戸時代初期に描かれたため城は戦国時代の姿ではないが、二俣川と天竜川の合流点に城があったことがわかる

攻めあぐねた武田軍は、水の手（城中に飲用水を引き込む水路や場所）を断つ作戦に変更。籠城軍が天竜川河畔の崖上に井楼櫓《せいろう》を築き水を汲み上げているのを発見すると、天竜川の上流から大量の筏を流して井楼を破壊し、生命線を断ち勝利したといわれている。

◆北条水軍の長浜城、村上水軍の能島城

水軍が基地とした、海に面した城もあった。たとえば重須《おもす》湊を防衛すべく置かれた**長浜城**《ながはま》（静岡県沼津市）は、**北条水軍の伊豆における拠点のひとつ**だ。北条氏は三浦水軍を組み込んで江戸湾を挟んだ房総地域の里見氏を攻撃する一方で、駿河に進出してきた甲斐の武田氏に対しても伊豆水軍を組織して備えた。その中核を担ったのが長浜城だった。

長浜城は天正7年（1579）、武田勝頼が**三枚**《さんまい》

内浦湾に突き出すように築かれた長浜城。重須湊を守る、北条水軍の拠点のひとつだった

長浜城の航空写真。城は標高約30メートルの地点に主郭を置き、4つの曲輪と小規模曲輪がL字型に配置される（写真提供：沼津市教育委員会）

橋《ばし》城（静岡県沼津市）を狩野川河口に築いたことを受け、本格的に整備されたといわれている。北条氏は**韮山城**（静岡県伊豆の国市）を防衛するために狩野川沿いの城を次々に改修・強化し、江浦湾《えのうら》には**獅子《しし》浜《はま》城**（静岡県沼津市）、内浦湾には長浜城を整備。駿河湾から攻め込まれないよう、態勢を整えた。

　城は、標高４１０メートルの発端丈山《ほったんじょう》からのびる尾根の先端、標高約30メートルのところに築かれている。**内浦湾の最奥に突き出す、半島のような地形**だ。

　現在はかなり埋め立てられてしまったが、かつての海岸線は現在よりもかなり内陸に入り込み、長浜城が完全に湾に突き出すような広い入り江になっていたと考えられる。さらには波が安定して常におだやかであることから、重須湊は**北条水軍の大型軍船を係留するのに最適な場所**だったようだ。

　翌天正8年（１５８０）には、北条・武田両軍による駿河湾海戦が繰り広げられた。『北条五代記』などによれば、北条氏政率いる北条水軍は安宅船《あたけぶね》と呼ばれる戦艦

主郭から望む沼津市街地方面。狩野川の河口まで見通せ、武田氏の三枚橋城も見える

10艘を動員して武田水軍と戦ったという。重須側では、**発掘調査により護岸遺構も確認さ**れている。

水軍といえば、**中世の瀬戸内海を支配した村上水軍**もよく知られる。南北朝時代から戦国時代にかけて活躍した、海賊衆だ。村上海賊は能島《のしま》村上家、来島《くるしま》村上家、因島《いんのしま》村上家の3家に分かれる。瀬戸内海の制海権を握り、船舶の警護を務め、通行料の徴収も行っていた。

村上武吉の頃に最盛期を迎えたのが、能島村上家だ。毛利水軍の一翼を担ったとされる。弘治元年（1555）の厳島合戦や天正4年（1576）の第一次木津口の戦いでの活躍は知られるところだろう。

能島村上家が拠点としていたのが、瀬戸内海に浮かぶ**能島城**（愛媛県今治市）だ。瀬戸内海のほぼ中央に位置する大島と鵜《う》島との間に浮かぶ、周囲1キロほどの能島と、その南の鯛崎《たいさき》島で構成される。

能島城は能島と鯛崎島の2つの島を城塞化していた。鵜島にも曲輪が残るという

古くからこの海域は、瀬戸内海を往来する船にとって最大の難所といわれる。能島の周囲は最大10ノット（時速約18キロ）にもなる潮流が渦巻く。潮の流れを知りつくし、水軍として活躍した村上海賊の拠点らしい立地といえよう。現在も、潮流体験の観光船やチャーター便でなければ上陸できない。

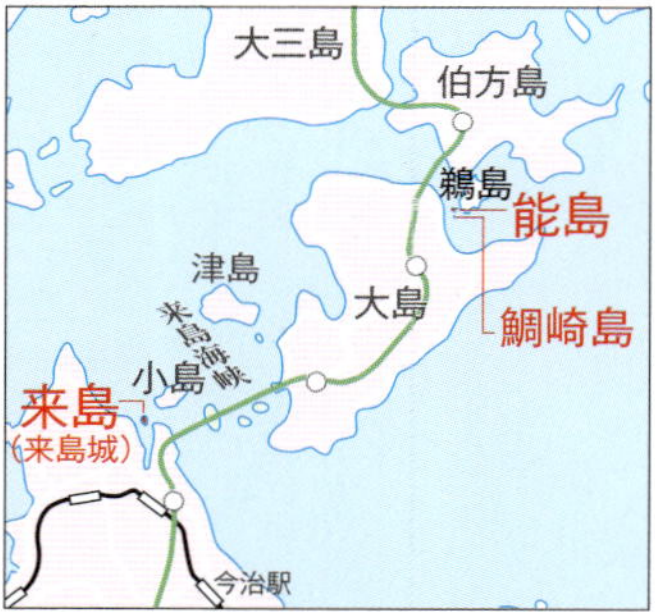

能島城と村上水軍の城の位置。来島村上家は来島城を本拠としていた

◆時代ごとの山の条件① 南北朝時代に築かれた白旗城

第1章で述べた通り、中世は山城が主流だ。しかし、時期により求められる山の条件が異なる。**籠城が強く意識された南北朝時代は、傾向として急峻な山城が多く、峰ケ堂城《みねがどう》**（京都府京都市西京区）や**金蔵寺城《こんぞうじ》**（兵庫県豊岡市）などのように**山岳寺院を改造するケース**もよく見られる。騎馬戦の時代にはとにかく馬を駆け上がらせないことが第1目的だった。だから、標高1125メートルの金剛山の西支脈先端に築かれた標高673メートルの**千早城**（大阪府南河内郡千早村）をはじめ、なかなかに険しい道のりの城が多い。

南北朝時代の城は、高さがなによりの武器になる。たとえば南北朝時代に赤松円心《えんしん》が築き、戦国時代前期まで播磨守護・赤松氏惣領家の本城となった**白旗《しらはた》城**（兵庫県赤穂郡上郡町）もその例だ。標高約４４０メートルの白旗山に築かれた城で、比高は約３９０メートルもあり、第１郭までの登城道は２キロほどもある。岩場や急斜面を登り続けるハードな登城で、敵を寄せつけない地形を身をもって体感できる。

白旗城は建武３年（１３３６）に新田義貞《よしさだ》の軍勢を迎え撃つために築かれたといわれ、50日間に亘る白旗城合戦で新田軍を足止めしたことで知られる。実際に訪れればなるほど納得で、ここまで登り切るのはかなり大変だし、到達する頃には戦う気力などなかったのではないかと思ってしまう。

土塁や空堀のダイナミックさや縄張の巧妙さを求めてしまうと、南北朝時代の城は苦労するわりには感激する遺構はない。応仁の乱を機に、山城は恒常的に維持されるようになり、そうなると人工的な防御施設がつくられるようになる。だから、南北朝時代の城には横矢が強烈に掛かるわけでもなく、臨場感に欠けるだ

白旗城は、標高約440メートルの白旗山に築かれている（写真提供：上郡町教育委員会　所蔵：上郡町郷土資料館）

らりとした印象を持つ人も多いはずだ。「こんなに苦労して登ったのに」とがっかりしてしまうかもしれないが、つまりはその高さが最大の武器なのだ。

◆時代ごとの山の条件②
戦国大名が居城とした吉田郡山城、詰城の一乗谷城

第1章で述べたように、**戦国時代になると山城は巨大化**する。毛利元就の**吉田郡山城**（広島県安芸高田市）がその典型例といえる。標高390メートルの郡山に築かれ、最盛期には東西1・1キロ、南北0・9キロの山全体を要塞化した巨大な山城だ。全山につくられた曲輪の数は、合計でなんと270以上に及ぶ。山のピークを中枢部として放射状にのびる6本の尾根上に、何段もの曲輪をそれぞれ置く構造だ。

現在の郡山城は郡山全山を要塞化した山城のことを指すが、はじめは旧本城と呼ばれる東南にのびる尾根上の一角にすぎなかった。元就は躍進とともに郡山城も進化させ、郡山全山に大拡張。小規模

吉田郡山城（左の遠景写真提供：安芸高田市歴史民俗博物館）

な山や尾根に曲輪を直線的に配置するという初期の山城に見られる国人領主の城の典型的な構造から、放射状にのびる複数の尾根上にそれぞれ曲輪を並べて複雑に構成する戦国大名の城へと変貌させたのである。

山麓の居城と背後の詰城という二元構造の城の例が、越前・朝倉氏の**一乗谷城**（福井県福井市）だ。山麓の居館（現在の一乗谷朝倉氏遺跡）のすぐ背後の標高４７３メートルの一乗城山に、詰城として築かれている。

一乗谷は、一乗谷川下流沿いの東西約５００メートル、南北約3キロほどの細長い谷あいに位置する。南北に城戸《きど》を設け、その間の城戸ノ内には武家屋敷をはじめ侍屋敷や寺院、職人や商人の町屋が建ち並び、日本有数の城下町を形成していた。

唐門が建つ山麓の平坦地が、朝倉氏の居館があった一乗谷朝倉氏遺跡。一乗谷城は、背後にある標高473メートルの一乗城山に築かれている

一乗谷城の比高は約400メートルに及び、登城ルートによっては1時間もかかるハードな道のりとなる。千畳敷と呼ばれる広い曲輪から、山頂に向けて本丸、二の丸、三の丸と尾根筋に配され、尾根の要所が堀切で分断される構造だ。横移動を防ぐために畝状竪堀が多用されているのが特徴で、これにより曲輪間の動きを制御している。

◆丘陵に築かれた滝山城・武州松山城

丘陵とは、山よりもなだらかな起伏や小山・丘が続く地形のことをいう。松島丘陵（宮城県中部）、狭山《さやま》丘陵（関東平野西部）、房総丘陵

一乗谷の航空写真。南北約3キロの谷あいに居館と城下町を形成し、一乗城山に詰城を築いていた（写真提供：福井県立一乗谷朝倉氏遺跡資料館）

（房総半島中南部）、多摩丘陵（東京都西部）などがよく知られるところだろう。丘陵を利用した城を**丘城**といい、**加住《かすみ》丘陵（滝山丘陵）を利用した滝山《たきやま》城**（東京都八王子市）や、**多摩丘陵に築かれた津久井《つくい》城**（神奈川県相模原市）がその例だ。

丘陵に築かれる城は高さがない分、軍事力を土木工事で底上げしていく。巨大な堀切で分断し、堀を二重にしたり、切岸の傾斜を高めたりなどパーツを多用する確率が高まる。わかりやすいダイナミックな城のパーツに出合いたいという人は、丘陵を利用した城へ行くと、登城も比較的ラクでおすすめだ。

滝山城が築かれている加住丘陵は、八王子市の北側に位置する、**多摩川の南側に西から

滝山城は、西から東へのびる加住丘陵に位置する。谷地川によって加住北丘陵と加住南丘陵に分かれ、滝山城は北丘陵に築かれている（現在の地形図に加筆して作図）

東方向になだらかにのびる標高100～270メートルの丘陵だ。奥多摩山地の東、秋川と川口川に挟まれた細長い丘陵で、滝山城は丘陵東端の169・2メートル地点に主郭を置いている。丘陵の南面を通る古甲州道は、東端で河越道と交差する。

現在の滝山城内は滝山公園として整備されていることもあり、歩いていてもさほど起伏を感じない。滝山街道沿いの登城口から城内に入るまでは少し坂を上るのだが、この程度の坂道なら町中にいくらでもあり、山登りの覚悟をして意気込むほどではない。山といえば山、いわれてみればなだらかな山かも…といったところだ。

加住丘陵は谷地川を境に南丘陵と北丘陵に分断され、滝山城は北丘陵上の東西8キロ×南北約4キロに築かれている。細長く広大で、前述の通りなだらかに傾斜している城だ。南北の丘陵間は低地をなし、谷地川と滝山街道が通る。多摩川に面する北側は比高70メートルにもおよび、こうした急崖や浸食谷を巧みに取り入れた縄張である。本丸に立ち多摩川を見下ろせば、立地の妙が実感

滝山城の小宮曲輪をとりまく、長大な横堀

できるだろう。かつては流量もはるかに多く、簡単には近づけない城とわかる。標高のなさを補うべく、折れをともなう長大な横堀を多用しているのも特徴といえる。

滝山城は、中世の城づくりにおいて屈指の技術力を誇る北条氏の技が堪能できる技巧的な城で、馬出に馬出を重ねたような緻密な縄張に唸らされる名城だ。しかし設計の秀逸さを語る前に、まずは地形の巧みな活用術に注目しておきたい。

　埼玉県東松山市、滑川町、嵐山町、小川町にまたがる比企《ひき》丘陵を利用した城も多い。たとえば**武州松《ぶしゅうまつ》山《やま》城**（埼玉県比企郡吉見町）もそのひとつだ。**比企丘陵の突端**にあり、比高約40メートルほどだが、丘陵の下から見上げれば山のように見える。丘陵はなだらかといってもいつか終わりがあるわけで、その端部をうまく使えば軍事的には強みになる。

　松山城は、城の西側を大きく蛇行しながら流れる市野川が形成した、低湿地帯に囲まれた城だ。市野川により丘陵の裾が削り取られ、城の北面と西面は

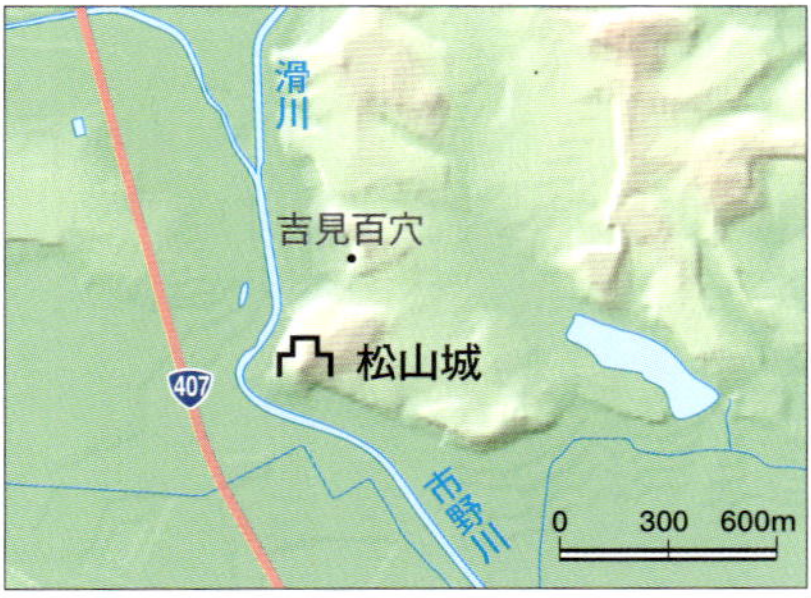

松山城は比企丘陵の突端にあり、蛇行する市野川に守られ、北から西、南東方向にかけては低湿地帯となる。広大な空堀が縦横にめぐる城だ(現在の地形図に加筆して作図)

断崖絶壁になっている。

城の西側は外秩父山系の丘陵地帯で、松山城と同じく室町時代から戦国時代に築かれた、**青鳥城**《あおとり》（埼玉県東松山市）、**杉山城**《すぎやま》（埼玉県比企郡嵐山町）、**小倉城**《おぐら》（埼玉県比企郡ときがわ町）、**中城**《なか》、**腰越城**《こしごえ》（ともに埼玉県比企郡小川町）、**安戸城**《やすど》（埼玉県秩父郡東秩父村）などの城がある。

松山城は、これらの山城と関東平野との分岐点にある北武蔵《むさし》の重要拠点だった。現在の比企地域は北条氏勢力下の上田氏の支配領域で、松山城はその東端とみられている。

牧之原台地に築かれた諏訪原城、七里岩を利用した新府城

山や丘陵より高度や起伏が小さい、**台地の突端を利用する**ケースも多い。たとえば武田信玄・勝頼と徳川家康が争奪戦を繰り広げた遠江《とおとうみ》の**諏訪原城**《すわはら》（静岡県島田市）は、**牧之原台地の北端部に近い標高220メートルの台地上**にある。牧之原台地は古大井川の扇状地が隆起して形成された地形で、静岡県南部の大井川下流と菊川との間にある洪積台地だ。浸食によって樹枝状に開析されており、諏訪原城はその複雑な地形を利用している。

駐車場と登城口はすでに台地上にあるから、城内を歩いていても傾斜はほとんどなく、平城を歩いているように思える。JR金谷《かなや》駅から徒歩で向かえばそれなりに登ることにな

るが、そうでなければ高いところにいることに気づかない。しかし城の周囲を注意深く見渡してみると、起伏の激しい地形とわかるだろう。

たとえば本曲輪の東端に立って曲輪直下を覗き込んでみると、急にガクンと下がり断崖になっている。本曲輪は、西側を除く三方が断崖地形になっているのだ。現在は木々によって周囲が目隠しされていて、曲輪の中央に立っているときには高さを感じることなどないのだが、こうして曲輪の端に立って見下ろすと、足がすくむほどの高低差だ。

車で県道381号を通ると、その高低差が実感できるはずだ。かつては金谷坂を下ると大井川の渡河地点に通じており、**自然地形に守られるとともに、河川と連携し水運を確保した立地**であったようだ。本曲輪の下にも三方に横堀がめぐり、出曲輪まで設けて斜面からの侵入を防ぐ入念な設計となっている。

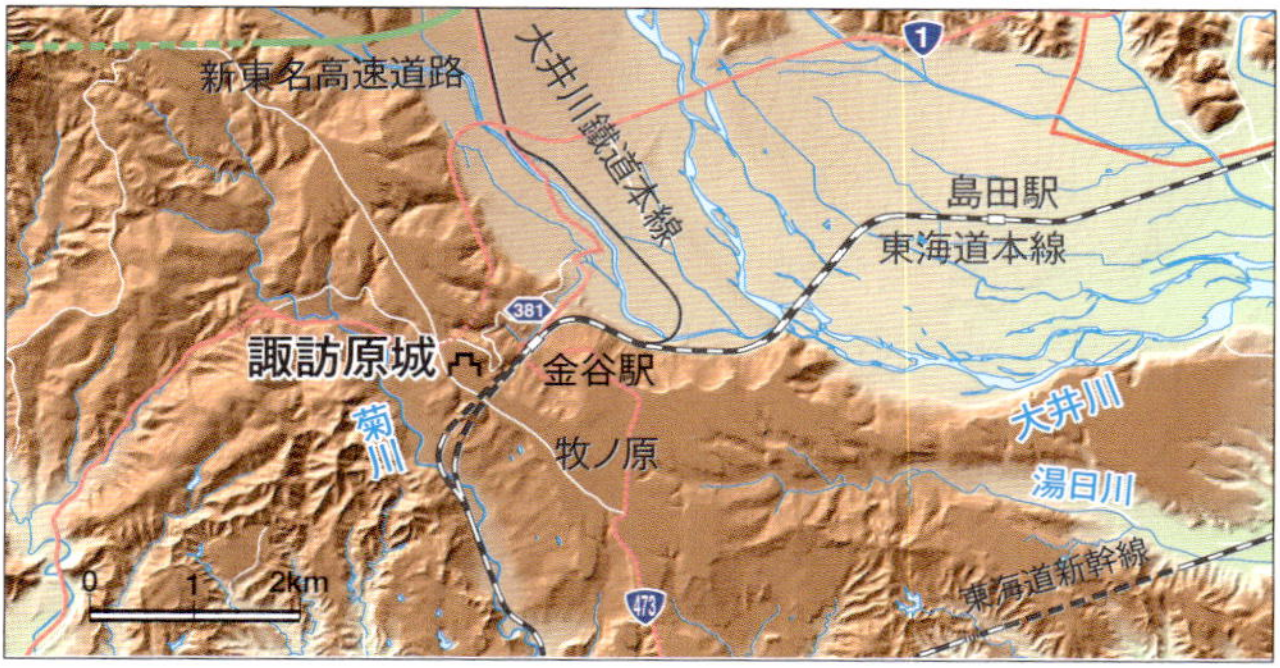

諏訪原城は、牧之原台地に築かれている。上図ではわかりにくいが、樹枝状に開析された複雑な地形を利用している（現在の地形図に加筆して作図）

城の西側は平坦面が続くが、城外に出ると一気に谷底へ落ちるような地形になっている。駐車場から少し離れて大手外馬出のあたりまで足を運んでみると、急に坂道になり、菊川方面に向かってぐんぐん地面が降下していくのがわかる。ああ、こんなに高いところにいたのだ、と驚くはずだ。国道に沿って「茶」の文字に刈られた粟ヶ岳がよく見えるあたりまで歩いてみると、菊川沿いはまるで谷底の町のようで驚いてしまう。

本曲輪の西側には台地の平坦部が広がるためほとんど高低差がなく、それをカバーするためにかなり大規模な土木工事を施し牧之原台地からの侵入に備えているのが大きな特徴

大手外馬出あたりから見渡す、菊川方面。かなりの標高差が感じられる

二の曲輪中馬出と、それをとりまく三日月堀。背後には山並みが見え、高いところにいるのがわかる

だ。大井川を背に内堀と外堀の２本の巨大な空堀で分断し、二の曲輪と外側をつなぐ２か所の土橋には馬出を、北側の馬出からはさらに土橋と馬出があり、南側も重ね馬出と呼ばれる複数の馬出で強化されている。

諏訪原城は天正元年に遠江侵攻を目指す武田勝頼が前線基地とすべく築き、高天神城の攻略後は兵站基地としたが、現在の姿は家康が勝頼から奪った後、駿河侵攻の前線基地として大きく改修した可能性が濃厚となっている。

勝頼が築いた**新府《しんぷ》城**（山梨県韮崎市）も、**七里岩《しちりいわ》**という台地を利用し

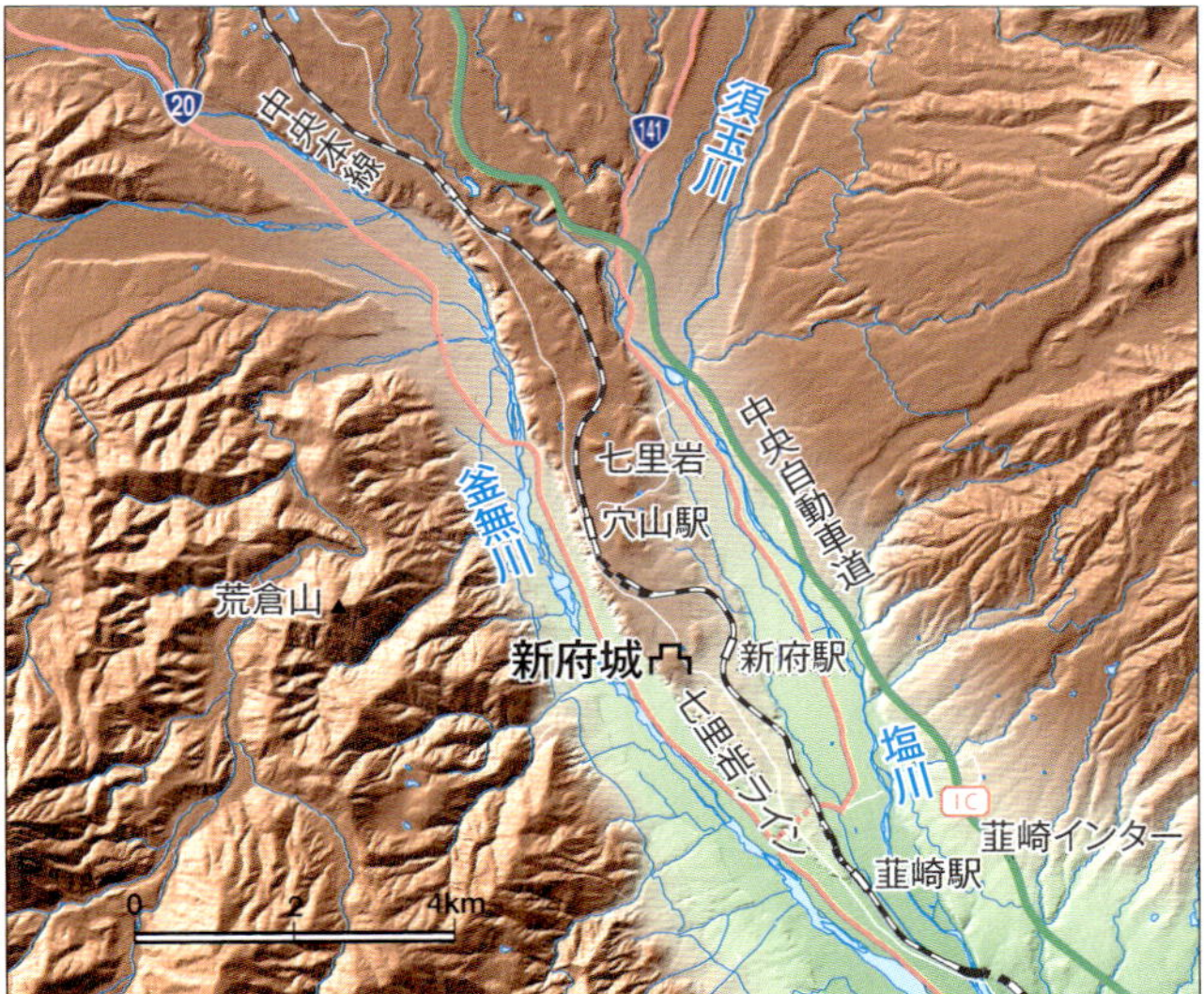

新府城は七里岩を利用して築かれている（現在の地形図に加筆して作図）

てつくられた丘城だ。**七里岩は八ヶ岳の噴火や地震などによって岩屑流《がんせつりゅう》（火山の爆発や地震などで岩石や土壌、泥などが流れ下る現象）が甲府盆地まで流れ出た後、西側の釜無《かまなし》川と東側の塩川の浸食により形成された台地だ**。南北の長さが七里（約30キロ）あることからそう呼ばれ、西面は韮崎から長野県の蔦木まで30キロに渡り断崖地形が続く。

新府城は、七里岩台地南端の標高約524メートルの西ノ森を利用して築かれている。最寄りの中央自動車道韮崎ICから新府城へ続く七里岩ラインを車で走っていると、フラットな道を一直線に上っていくのではなく小さなアップダウンが繰り返される。台地上には100超の小高い丘・小山があるからだ。釜無川沿いの国道20号線には断崖と並行するところがあるなど、特殊な地形を感じることができる。

◈舌状台地の突端につくられた、興国寺城・増尾城・松ヶ崎城

舌状台地《ぜつじょう》とは、舌をのばしたように細長く突き出た台地のことだ。その先端を独立させて城をつくるケースもかなり多い。**興国寺城《こうこくじ》**（静岡県沼津市）がその一例で、**愛鷹山《あしたかやま》南麓の舌状台地を堀切で分断し、尾根の先端を独立させて**城を築いている。三方を沼に囲まれ2つの街道が交差する、城を築くには絶好の立地であった。

舌状台地の南端が登城口になっているから、平坦な市街地を抜けるといきなり目の前に

高台が現れる印象だ。しかしすぐに、その地形を実感できる。振り返って市街地方面を見渡すと、ずいぶんと高いところにいることがわかり、その高低差に驚く。

この城の見どころは、本丸を囲むダイナミックな土塁と、台地をざっくりと分断するように掘り下げた本丸背後の大堀切だ。土木量もかなりのものではあるが、その圧倒的な規模と高低差が地形の活用を物語っている。北曲輪の北側は東海道新幹線の線路が横切っているのだが、これもまた舌状台地の形状を知るヒントのひとつといえる。いわば台地を輪切りにした状態だから、その断面を

旧状を留める、本丸背後の巨大な空堀。堀底と櫓台との高低差は20メートル以上にも及ぶ

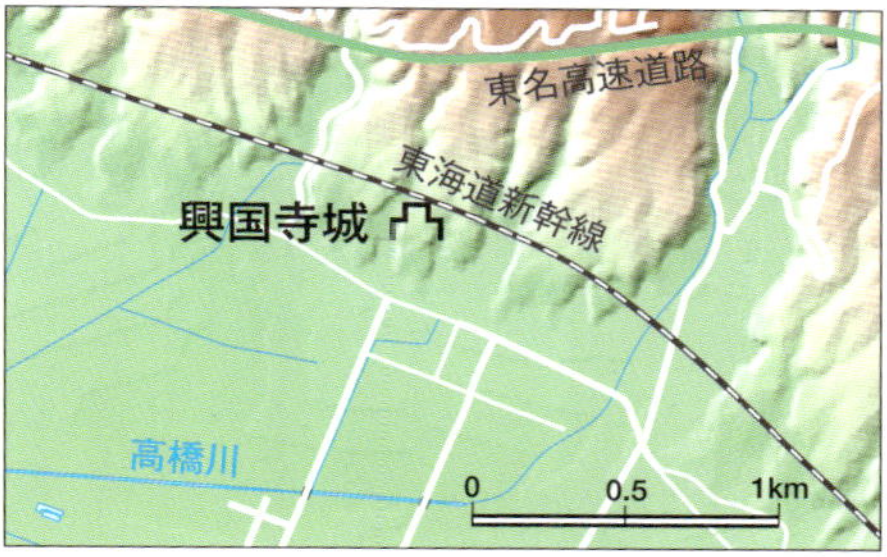

興国寺城は、愛鷹山南麓にのびる尾根の突端に築かれている（現在の地形図に加筆して作図）

見ることができるのだ。線路の反対側へ渡ってみると、どこまでも茶畑が広がり、蜿蜒と上り坂が続いている。ここに立てば、城が山の頂上ではなく、台地の途中につくられているることがよくわかるはずだ。

台地の先端を堀切で分断する築城方法は北条氏の城によく見られる。興国寺城が北条氏の始祖・北条早雲の原点といえる城であることも、北条氏の築城術を考える上で興味深い。ただし、早雲時代の城は街道が通る南端部に限られていたとみられる。本丸や北曲輪には武田氏や徳川氏の城に見られる丸馬出が見られ、めまぐるしい城主交代の歴史のなかで、城は北側に拡張され中心部を移したようだ。

背後の高まりが松ヶ崎城

近代化が進んでも、ちょっとした高低差を気にして視野を広げ、広域で地形を見ることで、理にかなった城の選地、セオリーが見えてくる。都会の街中でも、こうした起伏はあちらこちらで見つけられ、実は城地として利用されていたことがわかる。

市街地のなかにぽつんと残る**増尾《ますお》城**（千葉県柏市）も、小さな丘のような高まりを利用したコンパクトな城なのだが、**関東平野では一般的な、浸食によりできた舌状台地の突端をうまく**

利用している。広域の地形図で見ると、その地形の活用法に唸らされる。

同じように、**松ケ崎城**《まつがさき》（千葉県柏市）も、**手賀沼**《てがぬま》**を望む台地の突端を利用**した城だ。増尾城と同じく城址公園になっていて、なんの気なしに訪れるとちょっと高台にある公園にしか思えないのだが、実は関東平野の地形をこの上なく巧みに利用した粋な城なのだ。標高約20メートル、比高10~12メートルほどの台地をうまく土木工事によって加工することで、軍事施設として成立させている。

◆田切り地形を利用した小諸城

扇状地につくられた城といえば、**小諸**《こもろ》**城**（長野県小諸市）だ。最寄りの小諸イ

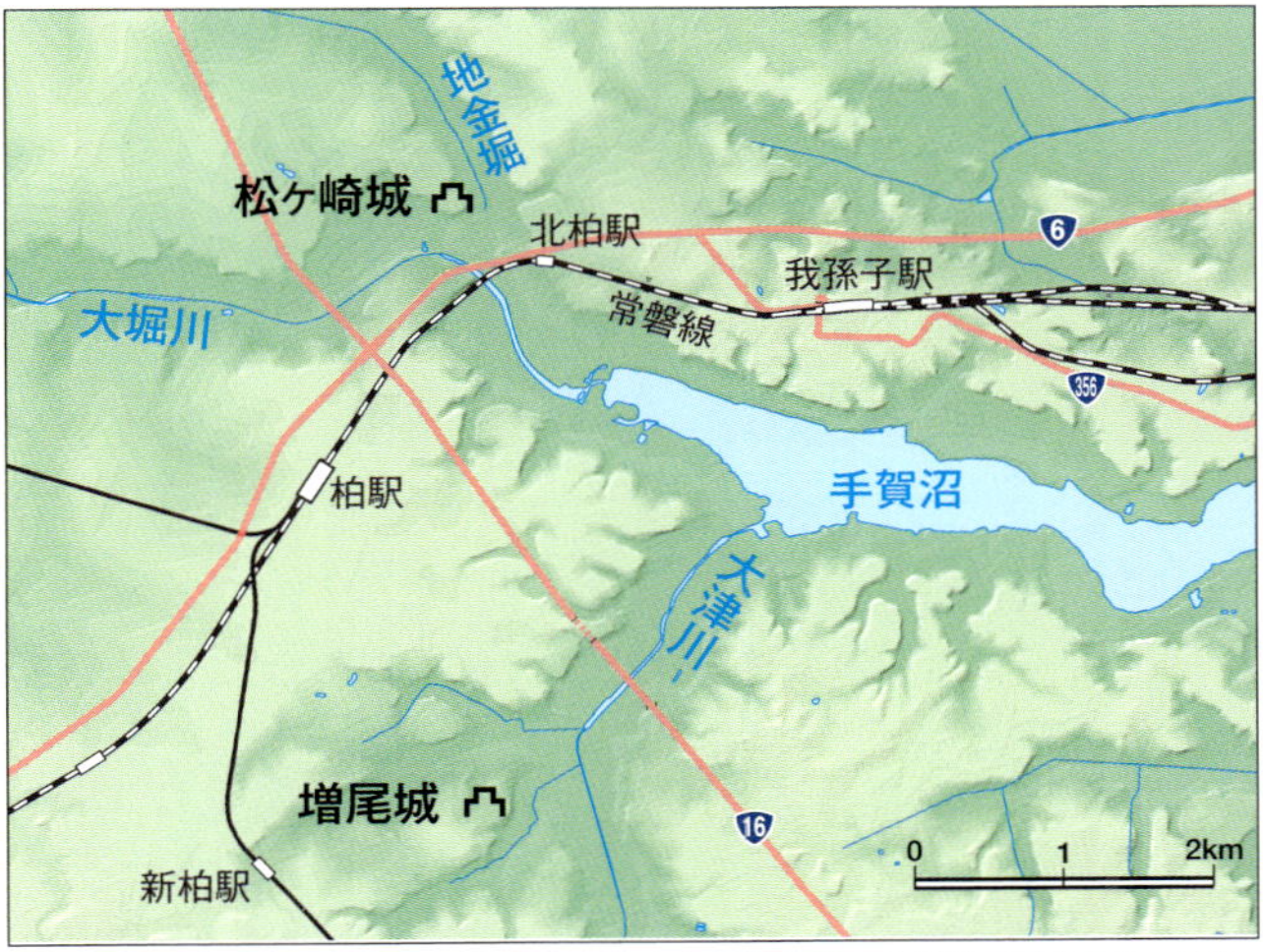

増尾城と松ヶ崎城の立地。浸食によってできた舌状台地の突端を利用するケースは、関東平野でよく見られる（現在の地形図に加筆して作図）

ンターを降りて車を小諸市街地に向かって走らせると、ジェットコースターに乗っているかのようにぐんぐん降下していく。小諸は、谷底の街という感じだ。

田切り地形と呼ばれるこの地域特有の地形で、**約1万1000～1万4000年前に浅間山から噴出した小諸火砕流の堆積地が、千曲川の浸食によって河岸段丘化した場所**に築かれている。

城の西側は、千曲川の下刻《かこく》（河川の水流が川底を浸食すること）によって不安定化した斜面が地滑りして形成された、滑落崖に臨む。南・北面は開析谷《かいせきだに》によって幾重に

酔月橋から見る巨大な空堀。浅間軽石流で形成された断崖が見られる

小諸城は、扇状地を利用している。千曲川の浸食によってつくられた、田切り地形と呼ばれる地形だ（現在の地形図に加筆して作図）

も区切られている。

城下町より主郭部の標高が100メートル近く低い〝穴城〟であることはよく知られているのだが、たまたま一段階低くなっているのではなく、とても複雑な自然地形が生み出した結果である。小諸の街を歩くと、よくこんな場所に城をつくったものだと思えるほど、地域全体が起伏に富んだ地形であることがわかる。織豊系城郭（織田・豊臣系大名が築いた城）の技術が取り入れられた紛れもない近世城郭なのだが、巨大な空堀のおかげで中世城郭のような雰囲気を醸し出しているのが特徴だ。

三の門前のガクンと下がったところが、ちょうど開析谷の谷底にあたる。とりわけ北谷の通称・地獄谷（酔月橋）の景観は圧巻で、浅間《あさま》軽石流《かるいしりゅう》で形成された断崖が目の当たりにできる。本丸北西の不明門跡、水の手展望台と富士見台からは千曲川が一望でき、千曲川を重視した小諸城の立地もひと目でわかる。

◈河岸段丘を利用した沼田城・高遠城

河岸段丘とは、河川の中・下流域に流路に沿って発達する階段状の地形のことだ。川のはたらきによって平らな土地ができ、土地が隆起することで川の傾斜が増し、浸食が進む。これにより、もともとの川底が掘り下がり、低いところを川が流れるようになった結果、新しい川原が形成されてそれ以前の川原が平らな土地となって段丘ができる。平坦面を段丘面、急崖を段丘崖と呼ぶ。

河岸段丘といえば、秩父盆地や多摩川が形成した武蔵野台地の段丘のほか、天竜川、信濃川などが有名だろうか。もちろん、城地に適した地形だ。

まさに河岸段丘地形を利用してつくられたのが**沼田城**《ぬまた》（群馬県沼田市）だ。**利根川**《とね》**・片品川**《かたしな》**・薄根川**《うすね》**に浸食されて形成された沼田台地の突端部**に築かれている。

沼田台地は利根川の東岸に迫るように急崖を成し、台地西方の眼下に流れる利根川には、三峰山や武尊山の山懐から流れ下る四釜川、発知川、薄根川などが崖下で合流していて、沼田市に隣接する群馬県利根郡地域で最大規模の平らな低位段丘を形成している。この段丘面から沼田台地の突端部までの高さは、約80メートルにも及ぶ。現在は台地の突端部に沿うように一般道がつくられているのだが、かなりの急傾斜で、ぐっとアクセルを踏み込まなければ車が進まないほどの急坂になっている。

沼田公園になっている一帯が、沼田台地の西北最突端部にあたる。公園内に傾斜はなく、さっきまで急坂を登ってきたのが嘘のようだ。つまりは地面を80メートル底上げしたようなもので、城内どころか城下町も含めどこまでも平坦面が続く。沼田城は天正18年（15

90）に入った真田信幸により大改修され、現在の沼田市街地の基盤となる城下町も整備された。ちょうど野球のグラウンドがあるあたりが二の丸にあたり、やはり城内は傾斜のない段丘面であることがよくわかる。

沼田台地の突端に立って周囲を見渡すと、その眺望のよさに驚くはずだ。薄根川と利根川が合流する河原がよく見え、利根川対岸に連なる河岸段丘の崖地形や、その一角にある**名胡桃城**《なぐるみ》（群馬県利根郡みなかみ町）の地域も遠望できる。関東最北の地にふさわしく、敵の動きを監視する城の立地としては申し分ない。北には遠く三峰山や戸神山南麓の台地も見渡せる。台地の西端に立ちふと下を覗き込むと、がくんと地面が落ち、断崖を利用した自然の要害と気づかされる。

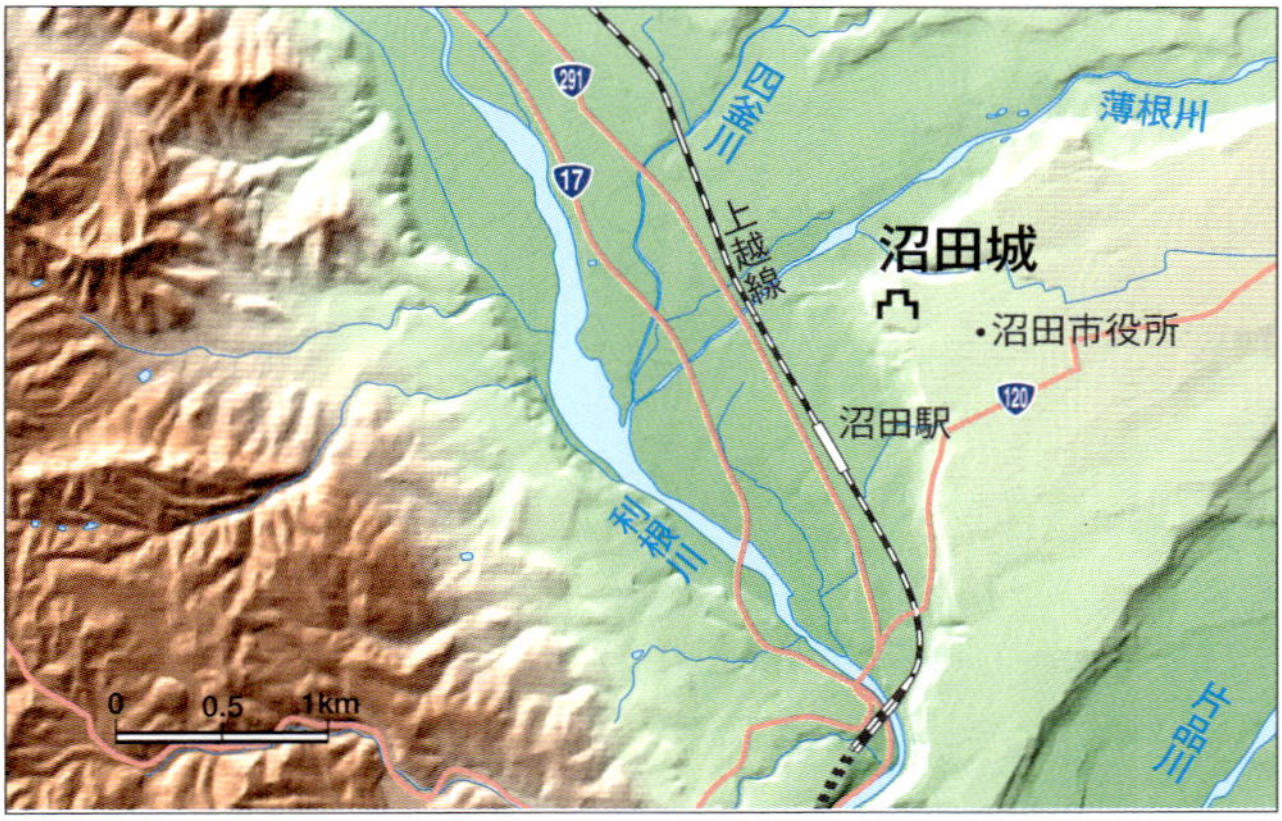

沼田城は、利根川と、その支流である片品川、薄根川に浸食されて形成された、標高80メートルほどの沼田台地の突端部に築かれている（現在の地形図に加筆して作図）

高遠城《たかとお》（長野県伊那市）も、**三峰《みぶ》川と藤沢川に削られた河岸段丘を利用**して築かれている。２つの河川が合流する段丘面からの比高は、約70メートル。沼田城と同じように、城内に入ってしまえば平地だが、城の入口まではそれなりの急坂をぐんぐん登っていく。

段丘の突端に本丸が置かれ、北から曲輪が並び深い空堀がめぐる縄張は山本勘助によるものとされ、前述の牧之島城や大島城（↓P46）など武田氏の城との類似性が感じられる。緩急つけられた設計の妙に感心する。

高遠は、諏訪から伊那へと抜ける杖突《つえつき》街道が通り、南信濃から駿河・遠江へ進出する交通上の要衝にある。南北朝時代から、重要視された地だ。それだけの地にある城だけあって、戦国時代には壮絶な戦い

高遠城は、三峰川と藤沢川に削られた河岸段丘の突端にある（現在の地形図に加筆して作図。なお、ダム湖はダム前の川の流域にしている）

の舞台にもなった。武田氏滅亡の決定打となった、天正10年（1582）の織田信長軍による落城劇はよく知られるところだろう。壮絶な最期を遂げた城代の仁《に》科盛信《しなもりのぶ》は、武田勝頼の弟だった。

この地には御嶽山の火山灰が約9メートル積もり、その下に不透水層がある。そのため、井戸の水が涸れなかったという。籠城に不可欠な飲料水が確保できたことも、高遠城の大きな強みだったのだろう。

◆抑止力が意識された赤木城

その地域でできるだけ標高が高く険しい場所が望ましいのかというと、そんなこともない。城には役割があるからだ。**赤木《あかぎ》城**（三重県熊野市）はその例だ。

赤木城は、三重県・和歌山県・奈良県にまたがり、浸食により険しい地形になっている紀伊山地のほぼ中央に位置する。わずかに開けた、小盆地の丘陵を利用して築かれた城だ。訪れてみると、敵を寄せ付けない立地というより、むしろ包囲されているように感じる。

高遠城の航空写真（写真提供：長野県埋蔵文化財センター）

ふと周囲を見渡すと、城の南東には標高736メートルの白倉山、その東には標高777メートルの玉置山がそびえ、城の背後にあたる北側にも標高500~700メートル級の山々が連なっているからだ。東京ドームのグラウンドや両国国技館の土俵のように、周囲から見下ろされているような印象が否めない。標高は約230メートルあるが、城が築かれた丘陵裾との比高差はわずか30メートルほどしかない。

赤木城といえば、先駆的な石垣と技巧的な縄張で知られる。主郭に設けられた虎口は内枡形+出枡形とかなり技巧的で、内枡形の外側には櫓門跡と思われる礎石も検出されている。いわゆる織田・豊臣系大名が築いた、織豊系城郭の特徴と合致する城だ。

築城の背景をたどると、この場所に築かれた理

標高500~700メートル級の山々に囲まれた赤木城。標高は約230メートル

由がみえてくる。熊野は天正13年（1585）に秀吉の紀伊《きい》侵攻によりその傘下に入り、豊臣政権にとって城郭や寺社造営の木材の供給源として重要視された。山奥ではあるものの、新宮から風伝峠を越えて吉野方面に通じる北山街道が通り、田平子《たびらこ》峠を越えて入鹿・本宮方面に通じる十津川街道も走っている。この周辺は古くから銅などの鉱山資源に恵まれ、入鹿では刀鍛冶が行われ、熊野の木材も産出されていた。

ところが豊臣政権への熊野浪人の反発が強く、熊野支配は難航。鎮圧に3年も要した北山一揆という大規模な一揆が起こった。一揆の鎮圧後に置かれた、材木伐採に関わる山奉行のひとりが、赤木城を築城したとされる藤堂高虎だった。

主郭の二重枡形虎口

石垣をよく見てみると、積み方にムラがある。城は丘陵の突端に主郭を置き、南西と南東方向の二手にのびた尾根上にも、それぞれ2段に渡って複数の曲輪を置く、Yの字を逆さまにしたような形をしているのだが、主郭をめぐる高さ4メートルほどの石垣はさておき、西面の石垣よりも東面のほうが明らかに積み方が整っているのだ。

戦闘を考えた場合にも敵の侵入路となるのは東側で、そのため高く険しく積まれているとの考え方もでき、横矢を意識した技巧的なつくりになっているのも事実だ。

しかし、この城が東山麓を縦貫する北山街道からの眺望を意識してつくられたとも考えられる。城は北山一揆と前後して築かれ、山麓に屋敷を構えた後に、山上に詰城を築いたとみられている。城から８００メートルほどの田平子峠刑場跡が北山一揆の首謀者たちの処刑場であることからも、この城の意義と選地の理由が推察できるのだ。

赤木城の位置（現在の地形図に加筆して作図）

地質による城の違い

城を実際に歩いていておもしろいのは、地質の違いを足の裏で感じられることだ。私は関東に生まれ、関東ロームの上で育った。幼少の頃から土とは滑るものだと教わったのだが、全国の城を歩いてみたところ、世の中には滑らない土があることを知った。

関東ロームは保水性がよく、透水性も大きいという特徴がある。だから、水を含むと陶芸の粘土のように粘りがでる。そのため雨でも降ろうものなら、ちょっとした傾斜の土塁でも、足を滑らせる確率が高い。関東ロームが基準である私にとっては、ちょっとした斜度の土塁も警戒すべき壁なのだ。

ところが、同じ感覚で関西の城を歩くと、土がサクサクしていてまったく滑らず、簡単に登れてしまう。つまり、関東と関西で同じ斜度・同じ高さの土塁を築いた場合、関東では武器になりうるが、関西ではまったく役に立たないということになる。となれば、勾配を強くするか高さを出す必要があり、城の様相がおのずと変わってくる。

以前、茅ケ崎《ちがさき》城（神奈川県横浜市）で関東ロームの威力を思い知ったことがある。さほど広くなく、公園化されているため歩きやすくて構造が理解しやすい城である。土塁もそれほど大規模ではないから、実際に登ってみることができる。

だから講座の現地見学地に選んだのだが、あいにく前日に雨が降ってしまい、大変な目に遭ったのだ。ズルズルと足を滑らせながら土塁を登り降りする受講生たちは、罠にはまって足止めを食らう敵兵のようだった。「こんな小さな城の小規模な土塁でも、これだけの効力があるのか」と、関東ロームの見た目以上の効力に感動すら覚えてしまった。

城を歩くときには、土壌も生かしながらつくられていることを念頭に置いてみるといい。地質を生かした工夫や強み、地域特有のフォルムがあることに気づけるはずだ。

◈シラス台地を利用した志布志城・知覧城

地質に特徴のある城の代表格が、「南九州型城郭」と称される、鹿児島県の城だ。**志布**《しぶ》**志**《し》**城**（鹿児島県志布志市）や**知覧**《ちらん》**城**（鹿児島県南九州市）が代表例である。

志布志城の本丸上段東側には、日本一といっても過言ではない切岸がある。これがまさに、**南九州地方の土壌だけがつくれる得意技だ**。ほぼ垂直に削り込まれ、20〜30メートルはあろうかというほどの高さがある。空堀を掘ったというより、ざっくり台地を切り落とした、という表現がしっくりくるほどダイナミックな空堀だ。実際に空堀の底に立つと、堀底を歩いているというより、谷底を歩いているような気持ちになる。

これほど規格外の切岸がつくれるのは、この城が**九州南部に分布するシラス台地と浸食**

谷（開析谷）を利用して築かれているからだ。シラス台地とは、細粒の軽石や火山灰などの火山噴出物が堆積した地層が、別の地層の上に平坦に重なって形成された台地のこと。枝状の浸食谷が急崖をなして複雑に入り組み、それがそのまま空堀になっている。だから、ザクザクと地面をかち割ったような、曲輪の独立性が高い特徴的な縄張になるのだ。曲輪を空堀で仕切るというより、できてしまった空堀の残った部分を曲輪として使っている、という表現が近いかもしれない。

シラス台地は削りやすい土壌であることに加え、地下水位が低いため、垂直に掘削しておかないと雨水などにより浸食され崩れる性質がある。農業や交通・流通には適さないが、城づくりには願ってもない特色といえるだろ

志布志城の切岸。シラス台地と浸食谷を利用して築かれている

う。崩落しやすいということは、切岸をよじ登ろうとする敵にとってはよろしくなく、実際にこの切岸はまったく登れない。

志布志城は、東から内城、松尾城、高城、新城と呼ばれる4つの城から構成される。このあたりの城では曲輪ではなく城と呼ぶ傾向があるのだが、それも納得の独立性の高さといえる。全体規模は東西約1000メートル、南北約900メートルと、戦国時代の山城としては巨大でもある。

なかでも内城は見もので、迷路のようにはりめぐらされた〝空堀天国〟になっている。三方を絶壁とし、背後にあたる北東側は、大規模な堀切で尾根を断絶。この大堀切から尾根の先端までに6つの曲輪を直線的に置き、それぞれの曲輪は巨大な空堀で仕切り、これらを取り囲むように長大な横堀がめぐっている。もちろんこの横堀のスケールも相当なもので、調査から深さ約7メートル、堀底幅約6～7・5メートルにも及ぶと判明している。横堀の西南から東南にかけても多数の曲輪があり、外郭の曲輪群にも堀切が掘り込まれている。

志布志城と同じく、知覧城も南九州型城郭の例だ。上空から撮影された写真を見ると、ボコボコとした形をしていて、まさに特殊な地質によってつくられた城とわかる。まるで、台地をまな板の上に置いてブツ切りにしたようだ。

知覧城は、**標高170メートルの台地上を刻む浸食谷を利用して、大きく南北の2群の城と、周辺の屋敷群から構成**される。各曲輪は崖のような切岸に守られ、堀底から曲輪までの高さはなんと40メートルにも及ぶ。

中心となるのが北の1群で、おもに本丸、倉ノ《くらん》城、今《いまん》城、弓場《ゆんば》城の4つの曲輪が浸食谷に仕切られながら並ぶ。並ぶといっても、蔵之城と今城の間には高さ40メートル、幅30メートルの空堀があり、やはり独立性が高い。北の1群から幅70メートルの空堀を隔てて南西に式部殿城、南之栫《かこい》、児城から成る南の1群があり、この3つの曲輪間も南から西にかけての巨大な堀に仕切られている。さらに、

知覧城の航空写真（写真提供：ミュージアム知覧）

南北2群のほかにも東之栫《かこい》、蔵屋敷、西之栫などが取り囲む広大な城になっていて、樹海のような、人を寄せつけない世界が構築されている。

◆関東ロームの威力を感じる小幡城

関東の城は、とにかく土塁や空堀がダイナミックだ。それは、先に触れた**関東ローム**の威力である。

関東ローム層は、**関東地方の丘陵や台地に火山灰が堆積し、粘土化した土層**のことだ。約1万年前に関東地方西側の富士山や箱根山、愛鷹山、北側の浅間山や榛名山、赤城山や男体山などの火山から放出された火山灰が火砕流や土石流となって運ばれてきたことでできた。赤土と呼ばれるのは、多くの有機質を含む、赤黒い土の層であるからだ。赤色や褐色の正体は、サビ。火山灰に含まれる鉄分が酸化して赤くなるのである。

火山灰が降り積もった層であるため、噴源に近いほど層は厚く、土の粒子は粗くなる。たとえば東京の層は厚さ5メートルだが、富士山に近い御殿場では厚さ100メートル以上に及ぶ。また火山によって違いがあり、東京や神奈川では富士山や箱根山の火山灰であるが、北関東のロームは那須岳や赤城山の火山灰となっていて、少し様相が異なる。

土粒子が細かいわりには粒子間の隙間が大きく、透水性と保水力に長けているのが特徴だ。つまり、**含水比が高い土**ということになる。一般的に、土は水を含むと軟弱になり、間隙が大きいと脆くなる。その原理で考えると関東ロームは軟弱な地質になるのだが、**粒子間の結合力が強いため、頑丈な土質**といえる。だから、大規模かつ表面がつるつるとよく滑る土塁や空堀がつくれる。

たとえば**小幡《おばた》城**（茨城県東茨城郡茨城町）は、いかにも関東ロームの強みが感じられる城だ。標高は30メートルほどでちょっとした丘にしか見えないのだが、とてつもなく深い空堀が掘り込まれ、恐ろしく高い櫓台がそそり立っている。高低差だけでなく折れも多用し、横矢をこれでもかと掛けた強烈な縄張で、迷路のように複雑だ。巧妙かつ大規模な、関東らしい城といえるだろう。

小幡城のある茨城町は茨城県のほぼ中央部に位置し、標高25～33メートルの台地上にある。台地は新生代第三紀の水戸層という泥岩質層がもっとも古い地層で、その上は第四紀の地質が不整合に堆積し、粘土・砂からなる見和層、礫からなる上市層、灰褐色の常総粘土層、そし

小幡城。いかにも関東らしいダイナミックな土塁と空堀が掘り込まれている

て関東ローム層がほぼ水平に連続して堆積し、最上部は腐植土層で形成されている。

◆低湿地に築かれた備中高松城・忍城

低湿地を使った沼城として知られるのが、羽柴秀吉による水攻めで知られる**備中高松城**《びっちゅうたかまつ》（岡山県岡山市）だ。秀吉は攻めあぐねた末に水攻めという作戦を取るのだが、なかなか攻略できなかったのは、縄張が巧妙なわけでも規格外の頑丈な土塁があるわけでもなく、周囲の沼地や沼田によって守られ、近づくことができなかったからだ。この城は、**低地の微地形（微高地）につくられている**ことが最大の武器なのである。

微地形とは、5万分の1や2万5０００分の1縮尺の地形図では表現できないほど微細な起伏を持つ台地のことだ。**低地は台地に比べると浸水しやすく、排水が悪く地盤も軟弱だが、やや高くなっている微高地は排水しやすく地盤もよくなる。**

水攻めが成功した要因は、自然地形に恵まれていたこともあるが、梅雨時で大雨が降ったことが大きい。この地域は昭和60年（１９８５）6月に洪水に見舞われているのだが、そのときも備中高松城を残して周囲が水没している。大規模な築堤をしなくても、水が溜まる地形だということだ。足守川水取口の堤の周辺には、今でも水頭、高土手、櫓地、土手敷、大曲といった地名が残っていて、地勢を感じさせる。

もうひとつの水攻めとして知られる忍城《おし》（埼玉県行田市）も、沼地や湿地に囲まれた城だ。地図を広げてみれば、この地は北に利根川、南に荒川という2大河川に挟まれた地勢で、行田市の記録を見てみると、過去には堤防の決壊や甚大な水害が発生している。上杉謙信に攻められた騎西城《きさい》（埼玉県加須市）も、四方を沼地に囲まれた城だった。

先に触れた武州松山城（↓P61）は、東・西・南面を市野川流域の沼湿地に守られている。このように3面が囲まれていれば、かなりの強みになるといえよう。小山城《こやま》（静岡県吉田町）の二重堀切の堀底を歩いてみると、晴れた日でも土に湿気が感じられる。この城は武田信玄の駿河侵攻により築かれ、兵站地として重要な役割を担っていた。大井川下流は葦の茂る低湿地だったはずで、海岸線も現在よりもっと内陸部にあったと考えられる。湿地帯に守られ、機能していたのだろう。

〈地形を使った戦い〉地の利で勝利！　上田合戦

徳川家康の大軍を2度も撃退したことで知られる、真田昌幸が築いた上田城《うえだ》（長野県上田市）。別名・尼ヶ淵《あまがふち》城と呼ばれるのは、かつて千曲川支流である尼ヶ淵に面した河岸段丘上に築かれていたからだ。城の南側にあたる駐車場が、尼ヶ淵跡。駐車場から城を見上げれば、ざっくりと台地を切り落としたような急崖の上に城が築かれているのがわかるだろう。

上田城は太郎山南麓、上田盆地北部の尼ヶ淵に面する崖上に築かれ、南は千曲川、北・西側に矢出沢川を引き込んで総構（外郭線）を構築していた。唯一の攻め口となるのは東だが、この面も蛭沢川や湿地帯に守られている。

現在の上田城は、仙石忠政が寛永3年（1626）以降に改修した姿だ。上田城は徳川氏によって破壊され、堀も埋め立てられた。よって、真田氏時代のものではないのだが、詳細ははっきりとはわからないながらも、どうやら基本設計は真田氏時代の上田城を踏襲していると推定されている。

天正13年（1585）の第1次上田合戦の勝因は、上田城の防衛力だけではなく、城をとりまく地の利を活かした戦術といえる。徳川軍7000に対し、上田城で迎え撃つ真田軍は、臨時徴集した兵も含めて2000程度。まともに戦っては勝ち目がない状況で、昌幸は真骨頂ともいえる見事な手腕で大軍を撃退した。

東から攻め寄せる徳川の大軍を少数の真田軍が迎撃できるのは、通常の戦法に従えば上田城から南東3キロの神川の渡河点になる。しかし、昌幸はこれを放棄して敵の突撃ペースを乱した。そして、あえて徳川軍の急進を促し油断させたところで、嫡男・信幸率いる主力部隊を突入させたのだ。

こうした逆襲をかける場合は、搦手《からめて》（裏手）から敵の背に向かって出撃させるのが通例だ。しかし信幸率いる逆襲部隊は、北の砥石《といし》城（長野県上田市）から出撃して敵の脇腹を突いた。砥石城は上田城とその城下が見下ろせる絶好の位置にあり、また逆襲部隊の経路となる上州街道は高さ約20メートルにも及ぶ台地（染谷台）に遮蔽され、動きを悟られず進軍できたからだ。意表を突かれ撤退する徳川軍は神川へと追い詰められ、大損害を被る結果となった。

第1次上田合戦での両軍の動き（上田市立博物館の資料などをもとに、現在の地形図に加筆して作図）

〝城に頼って戦う〟のではなく〝城を利用して戦う〟、いかにも昌幸の戦い方といえる。

慶長5年（1600）の第2次上田合戦でも、昌幸の戦術が光った。砥石城はいち早く徳川軍に占領されたが、もともと対上杉を意識して築かれた上田城は、この頃には徳川対策がなされ格段に強化されてもいた。

わずか3000〜5000の真田軍に対し、徳川秀忠率いる徳川軍は3万8000。昌幸は秀忠に降伏を受け入れるそぶりを見せながら交渉を先延ばし、時間を稼いだ。長期戦が想定されていた関ヶ原合戦において、できるだけ時間稼ぎをするのが昌幸の役目だったからだ。

じらされた挙げ句に降伏しないと伝えられた秀忠は逆上し、上田城への強襲を開始した。これからが昌幸の見せ場で、一隊をおとりとして出撃させると、追撃する徳川軍をあえて上田城下に導き入れ、そこへ寺社などに配置していた部隊で一気に奇襲をかけた。上田城の周囲には有事には砦となる寺社が多く並び建てられ、一大ネットワークのように機能していた。

さらに昌幸は、伊勢崎《いせざき》城（虚空蔵山城・長野県上田市）に配置していた別働隊に背後から徳川本陣を奇襲させ、同時に正面から徳川先鋒を攻撃した。徳川軍が浮足立ったところに真田信繁率いる部隊が突撃すると、徳川軍は瞬く間に総崩れとなり後退。その上で、徳川軍が神川を渡ろうとしたところを神川上流でせき止めておいた水を一気に流し、とどめの一手とした。この追い打ちにより、かなりの徳川兵が濁流に流されたといわれている。

上田城で足止めを食らった秀忠は、こともあろうに関ヶ原合戦に遅参。大失態を犯し、家康に大目玉を食らったエピソードはよく知られるところだ。もちろん、昌幸が徳川の大軍を壊滅させるには至らなかったが、上田城から撤退する徳川軍の大敗は明らかで、なにより関ヶ原合戦に出陣すべき3万8000の兵力を無力化させた功績は大きかったといえるだろう。

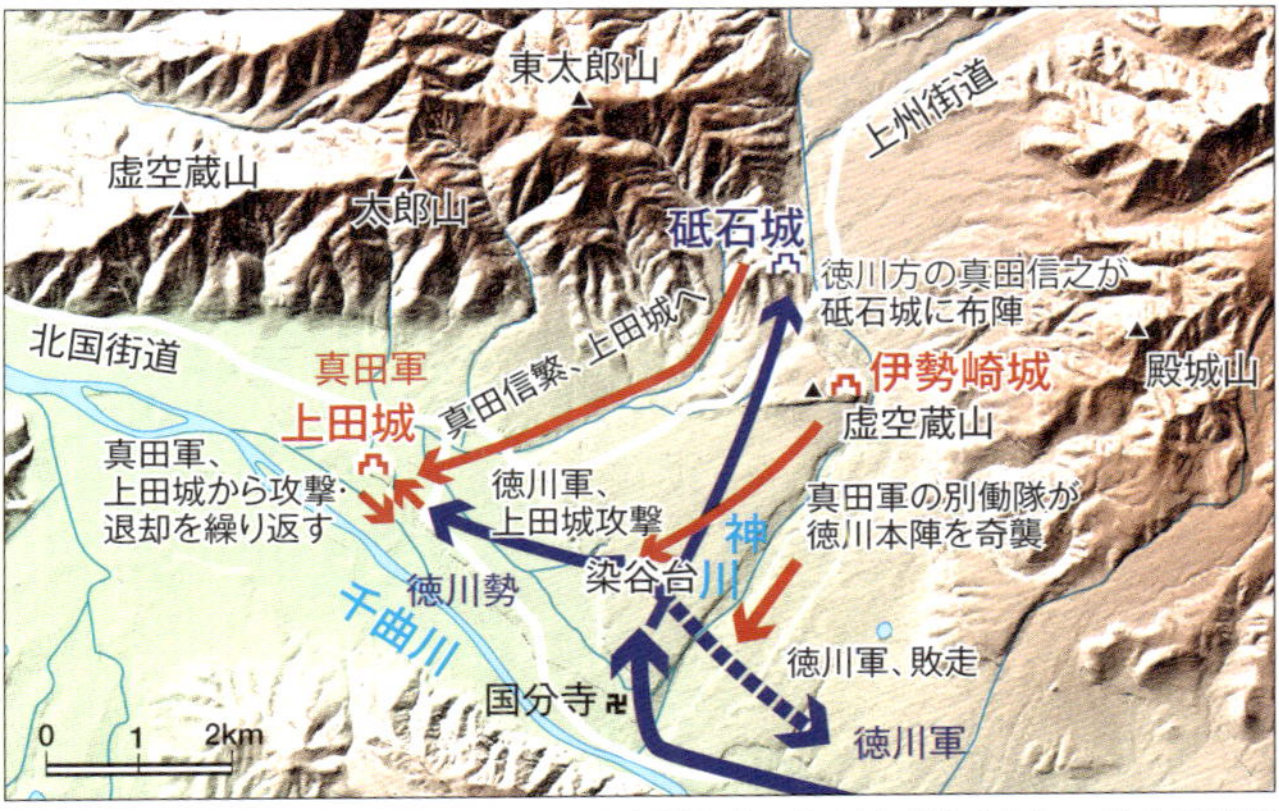

第２次上田合戦での両軍の動き（上田市立博物館の資料などをもとに、現在の地形図に加筆して作図）

街道と国境

街道と城との密接な関係

敵が領国内に攻め寄せてくるとき、進軍路となるのは街道だ。少人数ならまだしも、それなりの数の軍勢ともなれば、道なき道を無計画に進むことはない。敵国に出陣する場合も、当然ながら軍勢は街道を通って目的地を目指す。日帰りの出陣などまずないから、道中での宿営地や兵糧の確保も考えなくてはいけないが、街道上であれば村があるからその手配ができる。旅行の行程を計画するように、移動距離や移動時間を計算し、宿泊や食事の準備をする。行程を綿密に計画するのも、戦略のうちなのだ。できるだけコンディションを保ちつつ、ときに戦いながら街道を大移動していく。

つまり、街道と城はとても密接な関係にある。敵国に至るまでの領国内の主要街道上には、軍勢が駐屯できる城や連絡・伝達のための城を置かねばならない。攻め込んでくる敵の動きを、監視する城も必要だ。いざというときは、前線基地となって戦える実用性も求められる。敵国の主要街道沿いの城を奪えば、兵糧のルートを確保でき、敵の援軍を阻止できる。

攻城戦というと、すでに敵国の城を取り囲み、軍勢同士が激突するシーンを思い浮かべてしまう。しかし、むしろその局面を迎えるまでが肝心だ。スポーツ選手が試合日に照準を合わせた調整を求められるように、本戦に向けてのスムーズな移動や兵糧の運搬、兵力を損なわない効率よい駒の進め方が求められる。街道上では、本戦に向けての前哨戦が繰り広げられているのだ。複数の街道の合流地点ともなれば、軍事力の高い城が築かれ相当するランクの城主が配されるのは当然のこと。敵はもちろんそのような城を狙ってくる。

城攻めとは長期戦であり、複数の軍勢と城を駆使して行う総力戦だ。戦いとは、サッカーの試合のようにキックオフと同時にはじまる公正なものではないし、相撲のように1対1で対峙して行うものでもない。いかに街道上での前哨戦を勝ち上がっていけるか、街道上の城を潰し敵の主力部隊の戦力を下げ、チームの総合力を崩していけるかが勝敗に直結する。

街道をどう整備し、街道上にどのように城を配置するか。攻める目線でいえば、街道上の城をどうやって攻略し、いかに活用して進むかが、進軍の軸になる。もちろん領国経営においても街道は重要になってくるが、この章では城攻めと街道との関係にスポットを当てていこう。

中世の街道は全国的に明らかになっていないケースが多いため、検証するのが難しい。近世の街道も参考にしながら、あくまで城と街道との関係に迫っていく。

◆街道を一望できる若桜鬼ヶ城・利神城

山城をはじめ、城を高いところに築く利点のひとつは、街道を見下ろせることにある。山そのものが物見台のように機能して、街道を監視するのだ。軍事施設である以上、城に迫る敵にいち早く気づかなければならないし、敵が迫った場合には軍勢の数や戦術を察知し、城下まで敵が迫ったならば敵の動きを把握し対処せねばならない。

そのため、山頂からは街道を一望できるケースが多い。攻め手にしてみれば、もっともされたくないのは軍勢や兵糧などの物資運搬の動きを悟られることだ。街道の支配権をどちらが握るかが、とても重要になってくる。

若桜鬼ヶ城《わかさおにがじょう》（鳥取県八頭郡若桜町）の本丸に立つと、ここに山城を築いた理由、この城が歴史的な場面に登場する理由がわかる。城が築かれている標高452メ

若桜鬼ヶ城の本丸からの眺望。右側が播磨方面、左側が但馬方面に向かう街道。2つの街道の結節点にあり、両国へ通じる街道が見下ろせる

ートルの鶴尾山《つるのお》は但馬《たじま》と播磨《はりま》を結ぶ街道の結節点にあたり、眼下には街道が走るノスタルジックな風景が広がっている。

若桜街道は古代から使われていた街道で、鳥取と若桜を結んでいた。現在の国道29号がそれに並行すると考えられる。**若桜から播磨へと向かう戸倉峠までの道は播磨道、若桜から氷ノ山越に至る道が但馬道**で、つまり若桜は街道が合流する地である。

若桜は**因幡《いなば》の東南隅端部、播磨・但馬・美作《みまさか》に接する位置**にあり、戦国時代には毛利氏対尼子《あまご》氏、毛利氏対織田氏など、激しい争奪戦が繰り広げられた。天正3年（1575）、尼子氏再興を図る山中鹿介が信長に後押しされながら攻略したときも、毛利方の吉川元春はすぐさま街道を封鎖し、大軍で包囲して奪い返している。間髪を入れない奪還劇からも、その重要性は察せられるところだ。その後、天正9年（1581）に、信長の命により因幡攻めを行った羽柴秀吉が攻略。秀吉は八木豊信、鳥取城制圧後は木下重堅《しげかた》を城代とし、因幡平定の拠点としてやはり重要視している。ちなみ

若桜鬼ヶ城の位置（現在の地形図に加筆して作図）

にこの際、**秀吉は播磨から戸倉峠を越え、若桜を抜けて鳥取へと進軍**している。城は、因幡平定後に2万石で城主となった木下重堅、関ヶ原合戦後に入った山崎家治・山崎家盛により改造された。中世の土の城と近世の石の城が共存する希有な城でもある。

江戸時代に因幡街道随一の宿場として栄えた平福を西側山麓に据える、標高373・3メートルの利神山に築かれた**利神《りかん》城**（兵庫県佐用郡佐用町）も、街道が望める城だ。眼下には山麓のラインをたどるように、近世の因幡道が蜿蜒《えんえん》と続く。

佐用町は、**東西に播磨と出雲を結ぶ出雲《いずも》街道と、南北に播磨と因幡を結ぶ因幡道が交差する交通の要衝**だ。そのため江戸時代になると、宿場町としておおいに発展した。現在残る街道に沿う平福《ひらふく》の街並みは江戸時代の名残で、佐用川に沿って川屋敷や土蔵などの川端風景が広がっている。城の西

佐用川越しに望む利神城。山頂に石垣が見える。佐用川の西側に因幡街道が走っていた

麓に平福御殿屋敷（居館）、その南側一帯に城下町、南1キロのところに戦国時代の居館跡（別所構）がある。高石垣が残る山城であることに加え、山麓の居館と御殿屋敷、対岸の宿場町（城下町）がセットで残る城でもある。

利神城から智頭《ちづ》街道を6キロほど北上したあたりが、かつての**播磨と美作の国境**だ。そのためこの地は美作や山陰道諸国との関係も深く、鎌倉時代には幕府の影響下に佐用荘が置かれた。8世紀に古代山陽道の支路として**美作道**が整備されると、京からは播磨国府（兵庫県姫路市本町）周辺を経て山陽道から分岐し、美作国府（岡山県津山市総社）へと向かったという。近世に整備された因幡街道とは多少異なるものの、山陰道経由ではなく、佐用を経由するのが因幡への最短ルートだったようだ。**佐用郡を東西に横切る美作道と佐用から北にのびる因幡道は、中世にも頻繁に利用された**と考えられる。

15世紀の嘉吉の乱においても、赤松氏は美作道を播磨から北上したとみられる。その後の応仁・文明の乱を含む赤松氏と山名氏との抗争の際も、美作道は出撃の道となった。文明16年（１４８４）からの山名氏との抗争では、赤松軍は坂本から美作道を経て、平福を経由する近世因幡道を利用した可能性が高いという。となれば、街道上にあり眺望に長けた利神城が重要視されていてもおかしくはない。

その後、天文6年（１５３７）に尼子氏が播磨に侵攻し支配権を握るのだが、このときも尼子氏は美作道を利用したと考えられる。織田信長と毛利輝元の対立においても、当然ながらこの地は重要な舞台となった。

利神城は貞和5年（1349）に播磨守護・赤松氏一族の別所氏が築城したとされる。戦国時代のエピソードでよく知られるのは、天正5～6年（1577～78）の上月合戦だろう。織田方と毛利方の戦いが本格化し、天正5年3月に毛利氏配下の小早川隆景が播磨に進攻して龍野を攻めると、織田方も応戦。天正5年10月には織田氏配下の羽柴秀吉が播磨に出陣した。

播磨をほぼ制圧した秀吉は、敵対する3つの城として福原《ふくはら》

利神城のある佐用町は出雲街道と因幡街道の交差点にあり、利神城は因幡道を見下ろす要衝にあった（佐用町教育委員会『利神城跡等調査報告書』「利神城跡等位置図」をもとに作図）

城、上月城《こうづき》（ともに兵庫県佐用郡佐用町）、利神城を書状のなかで挙げている。利神城はこれを受けて降伏したとも、上月城に入っていた織田方の山中鹿介が攻め落としたともいわれている。

毛利氏が上月城を落とした後、利神城は当時毛利方にあった宇喜多秀家領となり城代が置かれたようだ。その後、関ヶ原合戦後に宇喜多氏に替わり池田輝政が52万石で播磨に入封すると、輝政は甥の池田由之《よしゆき》に2万2000石を与えて利神城を整備させた。ここで、城と宿場町が様変わりする。街道と平福宿も由之により本格的に整備され、因幡道は江戸時代を通じて鳥取藩主の参勤交代経路として利用されることになった。

由之が慶長6年（1601）から築いた利神城には三重天守まであったといわれ、あまりの豪華さに江戸幕府の警戒を怖れた輝政から破却を命じられたと伝えられている。

利神城の航空写真（写真提供：佐用町教育委員会）
※石垣などの城跡の一部が崩落し危険な場所があるため、2018年8月現在、関係者以外の利神城跡（山城地区）への登頂が制限されています。

山頂に残る石垣がとにかく見事なのだが、これも由之によるものだ。最高10メートル、総延長740メートルにも及び積まれた江戸初期の石垣は希少で、学術的にも価値がある。山頂の石垣上に三重の天守が建っていたなら、因幡道から見上げる姿はさぞかし圧巻だったことだろう。

部分的に種類の異なる石垣が見られ、由之の大改修以前にも天正年間に積まれたと考えられる石垣がある。上月合戦の後に領有した宇喜多氏時代の改修とも指摘され、池田氏以前の瓦片も見つかっている。宇喜多氏時代の利神城の実像は現状では定かではないが、手を入れていたのであれば、やはりそれほど重要な城といえるのだろう。

◆街道を押さえる佐和山城

石田三成の居城として知られる**佐和山城《さわやま》**（滋賀県彦根市）が「治部少に過ぎたるものが二つあり。嶋左近と佐和山の城」と評価されたのも、恵まれた立地にあったからだ。

戦国時代の近江において、この地は**江北の浅井《あざい》氏と江南の六角《ろっかく》氏の二大勢力がぶつかる最前線**だった。**琵琶湖まで山地が迫り、東山道（後の中山道）や北国街道を結ぶ交通の結節点**にある。大軍を少人数で抑えるのに適し、相手の領国への見通しもきくため、両氏により多くの城が築かれた。佐和山城もそのひとつだ。

佐和山城は、琵琶湖東岸に位置する標高232・5メートルの佐和山に築かれ、東山麓には**東山道と北国街道、織田信長が整備した下街道（後の朝鮮人街道）の合流地点**がある。西山麓には、かつては琵琶湖の一部である松原内湖が迫っていた。佐和山を境に、北は坂田郡、南は犬上郡とに分かれる郡境に置かれている。

佐和山城の重要性は、その歴史からもよくわかる。もともとは、鎌倉時代初期に近江源氏・佐々木定綱の六男・時綱が山麓に館を構えたのがはじまりといわれる。その後、佐々木氏が江北の京極氏と江南の六角氏に分かれて対立すると、両勢力による攻防が繰り広げられた。

佐和山城と周辺の街道（彦根市教育委員会『増補改訂版 佐和山城』「佐和山城跡位置図」をもとに作図）

戦国時代になると、京極

氏に替わって覇権を確立した江北の浅井氏と江南の六角氏とで佐和山城争奪戦が展開され、六角・京極・浅井氏の三つ巴の戦いの舞台となった。その後、浅井氏が信長と敵対すると事態は一変。元亀元年（１５７０）の姉川の戦いを経て、佐和山城には浅井氏家臣の磯野員昌《かずまさ》が入ったが信長に包囲され、元亀２年（１５７１）に開城した。

その後、信長は佐和山城に重臣の丹羽長秀《にわながひで》を置いているのだが、これは信長が居城である**美濃《みの》の岐阜城から京へ向かうルートを確保するため**なのだろう。佐和山城は、安土城が完成するまでの数年間は、**近江支配の核、京都と岐阜の中継拠点、西国への最前線として機能**していた。山麓にはどうやら湊もあったようだ。

信長の没後、秀吉の時代になっても佐和山城は引き続き重要視され、堀秀政、堀尾吉晴、石田三成が入った。三成の時代には城下町がつくられ、琵琶湖を介した湖上交通が重視されていたと考えられる。

◆謙信の上杉軍道と信玄の棒道

越後の上杉謙信は幾度に及ぶ関東遠征の際、居城の**春日山城から三国峠《みくに》を通り、三国街道を通って上野《こうずけ》に出陣**している。三国街道が整備されるのは江戸時代に五街道が設置されてからだが、もともと**関東と越後《えちご》を結ぶ交通路**として古くから利用されていた。

元亀2年の関東遠征の経路を伝える謙信の書状には、春日山城から旧安塚町・旧大島村（新潟県上越市）を通り、松之山郷（新潟県十日町市）、塩沢（新潟県南魚沼市）へ向かい、その後は三国峠を通って沼田城へ攻め入る、と記されている。**春日山城から塩沢までは松之山街道、塩沢から三国峠までは三国街道を利用して沼田へと南下するルート**だ。

この松之山街道こそ、**「上杉軍道《ぐんどう》」と呼ばれる謙信が整備した軍用道**だ。応永年間に越後守護・上杉氏から関東管領が出ると、関東との交流が増えた。そのため謙信は内戦の際に迅速に進軍できるよう、交通路の整備と要衝の確保に力を入れた。

上杉軍道は、**北国街道の高田（新潟県上越市）と三国街道の塩沢を結ぶ、約75キロメートルに及ぶ脇街道**だ。三国峠までは一度北上してから南下する迂回ルートがあったが、それではかなり遠まわりになる。そこで謙信は、三国峠までの山並みをほぼ直進して最短距離で進軍すべく、軍用道をつくったのだ。

この道を使えば、距離が大幅に縮まるだけでなく、渡河点も信濃川ひとつになり進軍の効率がよい。ちなみに、塩沢から越後・上野の国境へ向かうには三国峠越えと清水峠越えの2つがあったが、初期の頃を除き三国峠が使われたようだ。

上杉軍道沿いには、謙信の進軍を連想させる城がたくさん残っている。春日山城から約24キロほど東にある、**直峰城《のうみね》**（新潟県上越市）もそのひとつだ。松之山街道を眼下に見下ろす要衝として関東出陣の拠点であり、おそらくは本格的な山越えに入る前の1泊目の宿泊地だろう。城下の添景寺が謙信の宿泊所とみられ、中腹には軍道がよく残っている。上杉景勝の代には直江兼続《かねつぐ》の実父・樋口兼豊《かねとよ》が城代を命じられていることからも、重要性がうかがえる城だ。

春日山城の山頂からは**虫川《むしかわ》城**、**大間《おおま》城**（ともに新潟県上越市）といった支城も見えるのだが、これらの支城は上杉軍道に沿うようにして、一定の間隔で連なっている。**犬伏《いぬぶし》城**（新潟県十日町市）は松之山街道を見下ろす場所にあり、関東出陣の際の宿営地だった。山麓の集落には居館があったと考えられ、集落全体が要塞のようになっている。

上越市三和区島倉の錦山にある**錦の陣屋**は、

上杉軍道の概念図。謙信は高田と塩沢を結ぶ、約75キロほどの松之山街道を整備していた（現在の地形図に加筆して作図）

春日山城から高田平野を通り最初の山道にかかる場所にある。街道が近くを通るため砦がつくられたと考えられ、食糧基地を兼ねた陣屋だったようだ。ここには、松之山街道の一部も残っている。

三国街道と合流する地点にある重要拠点が、上杉景勝と上杉景虎が家督を争った御館の乱の際、景虎救援のために三国峠を越えてきた北条軍を食い止めたことで知られる**坂《さか》戸《ど》城**（新潟県南魚沼市）だ。三国峠は４つの峠が連なり、そのもっとも越後寄りの芝原峠にあって、越後の最終防衛線となっているのが**荒戸《あらと》城**（新潟県魚沼郡湯沢町）になる。北条軍は荒戸城を攻略し、三国峠を越えて**樺沢《かばのさわ》城**（新潟県南魚沼市）を拠点に、坂戸城に攻め込んでいったのだ。

武田信玄の「棒道《ぼうみち》」も、北信濃《しなの》侵攻の際に整備された軍用道だ。諸説あるが、天文22年（１５５３）の第1次川中島合戦の前年に急遽つくったとされる。騎馬・駄馬・歩兵・従卒などを合計すると人馬は数万を超えるため、軍勢が効率よく移動できるよう構築された。

上越市三和区島倉に残る松之山街道の一部。謙信が整備した軍用道とされる

輸送時間・経路の短縮、歩きやすさ、コスト低減を考えると、**直線路線を基本とするのが効率的**だ。そのため、棒道といわれるまっすぐにのびた道路がつくられた。いくつかの棒道が用途別、季節、緊急度などに応じて使い分けられたようで、棒道間をつなぐ連絡路も設けられ、混雑や非常時に備えて回線網的な道路網を構築していた。

正確な経路ははっきりしないが、**八ヶ岳西山麓には「上の棒道」「中の棒道」「下の棒道」の3本があった**とされ、うち上の棒道が断片的ながらよく残り、「信玄の棒道」と呼ばれている。甲府から川中島までの約144キロを結ぶ一部で、北杜市小荒間を経て、小淵沢町の山間部を通って富士見町を抜け、兵站基地である湯川砦まで約20キロ続く。

この一帯は、かつて神野といわれる神域だったという。諏訪大社上社の御狩神事の神域で、上神の神人と祭礼に関する人以外は立ち入りを禁止されていた。比較的起伏が少なく、既設道路がない無人の神野を利用して、信玄は道路網を整備したのである。

「信玄の棒道」と呼ばれる「上の棒道」。比較的よく残っている

もちろん、道路と情報は表裏一体だ。一定の距離をおいて情報を伝達できる、信玄が構築した狼煙ネットワーク（↓P162）とも深く関わってくるのだろう。

◆安土城と琵琶湖城郭ネットワーク

織田信長が天正4年（1576）にはじめて天主を上げた**安土城**も、街道及び交通路が強く意識されている。現在の安土は決して交通の要衝とはいえないが、当時の信長にとっては最良の立地だった。

安土は信長のそれまでの居城だった**岐阜城と京との中間点**にあり、**東山道と北国脇往還が交差した後に京へ向かう途中**にある。つまり**東海・北陸・京を結ぶ要衝で、かつ、琵琶湖の西側にも西近江路や若狭街道といった主要幹線が通っていた**。また、**琵琶湖を渡れば京へ1日で渡れる**のも大きな強みだった。

安土城が築かれた標高199メートルの安土山は、琵琶湖の東岸に位置する繖山《きぬがさ》北西に張り出した丘陵で、北・東・西は湖に囲まれた要害だ。昭和に入り周辺が干拓されたため現在は湖岸から離れてしまいその面影はないが、『安土城図』（大阪城天守閣蔵）では琵琶湖に面して接し、貞享4年（1687）に作成された安土城を描写した最古の絵図『近江国蒲生郡安土古城図』（摠見寺蔵）でも、半島のように突き出し、山頂に天主を置いて本

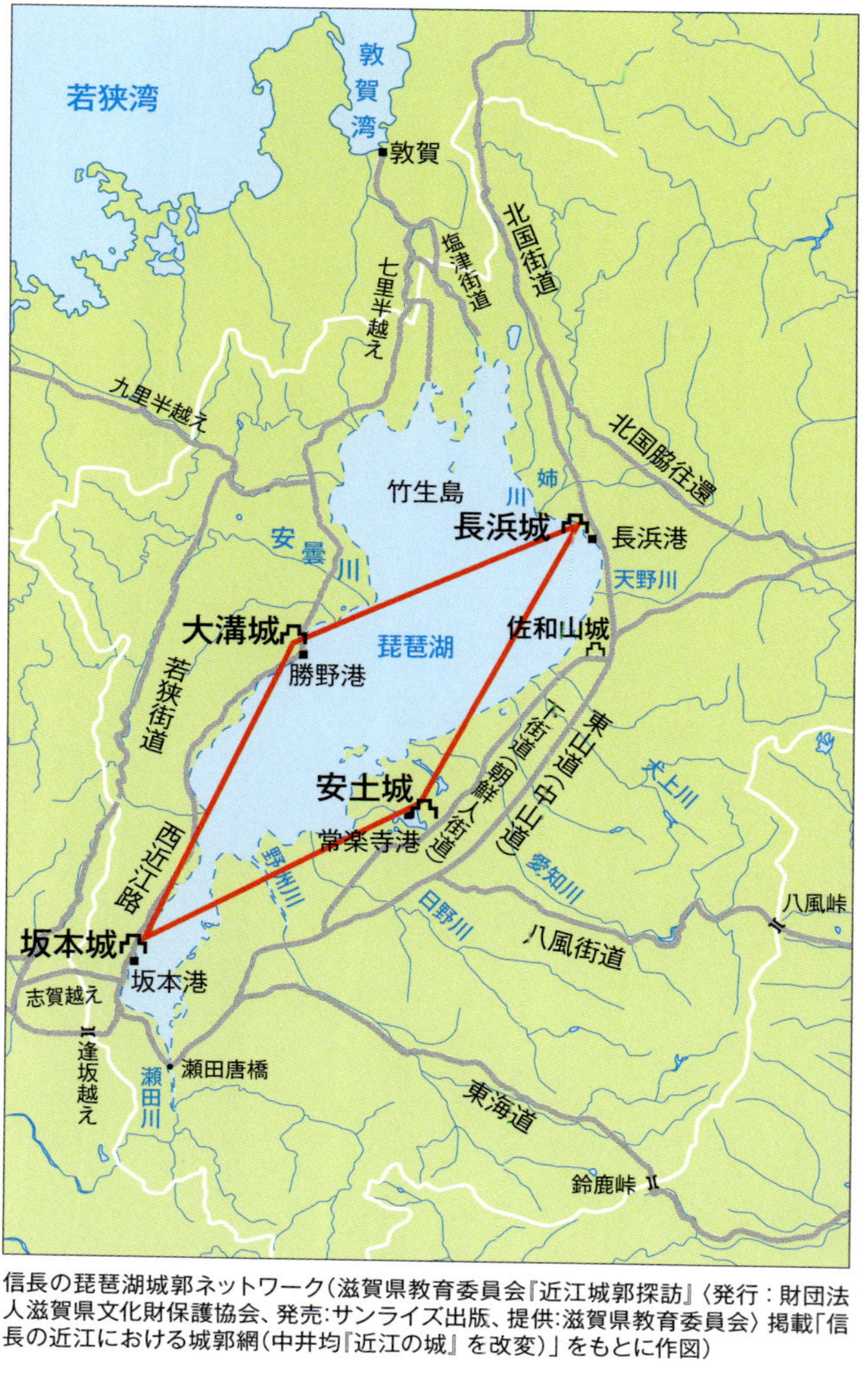

信長の琵琶湖城郭ネットワーク（滋賀県教育委員会『近江城郭探訪』〈発行：財団法人滋賀県文化財保護協会、発売:サンライズ出版、提供:滋賀県教育委員会〉掲載「信長の近江における城郭網（中井均『近江の城』を改変）」をもとに作図）

丸や二の丸などの曲輪を配している。

　海路で京までわずか1日の距離であること、琵琶湖を物資運搬の運河にできること、陸上交通の要衝で全国2位の石高を誇る近江の中心であること、宗教的聖地であること、などの条件を踏まえた上で、信長は天下を統一するための城を築く場所として好立地と考えたのだろう。構造から見ても、信長は安土城に籠城する気はなさそうで、どちらかというと軍事拠点ではなく情報発信基地や司令塔といった統括センターとしての役割が強いといえそうだ。信長が政治・経済・軍事に関する戦略上の最優良地として、安土を選んだことは間違いない。


　信長が、**琵琶湖を活用した軍事的なネットワーク**を築いていたのも興味深い。信長は安土城に先立ち、元亀2年、**近江と山城《やましろ》を結ぶ東山道、東海道、西近江路が通じ、比叡山の物資輸送のための湊町として交通の要所だった坂本**に**坂本《さかもと》城**（滋賀県大津市）を築いて明智光秀を置いている。天正元年には、**北国街道を押さえる地**に羽柴秀吉を置いて**長浜《ながはま》城**（滋賀県長浜市）を築かせた。

　さらに天正6年には、**西近江路と若狭街道を押さえるのに適した安土城対岸の地**に**大溝《おおみぞ》城**（滋賀県高島市）を築城して、甥の織田信澄《のぶずみ》を城主としている。これらの安土城、坂本城、長浜城、大溝城の4つの城を地図上で結んでみると、菱形のネットワークができるのだ。

琵琶湖城郭ネットワークとも呼ばれるこの支配体制は、信長が群雄割拠の近江において琵琶湖を統一支配下に置き、軍事的・経済的な交通の要衝として整えたものと考えられている。**近江は琵琶湖を中心として、湖南・湖東・湖北・湖西の4つの地域に分かれ、それぞれ畿内・東海・北陸・山陰へと通じている**。近江を支配することが戦略上かなり重要であることは間違いない。

坂本城、長浜城、大溝城はすべて琵琶湖に面した水城で、古来、琵琶湖水運に関して重要な港を擁していた。なるほど、安土城そのものも琵琶湖を取り込んだような縄張にし、そばを通る**街道と合わせて水陸両方の交通を掌握している**というわけである。

◆街道へ向けて見せた山崎山城

信長といえば、軍事的な目的だけでなく、示威的な目的でも街道を意識しているのがおもしろい。たとえば**山崎山城**《やまざきやま》（滋賀県彦根市）がその例だ。

古くから道の国だった近江は、京へ続く天下の要衝だ。交差する街道のなかでも中心となったのが、古くから東国と京を結び江戸時代に五街道として整備された**東山道（中山**

道）と、天正期に信長が結び江戸時代に栄えた**下街道**（**朝鮮人街道**）だった。

下街道は、織田信長が安土城築城時に京までの道を結んだのがきっかけで、東山道の上街道に対して下街道と呼ばれ、また琵琶湖岸を通ることから浜街道とも呼ばれていた。ちなみに朝鮮人街道と呼ばれるのは徳川家康が整備した江戸時代以降で、京都上洛時に通る道となり、朝鮮通信使が江戸へ向かう道としたことに由来する。

現在の能登川から彦根方面に向かってまっすぐのびる下街道は、独立丘陵である山崎山にぶつかり、山崎山を避けるように東に折れて再び直進する。山崎山城には東面や北面に屈曲した石垣が見られ、南面は直線的な石垣が城を取り囲むように積まれているのだが、どうやら城の南面の石垣は、北上してくる街道からの見映えを意識しているようなのだ。

実際に城を訪れ石垣のラインを確認しつつ街道を見下ろせば、その説は納得だ。城からは北に彦根城や佐和山城、南に安土城や観音寺城が遠望できることから、城そのものが街道を意識してつくられていると思われる。

天正10年（1582）には御茶屋が設けられたことが『信長公記《しんちょうこうき》』に記され、信長は甲州攻めから戻った際にこ

山崎山城と街道の関係図（現在の地形図に加筆して作図）

こでもてなしを受けたという。信長にとって、山崎山城は休息の場でもあったようだ。

山崎山城はちょうど安土城と佐和山城の中間あたりに位置し、岐阜城と安土城を結ぶ街道の中継施設でもあった。信長は街道を見下ろす立地に着目し、街道警備を目的として家臣にこの城を築かせたとも考えられる。

◆街道を取り込んだ御坂城・山中城

中世において高い築城技術を誇った北条氏は、街道の要衝に城を築くというより**街道を城に取り込むような傾向があるの**が興味深い。たとえば、天正10年に起きた天正壬午の乱の際に北条氏直が大改修したとされる**御坂城**《みさか》（山梨県南都留郡富士河口湖町・笛吹市）も、**鎌倉街道のひとつとして知られる御坂路の御坂峠を取り込んで設計**されている。**御坂城を通らなければ御坂路を通過できない**構造だ。

御坂城は、標高1792メートルの黒岳と、標高1596メートルの御坂山の間を通る御坂路の鞍部、標高1520メートルの御坂峠をそのまま取り込んで築かれている。河口湖側からの比高も1300メートル近くあり、その険しさは標高100〜200メートルの城とは比較にならない。標高が高いところにある城のなかでも、全国1、2位を争う。

御坂路は東海道の支路で、富士北麓を経て御坂峠を越えて甲府盆地に入り甲斐《かい》国府に至る。戦国時代には甲斐の武田氏と相模《さがみ》の北条氏との抗争において、甲斐と伊豆・駿河東部を結ぶ軍道として信玄が砦や烽火台を設置していた可能性がある。

天正10年3月に武田氏が滅亡すると、甲斐は信長の版図となった。しかし、わずか3か月後に本能寺の変で信長が横死。甲斐を統治していた織田方の河尻秀隆が武田遺臣により殺害されると、北条氏直はいち早く北条氏忠を大将とする軍勢を送り、郡内地方を制圧した。御坂城はこのとき

御坂城の東尾根、北側の土塁

御坂山からの眺望。眼下には河口湖が見える

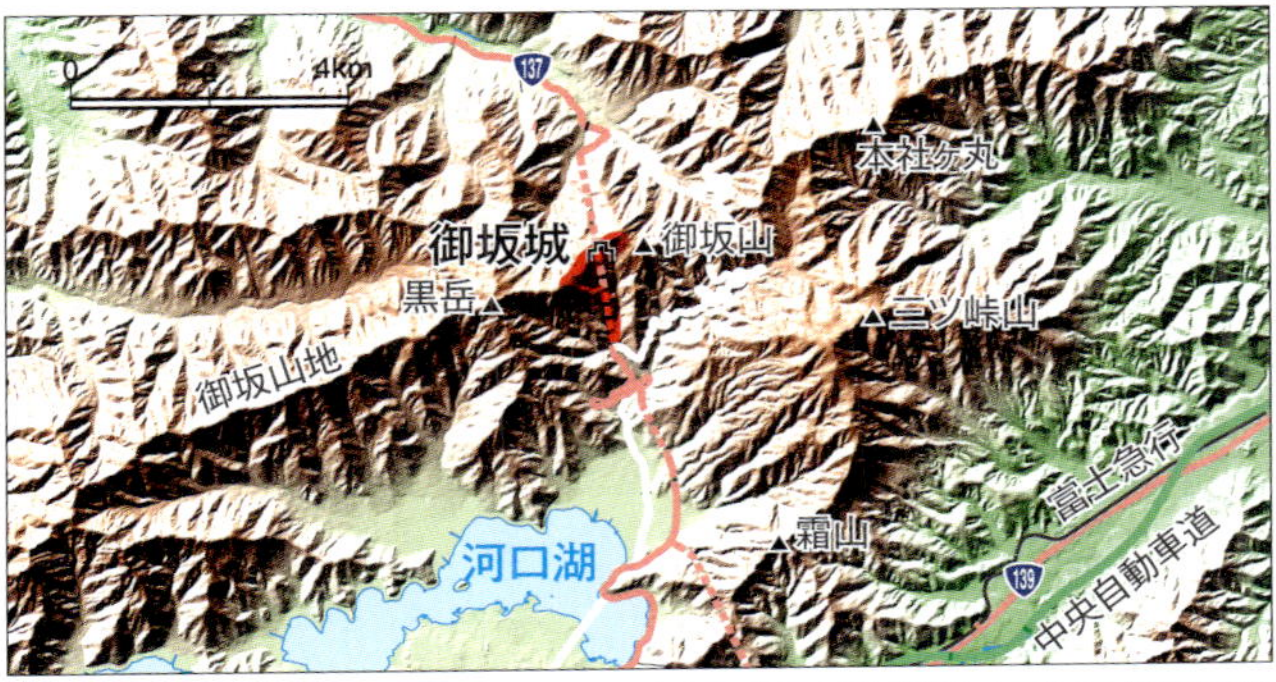

御坂城は、黒岳と御坂山の間を通る御坂路を取り込む形で築かれている（現在の地形図に加筆して作図）

に徳川軍への備えとして整備されたと考えられている。

はじめは圧倒的に優勢だった北条軍だが、**小山《こやま》城**（山梨県笛吹市）に陣を構えた徳川方の鳥居元忠に急襲されて惨敗し（黒駒合戦）、御坂城へ後退。同年10月に徳川家康との和議が成立すると、御坂城は廃城となったとされている。

これほどまでに標高の高い険路を通る人などいたのかと疑ってしまうが、尾根道や峠道は海路より人馬が通りやすく、進軍路となったようだ。そのため、尾根道や峠道を押さえる城は少なくなかった。

峠とは、山道を登りつめて下りがはじまる地点のことだ。山脈越えの道が通るもっとも標高が高い地点である。中央がくぼみ、高所に加えて地形も複雑になる。ここに城を築くのに高度な技術を要したのは間違いない。登城も命懸けだが、城を築くのも命懸けだったろう。よくぞこんなところに城をつくったものだと感心してしまう。

御坂城は峠を中心として両翼を広げるような構造で、北西側の最高所に主郭を置き、北側、中心部、南側と3つのエリアに分けて全体を横堀で囲い込んでいる。削平した曲輪はほとんどなく、自然の急崖がそのまま残る印象だ。全体の構造はやや謎めいたものがあり、実際に歩くと武田の城の雰囲気を感じなくもないが、折れを多用した土塁、竪堀や横堀を使った巧妙な縄張が味わえる城である。

天正18年（1590）に豊臣秀吉の小田原攻めで豊臣軍を迎撃し落城した山中《やまなか》城（静岡県三島市）も、街道を取り込んだ城だ。**小田原へと続く箱根路（旧東海道）を取り込むように、「V」の字のような形状をしている。V字の中央付近を、箱根路が貫通する構造である。**

　山中城は永禄年間（1558〜70）に北条氏康が築城したとされる、小田原の西を防衛する最重要拠点だ。秀吉との関係が悪化すると来襲に備え大改修されたが、未完成のまま豊臣秀次率いる7万の軍勢を迎えた。守将の北条氏勝《うじかつ》、松田康長、松田康郷《やすさと》、蔭山《かげやま》氏広、間宮康俊ら4000の兵が奮戦するも、わずか半日で落城。豊臣方も一柳直末《ひとつやなぎなおすえ》など多くの戦死者を出す大激戦となった。北条氏の築城術を踏襲した縄張は秀逸で、堅牢さは確か。しかし、あまりにも多勢に無勢だった。

　箱根路を東上してくる秀吉軍に対し、箱根山中にお

山中城跡環境整備鳥瞰図（三島市教育委員会提供の図に加筆）

いて**足柄**《あしがら》**城**（神奈川県南足柄市・静岡県駿東郡小山町）・**韮山城**・**山中城**の３つの城による防衛ラインで撃退しようというのが北条氏の作戦だったと考えられる。**山中城は箱根越えを阻止する関所**であり、小田原城への進軍を食い止める決死の駒だった（↓Ｐ２５５）。

　増築された西の丸は、同じく秀吉の来襲に備えて拡張された南尾根上にのびる岱崎《だいさき》出丸と同じように、西側からの敵の進軍に備えるものだ。このＶ字の縄張が北条氏の最終兵器だったのだろう。ホッチキスでバチンと留めるように、東海道から迫る敵を一網打尽にする戦術だったに違いない。

山中城の位置と、北条氏が想定した防衛ラインの概念図(現在の地形図に加筆して作図)

◆秀吉の徳川包囲網と家康の大坂包囲網

街道の上に築かれた城の応用例として、豊臣秀吉が構築した通称「徳川包囲網」と、徳川家康が構築した「**大坂包囲網**」がある。

天正18年、江戸に封じ込めた家康を牽制するため、秀吉が江戸を囲むように関東一円に築いた城による包囲網が、徳川包囲網だ。**家康が勢力を広げたり、大坂に攻め込まないための、結界のような防衛線**といえる。江戸と大坂をつなぐ東海道沿いには**駿府《すんぷ》城**（静岡県静岡市）、旧甲州街道沿いには**甲府《こうふ》城**（山梨県甲府市）、東山道沿いには**小諸城**や**上田城**や**松本《まつもと》城**（長野県松本市）というように、城を整備させた。**沼田城**、**太田《おおた》城**（茨城県常陸太田市）、**会津《あいづ》若松《わかまつ》城**（福島県会津若松市）も同時期に家康や奥羽の大名を牽制すべく築かれたと考えられ、いずれの城からも、秀吉が家臣の

豊臣秀吉による徳川包囲網。主要街道沿いに家臣を配置し、城を築かせた

城に使用を許した金箔瓦が見つかっている。
秀吉は、特権を与えた城を政治に活用していったと考えられている。単なる軍事基地ではなく、権力誇示という政治的なツールとして城を利用したのだ。これは信長以降の城の特徴のひとつでもあり、絢爛豪華な城を主要都市に築くことが秀吉政権のアピールとなった。

関ヶ原合戦直後、家康も包囲網を築いた。秀吉の遺児・秀頼と豊臣恩顧の西国大名を牽制するため、大坂城を取り囲んだ大坂包囲網だ。関ヶ原合戦後の家康が阻止せねばならないのは、西国大名が大坂城の秀頼のもとに結集すること。豊臣政権を揺るがす人物となった家康の、必死の対豊臣対策と考えられよう。

家康は慶長6年に、京を押さえる拠点の確保を

徳川家康による大坂包囲網。家康は大坂城を囲むように、主要街道沿いに城を新築または改修した。（　）内は築城・改修開始年

目的として天下普請で**膳所《ぜぜ》城**（滋賀県大津市）の築城を開始。続いて同年に**伏見城**（京都府京都市）を改修すると、慶長7年（1602）には、**二条《にじょう》城**（京都府京都市）を造営して京を軍事的に掌握した。慶長9年（1604）には**中山道と北国街道の交差点で、琵琶湖水運も押さえる彦根城**を、天下普請で築かせはじめている。

次々に天下普請で城を築き畿内を押さえると、次は西国境の拠点城郭の制圧に乗り出し、外様大名を味方につけることで一石二鳥の包囲網構築策を行った。娘婿の池田輝政を取り込んで**姫路城**（兵庫県姫路市）を大改築させると、**松江城**（島根県松江市）の中村一忠、**津山《つやま》城**（岡山県津山市）の森忠政を引き入れ、**山陽道と山陰道に新築工事することなく徳川方の拠点を置くことに成功**したのだ。

将軍職を子の秀忠に譲った家康が隠居城という名目で完成させたのが、**駿府城**だ。東海道沿いの駿府城は、大坂攻めの最前線基地と西国からの江戸攻めの最終防衛拠点にあたる。東海道沿いには**横須賀《よこすか》城**（静岡県掛川市）、**掛川《かけがわ》城**（静岡県掛川市）、**浜松《はままつ》城**（静岡県浜松市）、**吉田《よしだ》城**（愛知県豊橋市）、**岡崎《おかざき》城**（愛知県岡崎市）と、関ヶ原合戦以前に築城・改修された城がずらりと並び、これらの線を結んでいくと、大坂との決戦を意識していることがわかる。

慶長14年（1609）に西国大名による天下普請で**篠山《ささやま》城**（兵庫県篠山市）を完成して

街道の要衝を押さえると、山陰道における京の玄関口にあたる**丹波亀山城**《たんばかめやま》（京都府亀岡市）も天下普請で修築し、西国大名に対する京前線の防衛線を完成させた。**篠山城**、**丹波亀山城**、**二条城**、**伏見城**、**膳所城**、**彦根城**、**大垣城**《おおがき》（岐阜県大垣市）、**加納城**《かのう》（岐阜県岐阜市）と、大坂城の包囲網となる城を新築すると、その後は関ヶ原合戦前に築城・改築された城も含めて周囲をさらに固めていった。

極めつけは、慶長16年（1611）に築城名人である藤堂高虎が命じられた**伊賀上野城**《いがうえの》（三重県伊賀市）の大改築だ。これにより伊賀越えのルートが遮断され、大坂包囲網には隙がなくなった。そして総仕上げとなったのが、実質的な最終防衛の城となる**名古屋城**（愛知県名古屋市）の築城というわけである。

大坂包囲網はかつて秀吉が構築した徳川包囲網と似ているが、**徳川包囲網が抑止効果を重視したのに対して、大坂包囲網は西国大名を牽制する役割に加え、江戸に向かう大軍を迎え撃つ要塞という側面を併せ持っている**のが特徴だ。天守背後の装飾を省いたり、省略化した単純構造で統一したりと、実用性の重視が明らかだ。

国境を防備する境目の城

領国を守る上でもっとも重要な場所は、国境だ。敵は国境を越えて侵攻してくるから、国境警備を担う城はかなり重要ということになるし、敵の突破口にあたる国境に城がないということは常識的にありえない。国境の城を奪われれば、国境が変わる。

街道と同じように、国境と城も密接な関係がある。よって、国境警備を担う城は最重要視され、おのずと戦闘力が高い城が築かれた。国境や領域の境を防備する役割を担う城を、境目《さかいめ》の城と呼ぶ。国境や勢力の境目に築かれた城の例をみていこう。

◆信玄が攻めた、遠信国境の高根城

信濃と遠江の国境である青崩峠《あおくずれ》の近くにある城が、高根城《たかね》（静岡県浜松市）だ。平成5年（1993）から7年間の発掘調査によって城の実態がほぼ明らかになり、国境の城らしい争奪の痕跡も見えてきた。発掘調査が語る国境の城の例としてみていこう。

高根城は、**青崩峠と兵越峠越えの道が合流する、水窪《みさくぼ》の街が一望できる標高420メートルの通称・三角山の北側尾根上**に築かれている。立地のよさは申し分なく、北山麓で合

流する水窪川と河内川の2つの河川によって、城はしっかり守られている。さらに、山麓には北遠江と南信州を結ぶ通称・塩の道が山間部を縫うように通っている。

　二重堀切をはじめ、山城のパーツがよく残る城だ。南北朝時代に土豪・奥山氏が築き、奥山氏が居城としていたことは間違いないのだが、発掘調

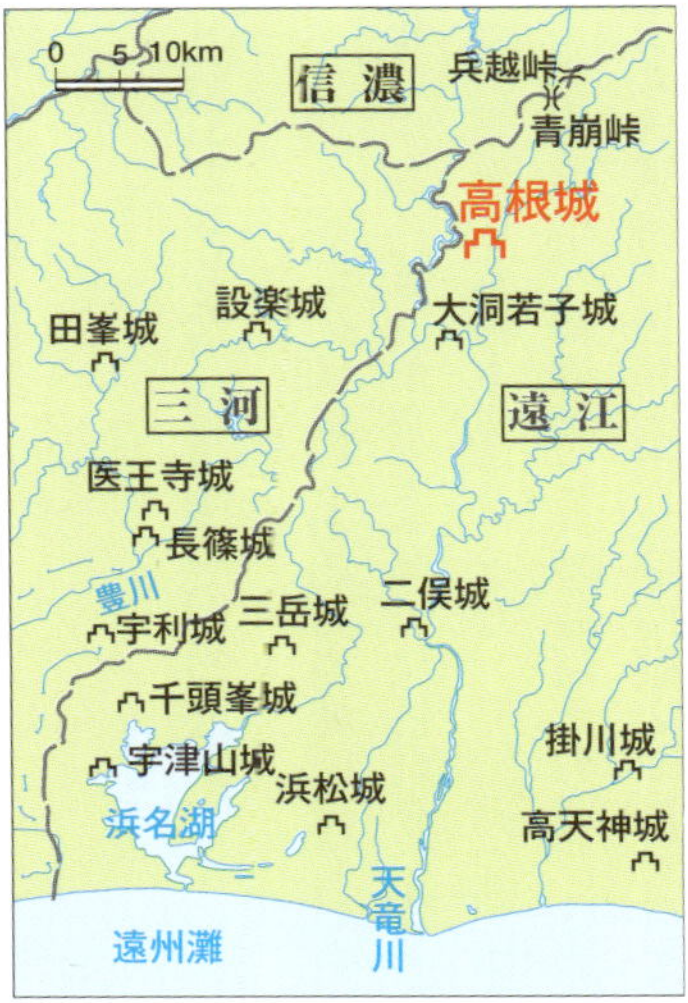

高根城は信濃と遠江の国境、青崩峠の近くに築かれている

高根城（写真提供：浜松市）。発掘調査をもとに整備され、戦国時代の山城の姿がよくわかる

査の結果、これら堀切などの遺構は奥山氏時代のものではなく、後に改変されたものと判明した。今川氏の没落後、信濃から遠江・三河《みかわ》に侵攻してきた武田信玄により接収されたのだ。

奥山氏時代の高根城は本曲輪に切岸が削平された程度の城だったようで、武田氏によってかなり大規模な改修工事が行われたとみられる。本曲輪の拡張はもちろん、北帯曲輪の増築による北側斜面の強化のほか、土塁の構築、厳重な二重堀切の設置も、永禄年間後半から天正年間初頭に武田氏によってされたようだ。信濃と遠江の国境近くにあるため、**南信濃から北遠江への侵攻ルートの安全確保と、遠江における橋頭堡として機能させた**のだろう。

改修は信玄時代ではなく、後継の武田勝頼時代の可能性が濃厚のようだ。勝頼は信玄に代わって徳川家康と遠江をめぐる戦いを続け、天正3年の長篠の戦いの前後には遠江の城を強化している。高根城も国境の重要な城とし

高根城の位置（現在の地形図に加筆して作図）

て、このときに手が入れられたようだ。**信玄が遠江の橋頭堡としたのに対し、勝頼は国境警備の城としての役割を持たせた**とみられる。

◆予土国境の河後森城

伊予と土佐《とさ》の国境地帯にあたる山間部、愛媛県と高知県の県境にあるのが、**河後森《かごもり》城**（愛媛県北宇和郡松野町）だ。標高900〜1200メートルの山々に囲まれ、四万十川の支流である広見川、その支流の堀切川・鰯《いわし》川の3つの川に囲まれた独立丘陵上にある。ちょうど広見川が西から東へと蛇行する右岸にあり、河岸段丘によって形成された平地が広がって、視界がもっとも開けた場所にある。

　本郭の標高は171メートルで、比高差は88メートル。さほど高くはないが眺望がきき、国境を守る城として重要視された理由がよく

河後森城の航空写真。城は3つの河川に囲まれた独立丘陵にある（写真提供：松野町教育委員会）

わかる。城は南に開く馬蹄形の尾根線上に、東から古城・本郭・新城の各エリアが置かれ、内側の風呂ヶ谷に屋敷群があった。中央を南北に通る細長い風呂ヶ谷を取り囲むようにして、最高所に本郭、本郭から西南方向は西第二曲輪から西第十曲輪までの9つの曲輪、東方向は東第二曲輪から東第四曲輪、古城から古城第四曲輪の7つの曲輪、さらにその南には新城の曲輪群が階段状に連なっている。

土佐の長宗我部氏が四国統一に動いた時期、河後森城も長宗我部氏の手中に落ちた。この地域では天文後期から永禄・天正期にかけて土佐の一条氏と長宗我部氏との間でたびたび戦いが繰り広げられたとされ、天正5年頃までには長宗我部氏の支配下となった可能性が高い。

秀吉による四国平定後は豊臣系の大名が送り込まれ統治が行われたが、各大名はやはり**伊予と土佐の国境を警備する城**として重視したようだ。なかでも文禄3年（1594）頃に入った藤堂高虎は、**宇和島城**（愛媛県宇和島市）**大洲城**（愛媛県大洲市）、河後森城を南予支配の

河後森城の位置（現在の地形図に加筆して作図）

3大拠点としていた。江戸時代に入っても支城として重視され、発掘調査からもたび重なる改修が確認されている。

◆3国の国境警備を担う河村城

相模、駿河、甲斐の3国の国境付近に位置する城のひとつが、**河村《かわむら》城**(神奈川県足柄上郡山北町)だ。**戦国時代に河《かわ》は北条領と武田領の狭間の地域**となったため、付近には**河村新《むらしん》城**(神奈川県足柄上郡山北町)をはじめ、足柄峠を守る**足柄城**のほか、**甲斐・駿河方面への国境警備の城**が数多く存在する。重要な地ゆえに河村城の歴史は古く、南北朝争乱期には激しい籠城戦も経験しているのだが、戦国時代になると北条氏に属し、武田氏の侵攻に備えた重要な城として大規模な改修が行われたとみられている。

河村城は、丹沢山地南西部および足柄平野の北西部、酒匂川中流域左岸の標高約225メートルの城山に位置する。南を蛇行する酒匂川によって囲まれた、自然地形を巧みに

河村城の障子堀

利用した典型的な中世の山城だ。すぐそばを東名高速道路が東西へと御殿場方面に走り抜けていることからもわかるように、酒匂川沿いに甲斐・駿河を経て侵攻するルート上の重要な地になる。

最末期の北条氏の技術が感じられる、貴重な城でもある。とりわけ大規模な障子堀は圧巻で、たとえば主郭北側の小郭の両側に設けられた障子堀は、いずれも幅20メートル、深さ10メートルを超える。難しい縄張の理論が読み解けなくても軍事的な威力が肌で感じられ、ただただ圧倒されるだろう。

河村口は箱根口や足柄口と並び、国外への交通路として重要な地点にある。永禄11年(1568)に甲相駿三国同盟が崩壊すると、北条氏は相模と駿河の国境に注意を払い強化した。足柄城は同盟崩壊直後に改修がはじめられているが、河村城の改修は元亀元年に信玄が**深沢城**《ふかさわ》(静岡県御殿場市)を落とし武田氏の拠点としてからのようだ。**深沢城が奪われたことで足柄城が北条氏の最前線となり、河村城はその背後を守る最重要拠点にな**

河村城と国境を警備する周辺の城

つたのだろう。天正18年の秀吉による関東攻めでは山中城の落城を受けて戦わずに自焼したとみられ、この頃には河村新城のほうが強化されていたと考えられている。

◆竹田城が雲海に浮かぶ理由

雲海に浮かぶ天空の城として一躍有名になった**竹田城《たけだ》**(兵庫県朝来市)も、国境警備の重役を担った城だ。標高353・7メートルの古城山に築かれた山城で、現在は山上に石垣だけが残る。雲海の上に石垣が頭を出す神秘的な姿は、晩秋から冬にかけての風物詩になっている。

この幻想的な光景が見られるのは、**360度遮るものがない独立した山塊に城が築かれている**からだ。視界が開けた地形は敵を監視でき、軍事施設である城にとって理想的。城のある風景が美しく、また城からの眺望が抜群であるのは当然なのだ。

竹田城は、**播磨・但馬・丹波3国の交通上の要衝**だ。**山陽道上にある播磨の姫路へと南下する道と、但馬・丹**

雲海に浮かぶ竹田城。古城山の山頂に累々と築かれた石垣だけが頭を出す

波2国を横断する山陰道の交差点にある。南下すれば播磨、東進すれば丹波へと向かう、播磨と丹波への出入口というわけだ。歴史を遡れば、室町時代に但馬守護の山名氏が前身の竹田城を築いたのも、播磨守護の赤松氏との衝突がきっかけだ。国境警備を担うため周囲が見渡せるのは当然で、雲海が去れば、眼下には旧街道が現われる。

竹田城の石垣は学術的にも貴重な先駆的なもので、天正13～慶長5年（1585～1600）に、信長が登用した石工集団・穴太衆により積まれたものと考えられる。また、縄張は、織豊系城郭の系統といえる。石垣を築いた赤松広秀は慶長5年の関ヶ原合戦で家康の怒りを買い、出陣先の鳥取で切腹した。その後、竹田城は幕府の直轄地となり別の城主は入っていないため、関ヶ原合戦後に誰かが手を入れたとは考えられない。

最先端の技術を駆使した城であることもまた、国境警備の城という重要性と深く関係がある。広秀は羽柴秀吉

竹田城は但馬から播磨、丹波へ向かう出入口に位置する

の家臣にあたるのだが、秀吉は天正5年に但馬へ侵攻した際に真っ先に竹田城を手に入れ、まず実弟の羽柴秀長を置いている。実弟に任せるほど、この城は重要だったのだろう。

交通の要衝であるとともに、領内には生野銀山がある。秀吉はこの点を重要視し、広秀に先駆的な城を築かせたと考えられる。秀吉以前に主君・信長も生野銀山の経営権を入手し但馬地域の支配を狙った痕跡がある。関ヶ原合戦後に徳川家康がいち早く幕府の直轄地としているのも、財政資源となる生野銀山の掌握が理由なのだろう。

◆信長の侵攻に備えた長比城と上平寺城

長比城《たけくらべ》（滋賀県米原市柏原・岐阜県不破郡関ヶ原町）は、岐阜県と滋賀県の県境、**美濃と近江の国境に位置**する標高390・9メートルの野瀬山に築かれた城だ。野瀬山は岐阜県と滋賀県にまたがり、城の所在地も滋賀県と岐阜県になる。**山麓を通る東山道（中山道）の両側に**、山々が背丈を競うように並ぶ。

戦国時代の近江は、南北に支配が分かれていた。こうした経緯から、江北と江南の勢力の境目には城が築かれ、加えて美濃と近江の国境にもあたるこの地域には、多くの境目の城がつくられていった。

長比城が実際に国境の城として機能するのは、元亀元年の信長による浅井長政攻めのときだ。信長は3万の大軍を率いて朝倉義景を討つべく越前に攻め入り、**金ケ崎《かねがさき》城**（福井県敦賀市）を攻撃。しかし長政の謀反により朽木峠を越えて危機を脱し逃げ帰り、浅井長政と対立することとなる。

当時の信長の本拠地は岐阜城であり、当然ながら美濃から近江の国境へと攻め進んでくることが想定される。そこで、浅井・朝倉連合軍が打った手が、**国境に設けた城による防衛ライン**というわけだ。長比城はそのひとつで、**信長の侵攻に備え、朝倉氏の築城技術によって美濃と近江の国境**に築かれた。

長比城は遺構の残りがよく、城の全容がよくわかる。西の曲輪と東の曲輪が組み合わさったような構造なのだが、2つの曲輪の様相が異なるのが特徴だ。2つの曲輪の東側には、朝倉氏の城で見られる技巧的な喰違い虎口があり、東の曲輪の東北角にも大規模な土塁をともなう喰違い虎口がある。つまり、東の美濃側を意識してつく

長比城と上平寺城は美濃と近江の国境にあり、信長の侵攻に備えて改修された（現在の地形図に加筆して作図）

られている。同形状の技巧的な喰違い虎口は朝倉氏の城に見られるもので、長比城も文献から越前衆によって築かれたとされている。まさに、美濃から攻めてくる信長対策の城といえよう。

上平寺城《じょうへいじ》（滋賀県米原市）も、長比城と同時期に**越前衆によって信長に備えるべく強化された城**だ。山麓は京極氏館跡となっていて、もともとは戦国時代に京極氏が山麓に居館を置き、詰城として山腹に上平寺城を築いていた。大永3年（1523）に京極氏が没落し北近江の守護館としての役割を終えると、**美濃・近江国境の境目の城**となった。

　城は1377メートルの伊吹山から南に伸びる、刈安尾と呼ばれる標高660メートルの尾根の先端部に築かれている。

上平寺城下の南側には北国脇往還が通る。美濃から越前へと向かう最短ルートとして古くから使われた

かなりの高所で、主郭からは晴れていれば名古屋のツインタワーまで見えるという。**東山道と北国脇往還を見下ろし、北近江と濃尾平野を一望できる立地**であるから、境目の城としては申し分ない。上平寺城の西の尾根には戦国時代に京極氏が山岳寺院を城郭に改造した弥高寺もあり、この地の重要性がうかがえる。

北国脇往還は北国街道と東山道を連絡する脇街道で、美濃の関ヶ原で東山道と分岐して伊吹山の麓を通り、木之本《きのもと》で北国街道に合流する。**美濃から越前《えちぜん》へ向かう最短ルート**として古くから利用され、**街道沿いには京極氏の館や浅井氏の小谷城**（滋賀県長浜市）が築かれた。秀吉が賤ヶ岳の戦いにおける大垣大返しで駆け抜けたのも、この北国脇往還だ。

◆若越国境の佐柿国吉城

若狭《わかさ》と越前の国境付近にある**佐柿国吉城《さがきくによし》**（福井県三方郡美浜町）は、本丸の眺望からも国境の緊迫感が味わえる城だ。若狭の東端に位置する標高１９７・３メートルの城山に築かれ、**丹後《たんご》街道が通る2か所の峠（腰越坂と椿峠）を押さえる立地**にある。

北西の尾根上に曲輪が連なり、その先に椿峠があった。本丸の最北西隅に立つと、眼下にかつての丹後街道とほぼ重なる国道27号線を見下ろせる。**丹後街道は、越前から若狭を経由して丹後に至る街道**で、越前からは国境の関峠を越えて集落をいくつか通過し、南北に立ちはだかる御岳山から天王山に連なる山系を越える腰越坂と椿峠を通らなければならなかった。この2つの峠の喉元にあるのが、国吉城というわけだ。

国吉城を築いたのは、若狭の守護大名・武田氏の重臣のなかでもトップクラスの粟屋《あわや》勝久だ。弘治2年（1556）に南北朝時代からあった城を改修したといわれ、永禄6年（1563）から10年間に渡って越前の朝倉勢を撃退し続けた国吉籠城戦で知られる。

そもそもこの城で戦いが起きたのは、**国境につくられた国境警備の城**だからにほかならない。守護の武田氏の居城は**後瀬山《のちせやま》城**（福井県小浜市）で、国吉城は若狭の東端、越前との国境で敵の侵攻を防ぐための城である。勢力が衰えた武田氏に対して配下の国人である粟屋勝久と逸見昌経が永禄4年に反旗を翻し、武田氏は越前に連れていかれ、越前から朝倉氏が攻め入ってきた、というのが経緯だ。

国吉城は、丹後街道が通る腰越峠と椿峠を押さえる場所にある。丹後街道は越前から関峠を越えて若狭に入り、丹後に至る(美浜町教育委員会『戦国若狭と国吉城』をもとに作図)

国吉城の本丸からは、東に派生する尾根伝いに、朝倉方が国吉城攻略のために改修したとされる**岩出山《いわでやま》砦**もすぐそばに見下ろせる（栗屋方とされるが、構造には朝倉方の城との共通性がみられる）。また、東には朝倉方が国吉城を攻めるために築いた**中山《なかやま》の付城《つけじろ》**や**駈《かり》倉山《くらやま》の付城**も確認できる。至近距離で対峙するようすがはっきりとわかり、実際にそれらの城を歩いてその距離を確認してみると、目と鼻の先であり臨場感がある。

国吉城は後瀬山城とは異なり居城ではなく境目の城だが、居城をともなう二元構造をしていて、山頂に曲輪が連なる連郭式の山城と、麓に居住空間である屋形が確認されている。栗屋氏は領域支配もしており、国吉城は「城＋居館」という戦国時代の典型的な城の構造をしていた。

元亀元年には、朝倉氏攻めに向かった信長が木下藤吉郎や徳川家康をともなって入城し

元亀元年の信長の侵攻ルート

たといわれている。粟屋勝久は、京から琵琶湖西岸を北上し今津を経由して熊川から若狭に入った信長を、倉見峠まで出迎えたとか。信長は国吉城で軍議をした後に越前に侵攻し、金ヶ崎城、天筒山の戦いへ出陣したという。

街道を取り込んだ国境の城

すでにお気づきかと思うが、街道と国境ももちろん、密接な関係にある。賤ヶ岳の戦いで柴田勝家が本陣を置いた玄蕃尾城も北国街道を見下ろす位置にあり、近江・若狭国境の刀根越（久々坂峠・刀根峠）を守る絶好の場所にある（↓P183）。街道を取り込んだ国境の城の例をみていこう。

◆駿相国境の足柄城

鎌倉街道御坂路の御坂城、東海道の山中城と同じように、足柄城もまた、足柄路（矢倉沢往還）を取り込むようにつくられた城だ。足柄城を通らなければ、足柄路を通過できない。

標高759メートルの**足柄峠は駿河・相模の国境にある峠**で、現在の神奈川県と静岡県の県境に位置する。よって、足柄城の所在地も神奈川県南足柄市と静岡県駿東郡小山町にまたがっている。古来、**箱根と並ぶ関東の玄関口**だ。この峠を越えた道は後に整備されて足柄路と呼ばれ、箱根峠を通る箱根路が整備された後は、箱根路とともに東海道の一部を構成している。

足柄路は神奈川県の山北から静岡県の小山、御殿場を越えて沼津、三島に抜ける、東海道の間道（脇道）として古くから利用されてきた道だ。**足柄峠は国境を守る重要拠点であり、箱根と丹沢を結ぶ交通の要衝**にあたる。そのため、古くは899年に関所が設けられ、戦国時代に足柄城が築かれた。

現在、足柄城の登城口は足柄峠にある。街道を取り囲むように5つの曲輪が主郭から駿河方面に並ぶ、五連郭とも称される構造だ。各曲輪間を仕切る巨大な堀切が見どころのひとつで、なかでも五の曲輪の

足柄城の二の曲輪と三の曲輪間の堀切

北側から西側に掘られた長大な堀切は、総延長が140メートル、最大幅が約30メートルを超える。技巧性にもすぐれ、駿河側からの敵をなんとしても食い止めようという強烈な意志が伝わってくる。

城からは常に横矢を掛けながら街道を見下ろせるようになっている。とにかく本城からの眺望が見事で富士山を一望できるのだが、南には金時山もはっきりと望め、ここに立つだけで立地のよさが実感できるはずだ。おもしろいのは、毎年9月第2日曜日に、小山町（駿河）と南足柄市（相模）で領地争奪綱引き合戦が行われ、勝者が1年間主郭の広場を領地としていること。現在でも国獲り合戦が続いている城でもある。

足柄城は御坂城や山中城と同じく北条氏の城で、2代・氏綱が**武田氏を監視し足柄路を押さえる目的**で天文5年（1536）頃に築いたという説が有力だ。天文24年（1555）頃には、3代・氏康が補修したという。

永禄11年（1568）に信玄の駿河侵攻によって三国同盟が破棄されると、武田氏と北条氏による深沢城をめぐる争いが激化する。このとき**相模・駿河の国境警備を強化すべく、永禄12～元亀2年（1569～1571）にかけて大規模な改修**が行われたといわれる。元亀2年に武田氏に深沢城を攻略されると、北条綱成は深沢城から足柄城に後退して守りを固めたようだ。

武田氏の滅亡後は、織田・徳川勢に備えて引き続き国境の城として重要視された。このときには、街道を取り囲んだ現在の姿が完成していたようだ。天正15年（1587）には北条氏光が城番として在城し、秀吉の侵攻に備えて大規模な改修を行ったという。現在の規模になったのは、この改修によるものと考えられる。

◆加越国境の松根城と切山城

松根《まつね》城（石川県金沢市・富山県小矢部市）では、近年の発掘調査により、**城が軍事的に街道を遮断していたことが判明**した。松根城は、**加賀《かが》と越中《えっちゅう》を結んだ小《お》原越《はらごえ》（小原道）沿いに築かれた城**だ。この地は**越中・加賀の国境にあたる要地**であることから、源平合戦での倶利伽羅《くりから》峠の合戦で木曽義仲が布陣したという伝説もあり、南北朝時代の争乱にも使われ、一向一揆勢や上杉謙信との抗争でも文献

天正12年頃の加賀国境と道の位置（金沢市埋蔵文化財センター『加越国境城郭群と古道調査報告書：切山城跡・松根城跡・小原越』などをもとに作図）

に登場する。

遺構は明らかに戦国時代のもので、天正12年（１５８４）の小牧・長久手の戦いから波及した加賀の前田利家との敵対を機に、佐々成政が大きく手を入れて強化したとみられる。賤ヶ岳の戦いの後に秀吉に降伏することで越中に留まった成政だったが、小牧・長久手の戦いを機に反旗を翻したのである。

絶対的に兵力で劣る成政は、長期戦になっては勝ち目がない。なんとしても、一撃で致命的な打撃を与えたい。そこで加賀・能登《のと》の国境に近い**末森《すえもり》城**（石川県羽咋郡宝達志水町）を落とし、細長い利家の領土を縦に分断することで戦況を劣勢から転じようとした。

しかし、短期間で末森城を攻略したいものの、大軍を投入すれば越中国内に前田軍の侵入を許すことになる。利家の居城である**金沢城から越中までは加賀・越中間を近距離で結ぶ二俣越、小原越、田近《たちか》越、北陸越の４本の脇街道が通り、13～17キロほどで国境に到達できてしまう距離だった**からだ。そこで、少人数でも前田軍の攻撃に耐えうるよう、街道沿いの城を大改修した。松根城もそのひとつと考えられる。

松根城は、砺波《となみ》丘陵のもっとも高い尾根筋である標高３０８メートルの山頂に築かれている。**城のすぐ下を小原越が通る街道を取り込んだ城**で、街道を城の南側に隣接させるこ

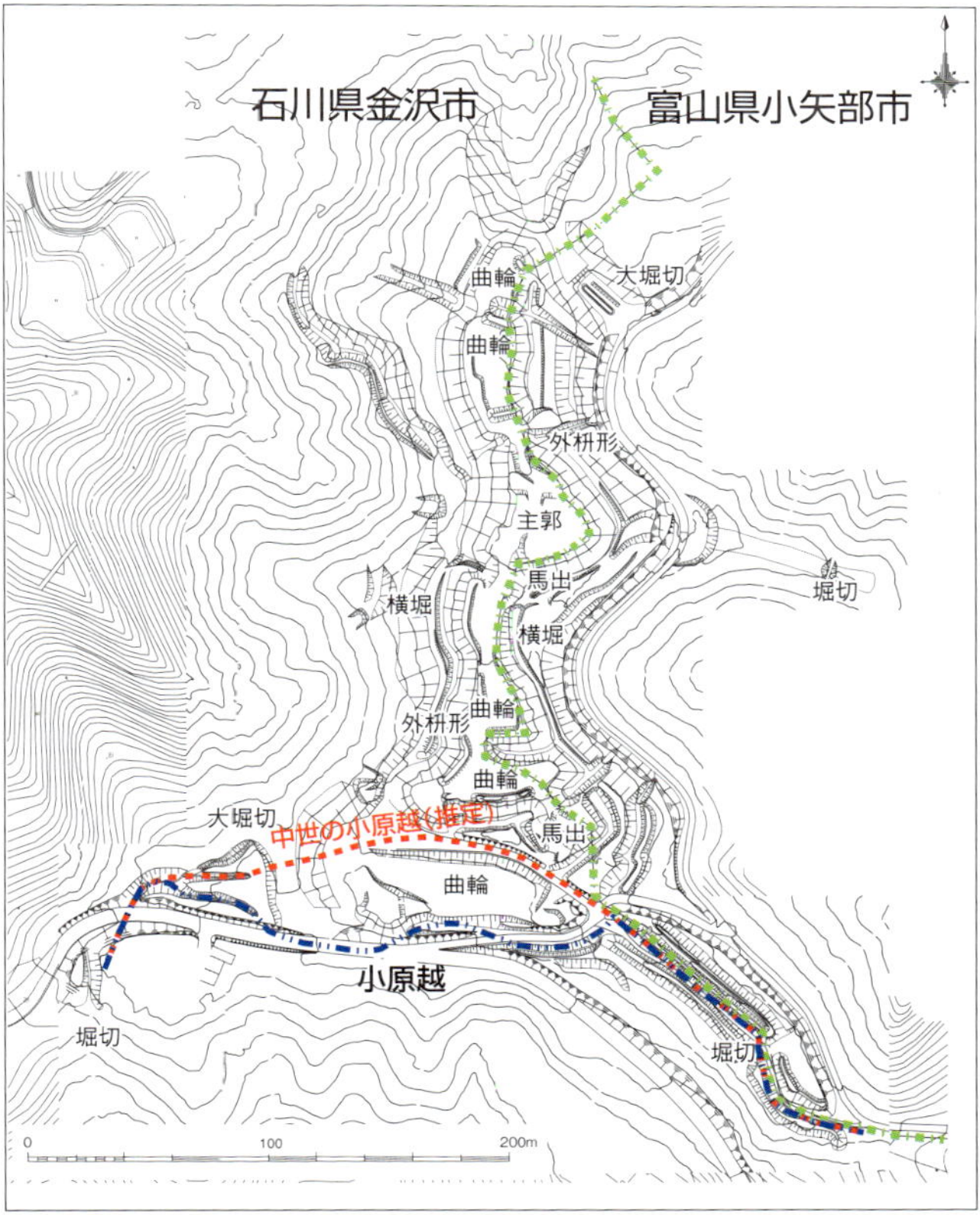

松根城の測量図(提供：金沢市埋蔵文化財センター)

とで敵の往来を阻止している、と解釈されてきた。南西側に大堀切があることからも、加賀側からの侵攻を強く意識していることは明らかだ。

城の南側に部分的にある掘り割り遺構が小原越と伝わっていたが、発掘調査により横堀である可能性が高まった。**中世の小原越は南西部の大堀切によって遮断されている尾根筋に存在すること**が判明し、つまり、**城によって小原越は遮断されていた。**廃城となった後も大堀切は埋め立てられず遮断されたままになったため、**城の南側の横堀を利用して現在の小原越がつくられた**と考えられる。

小原越は金沢市今町付近で北陸街

切山城の測量図（提供：金沢市埋蔵文化財センター）

道から分岐し、尾根筋やその脇を通る脇街道だ。倶利伽羅峠を越えなければならない北陸越よりも短距離で加賀と越中を結ぶため、軍事的に重要なルートだった。

大堀切は、加賀側の切山《きりやま》城（石川県金沢市）から続く小原越を完全に遮断するものだ。幅約25メートルの堀が強烈な遮断線となり、小原越を戦時封鎖していた可能性が極めて高くなった。城内は動線が計算され、さすがは佐々成政と唸らされるつくりだ。前田軍の侵入順路がかなり計算され、虎口は二度屈曲するなどの技巧性がみられる。

前田方の切山城も、発掘調査により小原越を遮断していた可能性が高くなった。切山城は加賀と越中の国境からやや加賀寄りの標高139メートルの尾根頂部にあり、構造からも松根城と同時期の改修が認められる。松根城に通じる越中側に大きな堀を配置していることから、越中側への守りが固められていることは間違いない。

城の南側にある作業道が小原越と伝わってきたが、やはりこちらも、横堀の可能性が浮上。松根城と同じように、城によって街道の戦時封鎖をしていた可能性が高まった。

〈国境の戦い〉備中七城と備中高松城の水攻め

「備中七城（境目七城）」とは、安芸《あき》の毛利氏が敵対する織田信長軍に対して構築した、城による国境の防衛ラインのことだ。宮路山《みやじやま》城、冠山《かんむりやま》城、備中高松城、加茂《かも》城（いずれも岡山県岡山市）、日幡《ひばた》城、松島《まつしま》城（ともに岡山県倉敷市）、庭瀬《にわせ》城（岡山県岡山市）の7城で構成される。

天正5年（1577）、天下統一を狙う信長は毛利輝元の統治する中国地方へと侵攻を開始。信長から中国攻めの総大将を命じられた羽柴秀吉は、天正10年（1582）3月15日、2万に膨れ上がった大軍を率いていよいよ毛利氏勢力圏に攻め込んでいった。

それまで何度も態度を変えてきた宇喜多直家が最終的に秀吉方についたことで、秀吉軍と毛利軍の最前線は備前《びぜん》と備中の国境まで後退していた。そこで毛利方が国境を守るべく味方の豪族たちの城で構築したのが、備中七城というわけだ。山陽道が通る備中高松城を中心に、7城が足守川の流れに沿って備前・備中の国境線に南北に配置された。毛利方は新たに城を築くのではなく、これらの城の城主を入れ替えることで、防備を強化していた。

秀吉はこれらの城を得意の調略で攻めた。『高松記』によれば、黒田

備中七城の位置（現在の地図をもとに作図）

官兵衛も備中高松城主の清水宗治に対し「味方をすれば備中・備前の二国を与える」と勧降工作している。しかし清水宗治にこれを一蹴され、秀吉は日幡城以外を1城ずつ攻め落としていくことになった。秀吉は次々に城を攻略していったが、低湿地に築かれ、沼地や沼田に守られた備中高松城だけは攻めあぐねた。そこで、かの有名な水攻めを敢行したのだった。

水攻めは、沼地や沼田に守られた湿地帯という地勢を逆手に取って、城の周囲に堤防をつくり、近くを流れる足守川を堰き止め、その水を城側に引き入れて城を水没させる作戦だ。『太閤記』などによれば、高松城攻めで構築された堤防の長さは、蛙ヶ鼻から約2・7キロ、規模は高さ約7メートル、幅は底部が約24メートル、上部が約10メートル。それをわ

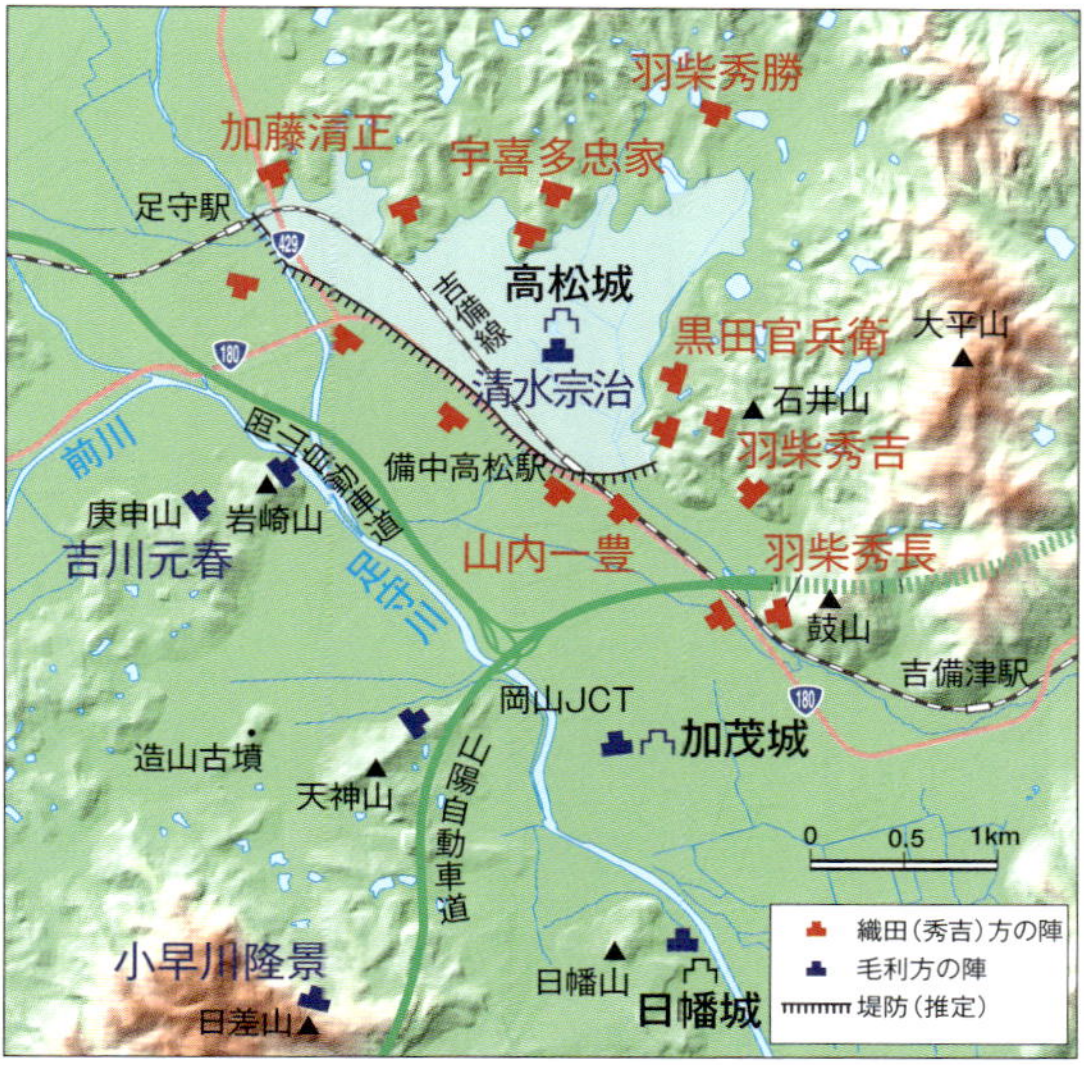

備中高松城の水攻めの概念図(廣済堂出版『織田信長覇道の全合戦』を参考に、現在の地形図に加筆して作図)

ずか12日間で完成させるという突貫工事で、金銭や米と引き換えに周辺の百姓を雇い、土を運ばせたといわれている。最近では、蛙ヶ鼻《かわずがはな》から現在の備中高松駅付近までの約３００メートル、高さ２メートルの堤防だったという説が有力だ。この規模ならば引き連れてきた人数だけでも12日あれば現実的に築堤できる。

水攻め作戦は功を奏し、天候も秀吉に味方して高松城はみるみる水浸しになり湖の孤城となった。急報を受けた毛利輝元はすぐさま吉川元春と小早川隆景に出陣を命じたが、時既に遅し。援軍が到着したのは５月21日で、元春は高松城後方の庚申山に、小早川隆景が日差山に陣を置くも、もはや救援不可能だった。

領土問題がネックになり和睦交渉は難航していたが、６月２日に本能寺の変が起こると、事態は急変。３日に明智光秀の使者である藤田伝八を捕らえて事実を知った秀吉は、講和条件を大幅に緩めて大急ぎで和睦を取り決めたのだった。６月４日午前10時、城主の清水宗治は信長の死を知らぬまま、秀吉が用意した小舟の上で自刃した。

水攻めの際、秀吉ははじめ龍王山に着陣し、その後は石井山に陣を変えている。石井山からは高松城がよく見下ろせ、吉川元春の陣所、庚申山や小早川隆景の陣所、日差山からも近い。日差山と尾根続きの江田山にある鷹ノ巣城からも、高松城を一望できる。

城を読み解くキーワード③

支城網と付城・陣城

会社のように組織的な領国支配

城にはそれぞれ役割がある。13～17世紀初頭には日本全国に3～4万の城があったとされるが、それらは無計画に乱立していたわけではなく、必ず役割や目的を持って存在していた。国境や勢力の境目の監視と防備を担う「境目の城」、領国内の中継地点として築かれ、出陣時には駐屯地にもなる「繋ぎの城」、緊急時の通信連絡基地のほか中継地にも使われる「伝えの城」などだ。

城の良し悪しは、任務を遂行できているかで決まる。広大な城ほど立派でよい城のように思えてしまうが、面積に対して守備する城兵が少なければ隙だらけになってしまい、軍事施設として優秀とはいえない。駐屯するための城であればとにかく広い敷地が必要だが、狼煙台のような伝達のための城であれば広さは必要なく、それよりもスムーズに連携できるよう視界のよさなどが求められる。

兵力に見合い、城兵が使いこなせている城こそ、防御施設として機能するよい城といえよう。城を歩くときはこうした役割や機能の達成度に注目すると、その城の本質や知られざる一面が見えてくる。

領国の中心地となる城を「本城《ほんじょう》」といい、本城をサポートする城を「支城《しじょう》」という。会社にたとえるならば本城は本社で、支城は支社や営業所といったところだ。まさに会社組織のようなしくみで、本城を支城が補佐するように機能することで成立する。本城を中心として、領国内には無数の支城が存在し、領国経営のネットワークが構築されていた。

繰り返すが、戦いとは複数の軍勢と城を駆使して行う総力戦だ。本城めがけて侵攻してくる敵を、ただ待ち構えていては勝ち目はない。つまりは、組織力がものをいう。本城に近づく前に支城で撃退すべく迎撃システムを構築し、いつでも稼働できるように組織を万全に整えておく必要がある。

本城を囲まれてしまっても、支城の動き次第で戦況は一変する。「後詰《ごづめ》」と呼ばれる援軍が到着すれば敵を挟み撃ちでき、劣勢が優勢に転じることも十分にありえるからだ。支城からの兵糧支援ルートが確保できていれば籠城が続けられ、支城を経由して援軍も到着できる。反対に支城が落とされてしまうと援軍は身動きが取れなくなり、兵糧の運搬もストップしてしまう。攻める側としては、いかに敵の組織を壊し、機能を狂わせられるかが勝敗のカギになってくる。

支城によるネットワークは、領国の防衛だけでなく隣国へ攻撃するときにも威力を発揮する。本部からの早急な命令伝達はもちろん、最前線の戦況報告、物資の運搬や軍勢のスムーズな進行は、どれだけ組織が機能しているかが重要になる。軍事面の機動力を決定づけるシステムといえるだろう。

支城網は領主の本城、本城の支城（第一次支城）、第一次支城を本城とする支城の支城（第二次支城）と枝分かれし、編み目のように緻密だ。精度の高いネットワークが構築されていれば、敵が横着した場合にはその隙をすぐさま狙える。敵としては、強靭なネットワークだとわかっていれば、面倒でも着実にひとつずつ支城を攻略していくしかなくなるのだ。実際に戦国大名の進軍の動きをたどってみると、実に計画的に、慎重な運びをしている。

強靭かつ組織力の高い支城網を領国内に構築できるかが、領国防備において大切といえるだろう。攻める側からすれば、いかに支城網を攻略できるかがポイントになる。

◆本城を支城が取り囲む勝尾城

本城と支城との関係が一目瞭然にわかるのが、**勝尾城《かつのお》**（佐賀県鳥栖《とす》市）だ。勝尾城は広大な敷地に遺構がよく残り、縄張の妙も楽しめて見ごたえのある名城なのだが、取り囲む支城なくして全貌は語れない。**勝尾城を中心にして、谷を囲むように鏡《かがみ》城、若山《わかやま》砦、鬼《おに》ヶ《が》城、高取《たかとり》城、葛籠《つづら》城の5つの支城群が至近距離で置かれている。**完成度が高く、高度な連携が感じられる支城群だ。

支城群のなかでもっとも見ごたえがあるのが、葛籠城だ。勝尾城の城下町は、支城群に囲まれた勝尾城の南山麓の谷筋に形成されていた。開口部に筑紫氏の居館を置き、家臣団屋敷、寺社、町屋などが並ぶ。**葛籠城は城の南東部にあたる**

勝尾城筑紫氏遺跡の全景俯瞰図。勝尾城を中心に、麓の館跡、5つの支城、谷間に並ぶ館跡や屋敷跡、寺社跡や町屋跡、土塁や空堀などの城下跡が、東西約2.5キロ、南北約2キロにわたりよく残る（写真提供：鳥栖市教育委員会）

城下町の入口に構えられ、戦いになれば最前線になる重要な位置にある。標高約126メートルの小さな丘陵を利用してつくられ、曲輪もひとつしかないコンパクトでシンプルな城だ。しかし、たかだか本城を補佐する支城のひとつと侮っていると度肝を抜かれる。かなり技巧的で、防御の戦略が抜かりないのだ。

東西約30メートル、南北約50メートルの主郭は土塁と空堀で囲まれ、1か所に土橋をともなう虎口がつく単郭構造だ。しかしその土塁と空堀が見事で、まるでドーナツのように輪郭がくっきりしている。残存度が高いということもあるのだが、切岸のところどころには石積みも見られ、曲輪のまわりに土塁もめぐらされていることから、臨時に築かれたのではなく、わりとしっかりつくり込まれている印象がある。どうやら、塹壕としても使用されていたようだ。前面の土塁と空堀は二重で、迎撃の緊張感が漂っている。

とにかく圧巻なのが、尾根続きの南側を遮断する二重堀切だ。谷筋を断ち切る堀切は深

葛籠城の南側を遮断する二重堀切のひとつ（主郭側）。深さ5メートル以上の空堀が蜿蜒と続く

さ5メートル以上もあり、強烈な遮断線になっている。実際に土塁の上に立ってみるとその高さは足がすくむほどあり、堀底に降りて見上げてみても、攻め登れる気がしない。しかも土塁はほぼ垂直である。

葛籠城が城の南東側を押さえる支城であるなら、東側を監視する支城が鏡城だ。比高130メートルほどの山稜上に築かれ、葛籠城と同じようにさほど大きな城ではない。しかしやはりつくりは強固で、尾根続きになっている南側は巨大な二重堀切でしっかり遮断され、二重堀切の城内側に面する斜面には畝状竪堀を何条も入れている。不思議なのは、葛籠城にはない畝状竪堀があること。理由は定かではないのだが、支城といっても目的や地勢に応じて多種多様なつくりをしているのも、勝尾城支城群のおもしろいところといえよう。

驚くべきは、葛籠城の外側に、さらに総構の空堀と土塁が築かれていることだ。総構との間にも、城下町が拡張されていたことが調査から判明している。外側の防衛ラインとなる総構の空堀は、総延長約450メートル、幅は土塁の上部で約10メートル、深さ約5メートルに及ぶ。勝尾城は山上と山麓の居館、さらに支城群と城下町がよく残る戦国時代の城館として希有な存在で、**勝尾城筑紫《ちくし》氏遺跡**として平成18年（2006）に国史跡に指定されている。

勝尾城は天正14年（1586）に九州制覇を目指す島津氏に2万の大軍で攻められ落城するも、城主の筑紫広門《ひろかど》が幽閉先の大善寺から脱出し、城を奪還したという歴史がある。鳥栖地方を本拠として東肥前《ひぜん》や筑前《ちくぜん》、筑後《ちくご》にかけて勢力を奮った豪族・筑紫氏の約90年間の本城であるだけでなく、実際に戦いの場となりその実力を発揮した戦闘力の高さがたまらない。

城が築かれているのは、福岡県と佐賀県の県境にまたがる背振山系の南東隅に突出した、標高約501メートルの城山だ。山頂に立てば立地のよさは納得で、遠く有明海から雲仙まで望め、山麓には江戸時代に整備された長崎街道が通っている。

勝尾城の築城は15世紀前半とされるが、九州の東西と南北を結ぶ鳥栖地域は、古くから要衝の地だ

勝尾城二の丸の石塁。高さ1メートルほどの石塁が蜿蜒と続く

った。古代律令制下の筑前・筑後・肥前3国の接点であり、大宰府・筑後国府・肥前国府を連絡する官道が走る交通の要だからだ。この立地も、勝尾城成立の大きな要因だろう。長崎街道が整備されるのは江戸時代のことだが、その後も宿場として江戸時代を通じ大いに繁栄した。

西側の急斜面は曲輪に沿って横堀がめぐり、横堀の北側にのびる尾根の先端は畝状竪堀によってしっかり防御されている。横堀の南側の尾根筋は、石垣をともなう腰曲輪が階段状にいくつも置かれている。

勝尾城というと、主郭と二の丸の間の堀切を埋めるように積まれた二段石垣の写真をよく目にする。しかし、やはり印象的なのは、二の丸に蜿蜒とめぐらされた石塁だ。曲輪の城外側の切岸面に積まれていて、確実に敵の遮断線としているのが戦場の臨場感とともに伝わる。城内は大部分で石垣を用いているのだが、信長や秀吉の城に見られる石垣とは様相が異なり、筑紫氏の築城技術の高さも感じさせられる。支城群の完成度の高さも納得だ。

◆北条氏の支城網

支城網の構築例とされるのが、小田原城を本城に関東一円に勢力を拡大した北条氏だ。

初代の伊勢宗瑞（北条早雲）は伊豆の興国寺城に本拠を置いたが、２代・氏綱から小田原城を本城とし、やがて関東一円を手中に収めた。

下克上で戦国大名に成り上がり勢力を拡大した北条氏は、いうならば新興勢力だ。本拠から遠く離れた新規開拓地で勢力を維持・拡大していくためには、強靭なネットワークで組織力を上げ、情報収集力と緊急事態への適応力を武器にする必要があった。北条氏が短期間で大躍進したカギは、システムの開発力と管理能力といえそうだ。

北条氏は、**本城を中枢として支城を網目のように領国内に置き、統合的に支配する防衛システムを構築**していた。急激に領土を拡大した新興勢力であるから、新鋭のベンチャー企業のように、新天地での土着性が弱く敵も多かった。そのため、ネットワークを駆使した統合的な支配が必要不可欠だったのだ。

地方進出する企業に置き換えて考えると、わかりやすい。本社から遠く離れた地であっても、ネットワーク間でうまく連携できていれば競合他社の動きを即座に本社に報告でき、本社からの指令もスムーズに行える。そうすれば、支社の機動力も飛躍的に上がる。組織力を駆使すれば外部の情報収集も効率よく行え、緊急事態に臨機応変な対応もできるというものだ。

北条氏の支城は、波紋が広がるように増えていった。早雲の頃は**山中城**、**玉縄《たまなわ》城**（神奈川県鎌倉市）など伊豆と相模の2か国内だったが、2代・氏綱の代になると、小田原城を本城に**滝山城**、**河《かわ》越《ごえ》城**（埼玉県川越市）、**江戸《えど》城**（東京都千代田区）と、武蔵南部まで領土を拡大。下総《しもうさ》西部、駿河東部へも勢力を広げた。さらに3代・氏康の代には、**鉢形《はちがた》城**（埼玉県大里郡寄居町）、**忍城**、**館林《たてばやし》**

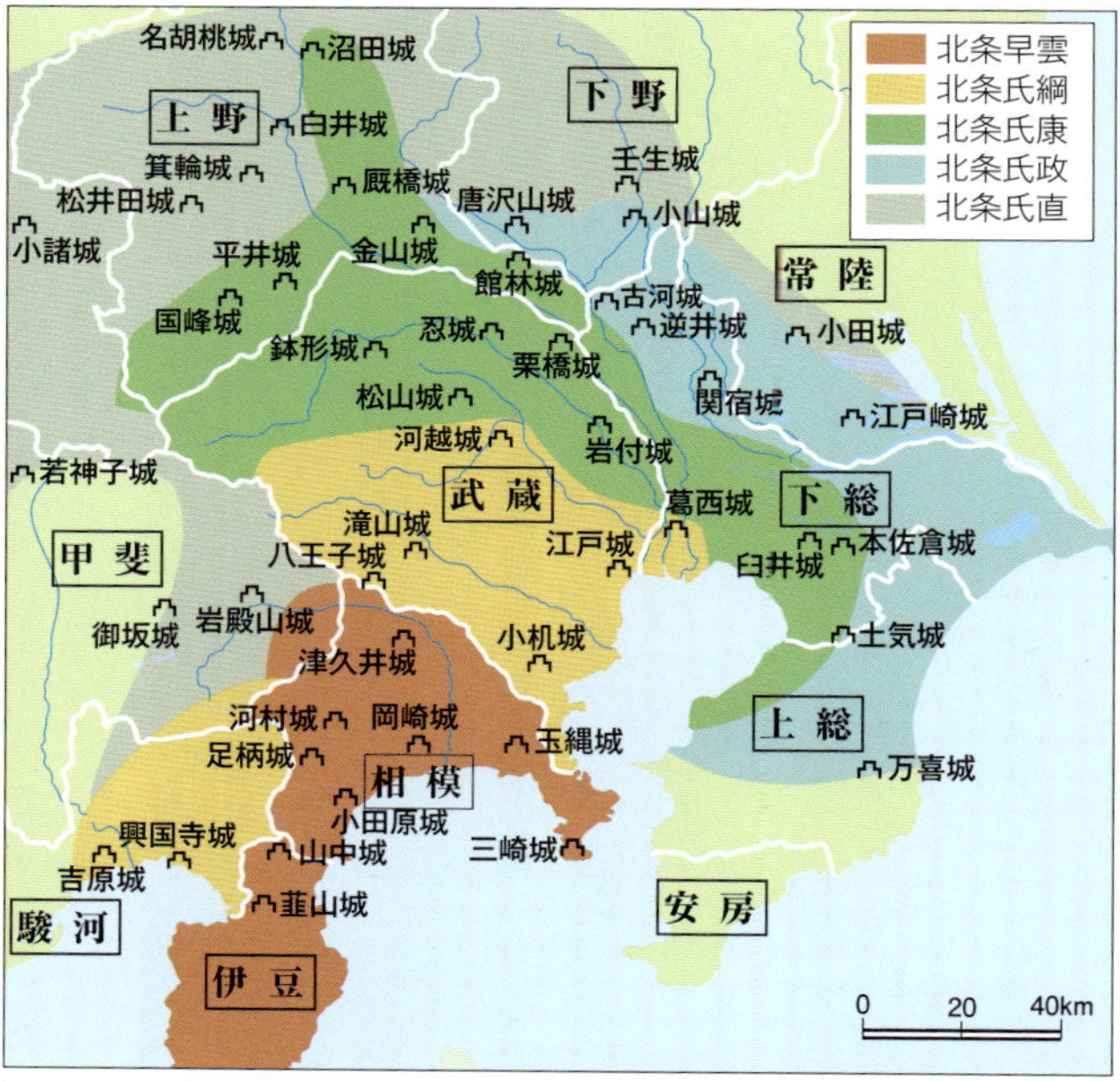

北条氏の支配領域と主要な支城。５代・氏直の頃には信濃まで勢力を拡大していた（勢力図はおおよその最大範囲、小田原城天守閣『特別展図録「小田原北条氏の絆」』などを参考に作成）

城（群馬県館林市）と武蔵を平定し、**本佐倉《もとさくら》城**（千葉県佐倉市・印旛郡酒々井町）など下総の領土も拡大した上に上野にも進出。４代・氏政の頃になると**唐沢山《からさわやま》城**（栃木県佐野市）、**古河《こが》城**（茨城県古河市）、**小田《おだ》城**（茨城県つくば市）と、下野《しもつけ》、常陸《ひたち》、上総方面へ勢力を拡大し、５代・氏直の代には信長没後の織田軍の撤退に乗じ、信濃まで支配圏が巨大化していた。

莫大な数の支城をばら撒いておけばよいというものではなく、**それぞれが課せられた役割と目的を達成してこそ意味があった**。たとえば**興国寺城**は、勢力の境目に近く、武田氏に対して前線となる城だ。**深沢城**は国境の警備を任務とする境目の城で、駿河・相模・甲斐の国境を結び相模へ通じる足柄峠と、甲斐をつなぐ篭坂峠の橋頭堡としても重要視されていた。伊豆・駿河の国境の拠点となる**戸倉《とくら》城**（静岡県駿東郡清水町）と早雲の本拠である**韮山城**との中間にある**大平新《おおひらしん》城**（静岡県沼津市）などは、重要な２つの場所の中継地点となり連絡を行う繋ぎの城（伝えの城）として機能した。

支城網はさまざまな部署で組織される企業のように、精巧に分担されて任務を遂行していた。また、**支城は防衛拠点でありながら、場合によっては侵攻の拠点にもなる**。目的が変わっても即座にシステムを起動できるのが北条氏の強みで、在番武将の配置から城の維持管理まで徹底した本城・支城体制を完備していたのだ。

必要のない支城は戦線の推移とともに廃するしかないが、一方で領国経営の要となる地域には、根を張っていく。土着の手段として、北条氏は姻戚関係を利用した。氏康は関東管領・上杉憲政を力で追い払う一方で、上杉氏守護代の大石氏を服従させて権力を奪取し、三男の氏照を多摩地方の有力国人である大石氏の養子にしている。氏照は、北条氏と大石氏のパイプを太く強いものにすると同時に、武蔵守護代家を継承。事実上の支配領域の併合に成功すると、やがて武蔵の支配権力を乗っ取ってしまった。

名将として知られる氏照は、滝山城を中心に滝山衆を編成し、領国の外周部を構成していった。同じように、四男の氏邦も秩父地方の藤田氏の婿養子になって家督を相続すると、鉢形城を拠点に鉢形衆をつくり地域の支配をがっちりと固めていった。この〝衆〟と呼ばれる北条氏の軍団は、規模は数百〜数千人にすぎないものの、巧妙に機能して独自の補給ルートを確保し、段列や工兵後方部隊を動員する体制を整えていた。

支城は迅速な対応と機動力を発揮するために、前線に戦略的拠点となる城を築き後方に支配領域を広げている。まるでインベーダーゲームのように、隙間には小さなコマ、重要な箇所には大きなコマをはめ込みながら、緻密で隙のない領国支配システムを完成させていたのである。

◆月山富田城を守る「尼子十旗」

先に述べた毛利氏の**備中七城**（→P144）は、いわば7つの支城によってつくられた**防衛線**だ。同じように、戦国時代に強大勢力として出雲を支配した尼子氏が構築していた支城による防衛線として知られるのが、**山陰の覇者・尼子氏の「尼子十旗《あまごじっき》」**だ。**本城である月山富田城（島根県安来市）の防衛線として、領国内に置かれた家臣団の10の支城**を指す。**白鹿《しらが》城**（島根県松江市）、**三沢《みさわ》城**（島根県仁多郡奥出雲町）、**三刀屋《みとや》城**（島根県雲南市）、**赤穴《あかな》城**（島根県飯石郡飯南町）、**牛尾《うしお》城**（島根県雲南市）、**高瀬《たかせ》城**、**神西《じんさい》城**（ともに島根県出雲市）、**熊野《くまの》城**（島根県松江市）、**真木《まき》城**（島根県仁多郡奥出雲町）、**大西《だいさい》城**（島根県雲南市）の10城を、尼子氏の有力武将が守

月山富田城と尼子十旗

っていた。また、尼子十旗と月山富田城をつなぐ拠点として築かれた10の城砦は「**尼子十《じっ》砦《さい》**」と呼ばれる。

尼子氏は、第2次月山富田城の戦いで毛利元就に攻め込まれ、永禄9年（1566）に降伏する。月山富田城での包囲戦は月山富田城の堅牢ぶりとともによく語られるところだが、勝敗を決定づけた元就による前哨戦が、この尼子十旗の攻略というわけだ。

永禄5年（1562）、月山富田城を目指した元就は出雲に入り、宍道湖北岸に**洗合《あらわい》城**（島根県松江市）を築いて本陣とした。尼子十旗のうち赤穴城や三沢城などは毛利方に降っていたが、いくつかの支城は依然として抵抗。そのひとつが**白鹿城**で、元就はこの白鹿城攻めを行うことになる。

松江城のほぼ真北約2・5キロ、宍道湖の北岸に位置する白鹿城は、**中海の水運を押さえる商業・経済の要衝**で、日本海側の玄関口となって月山富田城への兵糧ルートとなる城だった。松田氏が籠り徹底抗戦したが、永禄6年（1563）8月中旬から2か月に及ぶ激しい銃撃戦の末、毛利方の手に落ちた。これにより、元就は尼子氏攻略に王手をかけることになる。

白鹿城は城塞群といえる構造で、白鹿山山頂を本城とし、南西に続く小白鹿山にも郭群を配している。さらには白鹿山から北方の鳥ノ子山に続く稜線にも大高丸・小高丸などの郭群が点在する。鳥ノ子山から南東の尾根筋にある真山城《まやま》（島根県松江市）には、白鹿攻めの際には毛利方の吉川元春の陣が置かれた。

城塞群には、毛利軍に備えて急造されたような痕跡がある。大高丸から小高丸への稜線上の郭群も、背後から突かれないための対処だろう。本城は主郭の北面と西面に技巧性が感じられ、北斜面の3本の連続竪堀や東側の白鹿谷に面する階段状の曲輪群は、真山城への防御と思われる。ただし、西側の竪堀や土塁、さらに西方斜面の竪堀群や堀切は、永禄12年（1569）からの尼子氏復興戦で毛利方が尼子氏に対して強化したようだ。

天文11年（1542）の第1次月山富田城の戦いに参陣していた元就は、月山富田城の堅城ぶりを熟知していた。だからこそ一気に攻めることはせず、周辺勢力の掃討と補給路の確保に専念したのだろう。尼子氏の生命線を絶つと、小白鹿まで占拠。尼子氏は援軍を送るも毛利軍の包囲網を突破することができず、籠城兵の士気は下がり、降伏への一途をたどったのだった。

白鹿城の制圧後、毛利軍は毛利水軍によって海上封鎖に成功し、白鹿城から月山富田城への補給路を完全に分断した。こうなれば月山富田城が落ちるのは時間の問題で、元就は次々に尼子氏の拠点となる城を攻略し、月山富田城の総攻撃へと駒を進めたのだった。

最終決戦はもちろん月山富田城の包囲戦なのだが、こうして戦いの経緯と戦況に与えた影響を追ってみると、白鹿城を制圧した時点で、勝負はある程度ついていたともいえる。

伝馬と信玄の狼煙ネットワーク

本城と支城、または支城と支城の間でスムーズな情報伝達ができるよう、街道に宿駅を配備して、使者や物資を運ぶ交通制度を**伝馬《てんま》制**（**駅伝制**）という。いざ戦いがはじまれば、迅速に軍需物資をリレー式に送るのも目的だ。伝馬制は古代律令制から戦国大名にも採用され、北条、武田、今川、徳川、上杉氏などがおもに用いていた。伝馬の名の由来は、それに使われる馬や、馬を乗り継ぐ場所にある。陸上競技の駅伝の語源は、江戸時代における東海道五十三次の伝馬制。電鉄の駅舎間を走らないのはそのせいで、伝馬制が馬を乗り継ぐ中継所にあたる場所で襷を渡している。

武田信玄は狼煙《のろし》台の整備に力を入れていて、狼煙ネ

武田氏における甲斐周辺の主要な城と、甲斐に置かれた主要な狼煙台の位置（推定含む）

ットワークを構築していた。見通しの悪い山間や谷間をぬって最短距離で結ぶ、煙の連携プレーで情報を伝達したのだ。その通信力はすばらしく、永禄4年（1561）の第4次川中島の戦いでは、支城の**海津《かいづ》城**（長野県長野市）から本城の躑躅ヶ崎館まで、**若神子《わかみこ》城**（山梨県北杜市）などを経由して上杉謙信の進軍の異変をたった2時間で伝えたといわれている。山梨県や静岡県内には信玄が設けた狼煙台跡が今でも残り、土地の形状で多少の違いはあるものの、**ほぼ5キロ間隔で設置**されていたことがわかっている。

狼煙ネットワークのひとつとして機能していたのが、**獅子吼《ししく》城**（山梨県北杜市）だ。信玄が**甲斐・信濃国境の信州峠、佐久往還の裏街道を監視する目的と、塩川沿いの狼煙ネットワークの中継点として整備したとされる城**で、信州峠までは約15キロの位置にある。佐久往還沿いの**旭山砦**や**谷戸城**（ともに山梨県北杜市）とともに、甲信国境警備の要となっていた。隣接する斑山は武田氏の財源を賄った金鉱脈を有することから、その防備拠点としても重きをなしていたようだ。

比志の烽火台の遠景。穂坂路を押さえる理想的な立地にあり、狼煙台が置かれた。天正壬午の乱の際にも利用されたとみられる

獅子吼城は塩川の左岸に突き出た独立した峰に築かれ、西は塩川、南は湯戸ノ沢で区切られる。城の北西麓にある根小屋集落を**穂坂《ほさか》路（小尾街道）**が通っており、城は**穂坂路と佐久往還をつなぐ裏街道の起点**にもなっている。

穂坂路は甲府から茅ヶ岳北麓を北上して信州峠につながる道筋で、現在の川上村を抜けて佐久へと通じる。**若神子城、中尾《なかお》城**（山梨県北杜市）、**獅子吼城というラインで穂坂路を押さえる**意図は明確だ。**獅子吼城から塩川沿いには、馬場の烽火台、大渡の烽火台、比志の烽火台、前の山烽火台、神戸の烽火台、和田の烽火台と2キロ内に狼煙台が設けられ**、獅子吼城もそのひとつとして機能していたと考えられる。

獅子吼城から若神子城までは約5キロの距離で、主曲輪からは南方に若神

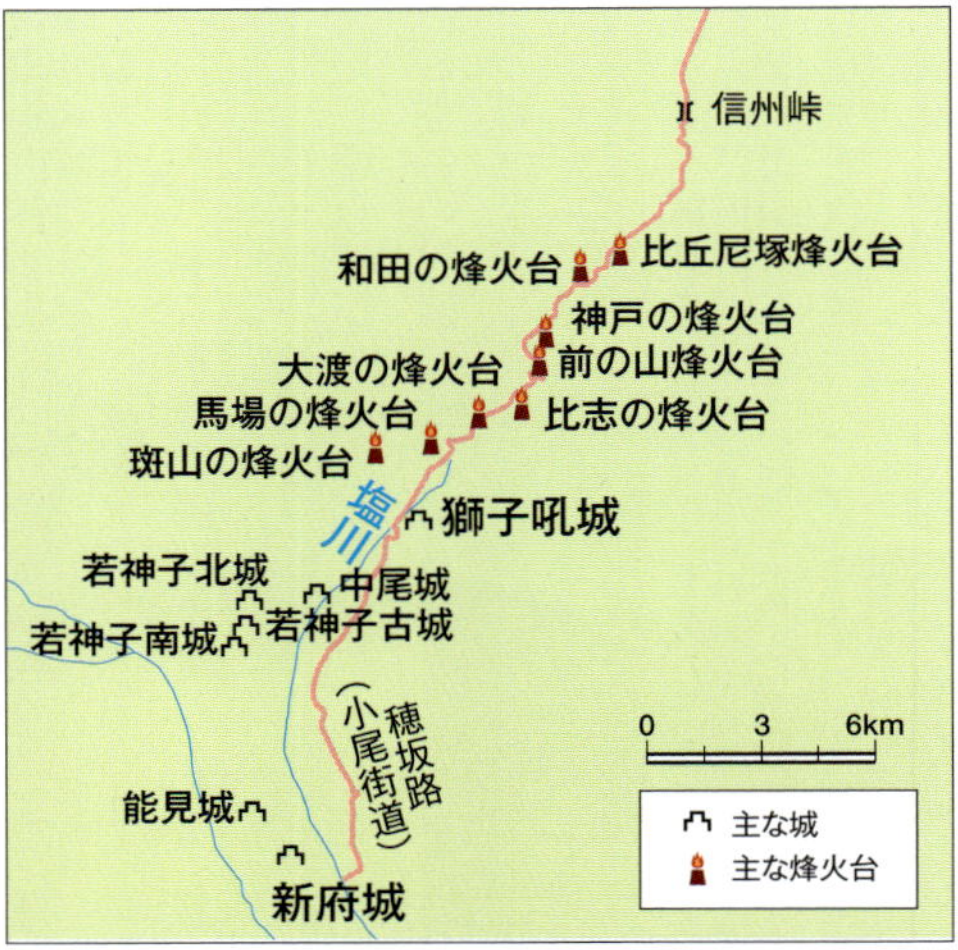

若神子城、中尾城、獅子吼城というラインで、信州峠に通じる穂坂路を押さえたとみられる。塩川沿いには約2キロ間隔で狼煙台が設けられた

子城が確認できる。信州峠はもちろん、西方には若神子城のほか**中尾城**、**大豆生田《まみょうだ》砦**（山梨県北杜市）、**能見《のうけん》城**（山梨県韮崎市）、**新府城**、塩川上流の烽火台が遠望できる。

◆黒田長政の黒田六端城と福島正則の支城網

慶長5年（1600）の関ヶ原合戦後に筑前52万石を拝領した黒田長政が設けた**黒田六《ろく》端《は》城**・**（筑前六端城）**と呼ばれる6つの出城も、国境を守るための支城網だ。**若松《わかまつ》城**、**黒崎《くろさき》城**（ともに福岡県北九州市）、**鷹取山《たかとりやま》城**（福岡県直方市）、**益富《ますどみ》城**（大隅城、福岡県嘉麻市）、**麻底良《まてら》城**（福岡県朝倉市）、**松尾《まつお》城**（小石原《こいしはら》城、福岡県朝倉郡東峰村）を指す。地図上で6つの城をマークすれば、その防衛ラインは一目瞭然だろう。6つの城はすべて本城の福

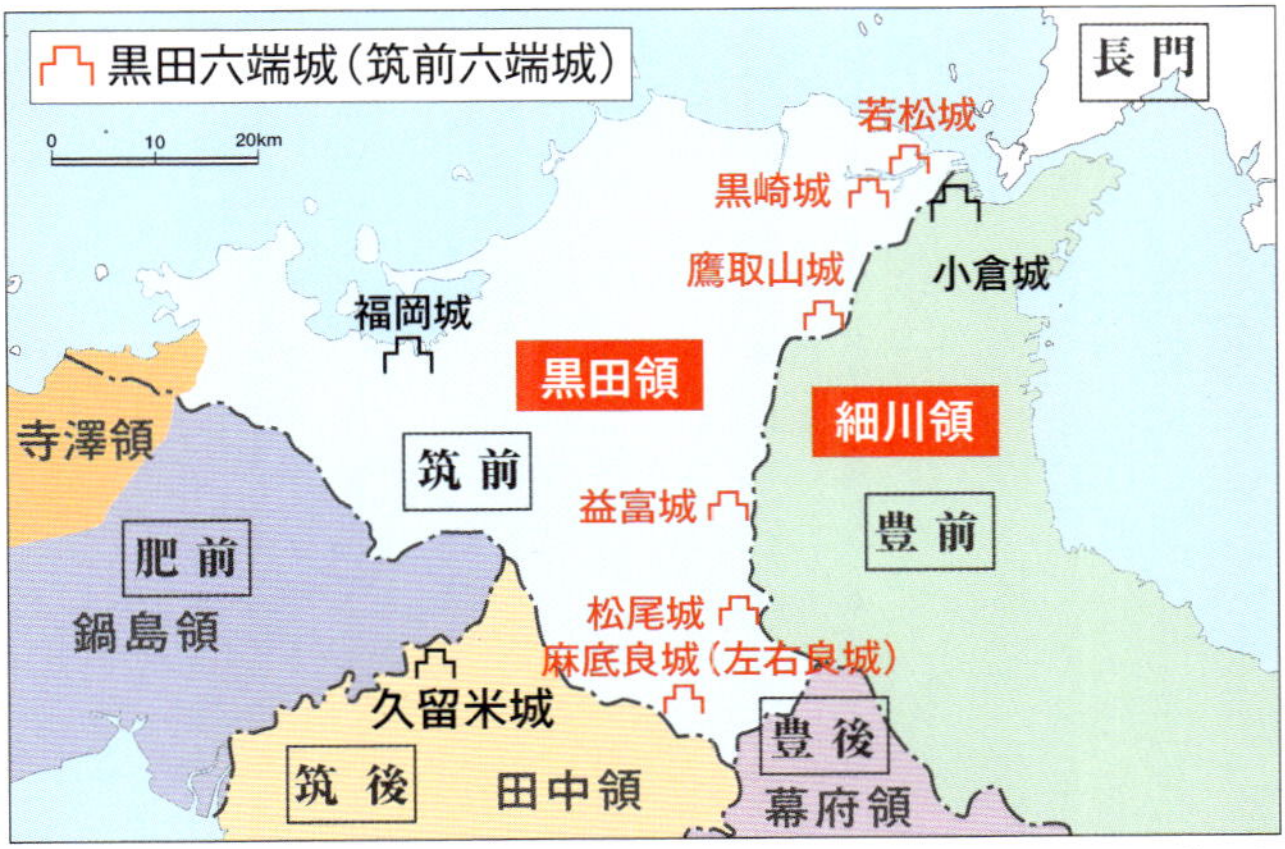

黒田長政による黒田六端城（筑前六端城）。国境を守るため、豊前との国境に築かれた

岡城より東側に構えられ、麻底良城以外はすべて豊前との国境に配置されている。

こうした支城網は各藩で構えられた。関ヶ原合戦の戦功により安芸に入った福島正則も、**広島城**《ひろしま》（広島県広島市）を本城とし、**亀居城**《かめい》（小方城、広島県大竹市）、**五品嶽城**《ごほんがだけ》（東城城、広島県庄原市）、**鞆城**《とも》（広島県福山市）、**神辺城**《かんなべ》（広島県福山市）、**尾関山城**《おぜきやま》（三次《みよし》城・広島県三次市）、**三原城**《みはら》（広島県三原市）を支城として築いて、毛利氏に備えている。

最前線の臨時施設、陣城と付城

攻城戦の際、攻撃の拠点として攻城側が前線基地に築いた城のことを、陣城《じんじろ》または付城《つけじろ》という。簡易的な城をいくつも築いて標的となる城を包囲し、徐々に孤立させるのが一般的な戦法だ。

陣城の規模や構造はさまざまで、山上を削平しただけの簡易的なものもあれば、虎口までしっかりとつくり込んだ技巧的なものもある。あくまで城の攻略を目的とした臨時の城であるから、恒常的な建物や居住空間はなく、戦いが終われば役目を終える。

陣城は戦国時代末期に登場し、織豊期にかけて全盛を迎えた。『信長公記』には、織田信長が元亀元年（１５７０）の佐和山城攻めにおいて、城の周囲に猪垣をつくらせ、４つの砦を築いたと記されている。遡れば、永禄3年（1560）の桶狭間の戦いにおいても、信長はいくつもの陣城を築いた。大高《おおだか》城を包囲する、鷲津《わしづ》砦や丸根《まるね》砦だ。鳴海《なるみ》城を取り囲む、丹下《たんげ》砦、善照寺《ぜんしょうじ》砦、中嶋《なかしま》砦も、信長により構築された陣城である。

陣城を使った包囲戦は信長の常套手段となり、やがて豊臣秀吉に受け継がれ、進化した。後述する鳥取城攻めや三木城攻め、備中高松城攻めも、陣城を使った兵糧攻めだ。

徳川家康も、信長存命中から陣城を使った戦いを展開している。たとえば天正3年（1575）の二俣城攻めでは鳥羽山城や和田ヶ島《わだがしま》砦、毘沙門《びしゃもん》砦などを築いて二俣城を包囲しているし、天正7年（1579）の高天神城攻めでは20近い陣城を築いている。陣城は、標的と対峙する前線基地としてだけでなく、監視や間道の押さえになるなど、より体系的に進化していったといえるようだ。

攻城戦だけでなく、対峙戦にも陣城は出現した。天正11年（1583）に秀吉と柴田勝家が信長の後継を争った賤ヶ岳の戦いにおいても、かなり技巧的な陣城がつくられている。

陣城は織豊系城郭といえるのだが、石づくりではなく基本的には土づくりであるのが特徴といえよう。文禄元年（1592）からの文禄・慶長の役で朝鮮半島南岸に築かれた倭城は石づくりで、これが陣城の到達点といえそうだ。

◆国吉城攻めで築かれた付城群

　P135で触れた**中山の付城**や**狩倉山付城**も、国吉城攻めの際に朝倉氏が構築した陣城だ。国吉城は若狭と越前の国境に位置し、永禄6年から約10年間、越前朝倉氏の猛攻に耐えた城だ。**長きにわたる戦いの中で改修が繰り返されたせいか、陣城にも統一感がない**のがひとつの特徴といえよう。

　中山の付城は、**国吉城から直線で約2キロの至近距離に朝倉方により構築**された。朝倉方は永禄7年（1564）に太田芳春寺山に中山の付城を築いたが、後にその西側東西にそびえる3つの峰の中央にあたる、標高145メートルの芳春寺山に構築。放棄後、元亀元年に再築されたとみられる。

　駈倉山の付城は、中山の付城に代わる国吉城侵攻の足がかりとして永禄9年に築かれたとされる。**中山の付城と、関峠付近の朝倉方の支城である金山城**（福井県敦賀市）**を見通せる立地**だ。

国吉城と付城群の位置（美浜町教育委員会編『戦国若狭と国吉城』をもとに作図）

岩出山砦は、国吉城から派生する東の尾根上、若狭湾に突き出す標高96メートルのところに位置する。国吉城の間の尾根上に通るのが、旧丹後街道の腰越坂だ。**岩出山砦からは朝倉方の付城がすべて見渡せ、丹後街道上の動向が見て取れる**。粟屋方の城ということになるが国吉城との構造上の共通点は感じられず、むしろ中山の付城に類似する。このことから、**朝倉方の築城または改修**とも考えられる。

印象的なのが、**狩倉山付城**だ。関峠から今市浜に至る丹後街道の北、北田と佐田の間の丘陵にある城で、標高は60メートルほどしかないのだが、まさに**街道を押さえる絶妙な立地**である。

この付城は、円形の主郭を、丹後街道に面する南西側を除いてドーナッツのように二重の空堀と土塁が囲む。その様子は圧巻で、よくぞここまで掘り下げたと感激してしまう。ところが驚くべきことに、曲輪は平らに削平されておらず、傾斜が残ったままであった。曲輪は平坦でなくても駐屯できるわけで、防御装置である堀や土塁に比べれば後回しだったのだろう。いかにも、前線としての緊張感が感じられる。

曲輪の削平に手がまわっていない割には無駄に思えるつくり込みも散見できるのだが、いずれにしても恒久的な城ではないとわかる。朝倉方の付城のひとつと考えられていたのだが、中山の付城とも構造上の特徴が異なり、また国吉城方面の南西側が手薄で東側が厳重なのも腑に落ちない。朝倉方の付城ではないとの考えもできる、謎めいた付城だ。

◆小谷城攻めの陣城、虎御前山城

元亀元年（1570）からの元亀争乱において、信長ははじめて陣城を使った本格的な戦いを展開した。その際に築かれた陣城のひとつが、浅井長政が籠る小谷城への最前線基地となる**虎御前山城**《とらごぜやま》（滋賀県長浜市）だ。信長は姉川の戦いの後、**横山**《よこやま》**城**（長浜市石田町・堀部町、米原市朝日）を前線基地として浅井氏攻略を狙ったのだが、元亀3年（1572）7月になると、本格的に小谷城を包囲すべく、眼前にある標高約230メートルの虎御前山に陣城を構え、持久戦に備えた。大規模な築

清水谷と、小谷城の遠景。左側の山が大嶽城で、右側が小谷城

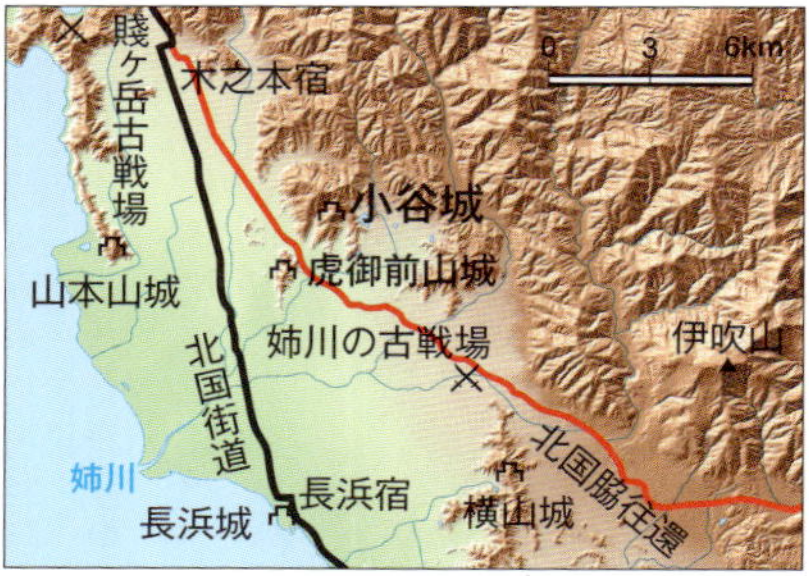

虎御前山城は、小谷城と北国脇往還を挟んですぐのところに築かれた（現在の地形図に加筆して作図）

城工事が行われ、木下秀吉が城番となって入っている。

　虎御前山は、小谷城からわずか５００メートルあまりの場所に位置する。まさに目と鼻の先という至近距離で、大声でも出せば届きそうなほどだ。独立した丘陵であるため四方に見通しがきき、まさに陣城にはうってつけの立地だが、あまりに近すぎやしないかとハラハラする。まさに一触即発という雰囲気で、浅井方はかなりの脅威を感じたに違いない。

　小谷城に近い北側は急峻で、南側にはなだらかな山裾が広がる地形だ。見れば見るほど、小谷城と対峙するためにある山とも思えてくる。尾根上には古墳がいくつもあり、古墳を生かしながら砦を構築し、虎御前山全体に家臣を配置する構造になっている。

　最高所にはひときわ防御性を意識した曲輪があり、信長陣所跡といわれる。とりわけ枡形虎口が印象的で、ほかの曲輪とは雰囲気が異なる。南尾根の佐久間信盛陣所跡、伝堀秀政陣所跡のつくりも見逃せない。

　注目すべきは秀吉陣跡といわれる曲輪で、小谷城方

小谷城から見た虎御前山城。右側の尾根が山崎丸や福寿丸のある小谷山の西尾根で、中央が清水谷になる

面に派生する尾根の頂部にあり、もっとも小谷城に近接する最前線だったことがよくわかる。最前線のため、曲輪の周囲に帯曲輪が配されるなど、しっかりしたつくりになっている。

ほかにも砦を構えて小谷城下町と北国脇往還を封鎖。**宮部砦**（滋賀県長浜市）との間は通行を確保すべく、道幅を3メートルに整備し、土塁や空堀まで備えていた。

小谷城は標高494メートルの小谷山を中心として、浅井氏や家臣の屋敷があった清水谷を抱き込むように派生する尾根上に築かれた山城だ。東尾根が城の中心で、山王丸、小丸、京極丸、中丸、本丸などの曲輪が並ぶ。山王丸の北側にある小谷山の頂上が**大嶽《おおづく》城**で、西尾根には**山崎丸**、**福寿丸**などの曲輪がある。

元亀3年7月に近江に出陣した朝倉義景は、大嶽城に本陣を置き、山崎丸にも陣を設けて対峙した。天正元年（1573）に

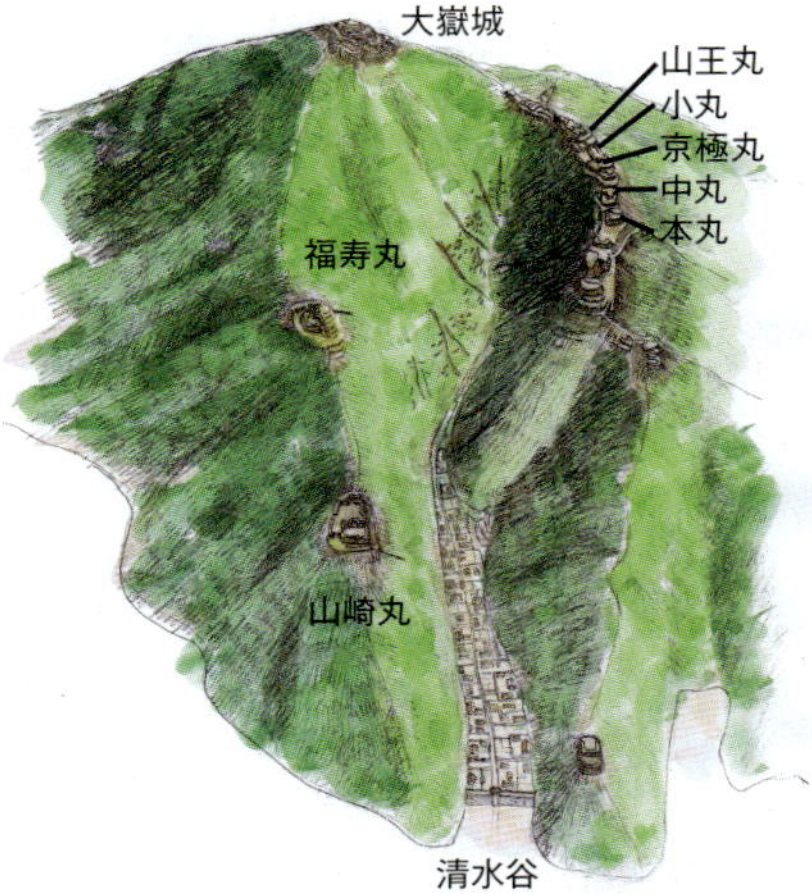

小谷城の復元イラスト（© 長浜み〜な編集室　中井均監修）

再び湖北へ侵攻したが、浅井氏重臣の阿閉貞征《あつじさだゆき》が寝返ると信長に**月ヶ瀬城**《つきがせ》（滋賀県長浜市）を制圧され、さらに小谷城北側の山田山に陣を置かれて浅井氏と分断されてしまった。

次いで大嶽城の支城である**焼尾砦**《やけお》を守っていた浅見対馬守が信長に寝返ると、大嶽城も落城。さらには小谷城西側の防衛線となっていた**丁野山城**《ようのやま》と**中島城**《なかじま》（ともに滋賀県長浜市）も落城してしまった。義景は越前に退却したが、信長の追撃により壊滅し、瞬く間に滅亡したのだった。

小谷城はその1週間ほど後に攻撃が再開され、ほどなく落城のときを迎えることになる。東尾根に孤立する浅井氏に対し、秀吉は清水谷から一気に攻め入って京極丸を攻略し、長政のいる本丸と父・久政の籠る小丸を分断してしまった。長政は赤尾屋敷で自刃し、浅井氏は滅亡したのだった。

福寿丸付近から見る、琵琶湖方面。手前に中島城と丁野山城、奥に山本山城が見える

◈月山富田城攻めの陣城、京羅木山城と勝山城

天文11年の第1次月山富田城攻めの際には大内義隆が、永禄6年の第2次月山富田城攻めの際には毛利元就が陣を置いたのが、**京羅木山《きょうらぎさん》城**（島根県安来市）だ。島根県安来市広瀬町と松江市東出雲町にまたがる京羅木山に築かれた城で、**月山富田城**と面と向かっている。

山頂に立てば、さほど晴れ渡っていなくても月山富田城の山中《さんちゅう》御殿が肉眼で見下ろせ、大内軍や毛利軍がここに陣を置いた理由は一目瞭然だ。京羅木山の背後は毛利元就が本陣を置いた星上山と地続きになっていて、この道は山岳修験の道でもあったという。

京羅木山一帯にはいくつもの陣城が築かれ、京羅木山城砦群とも呼ばれている。なかでも印象的なのが、**勝山《かつやま》城**（島根県安来市）だ。京羅木山から派生する丘陵のひとつ

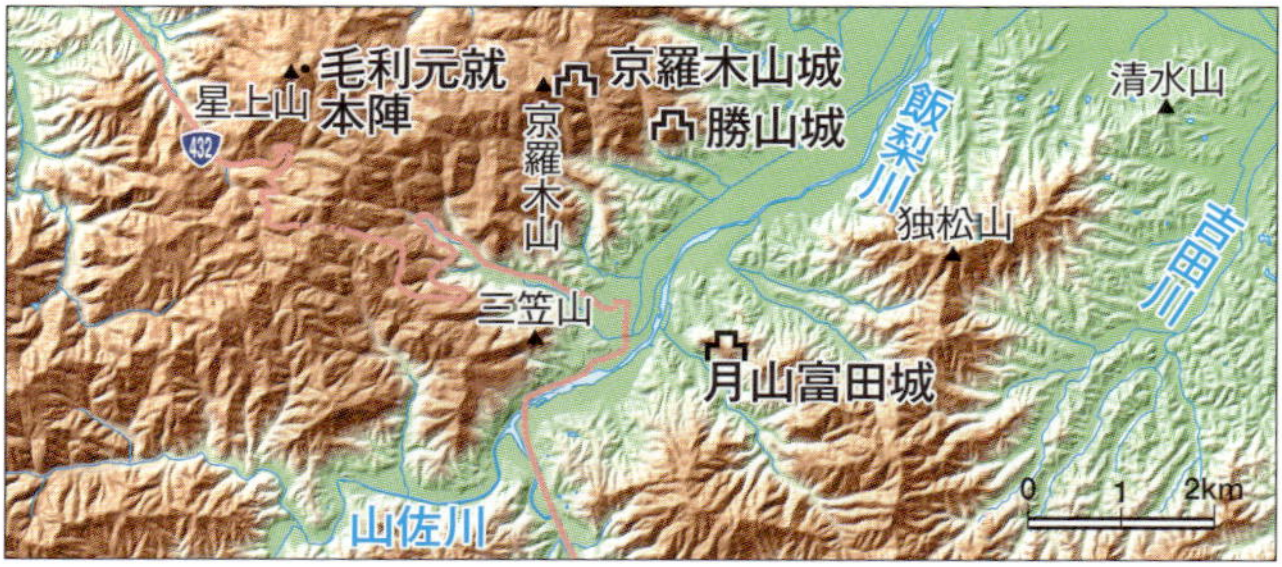

京羅木山城は、月山富田城と飯梨川を挟んで対峙する山にある。勝山城は、そこから派生する尾根上にある（現在の地形図に加筆して作図）

にある標高250メートルの勝山山頂に築かれた城で、月山富田城の北西側、飯梨川の対岸にある。京羅木山城も月山富田城と対峙した配置だが、それより2歩も3歩も近く、鼻と鼻を突き合わせるような位置関係だ。尼子十砦（→P160）のひとつでもあり、大内軍も陣を置き、毛利元就もここに布陣したとされる。現在残る遺構は、毛利氏による改修だろう。

コンパクトながら、技巧的で見ごたえがある城だ。北端の三重の堀切、土塁で囲まれた枡形虎口のほか、畝状竪堀に横矢が掛かるように折れを設けるなどの小技も見逃せない。とりわけ圧倒されるのが、南東の曲輪のまわりおよび東面の斜面全体にずらりと掘り込まれた畝状竪堀だ。

京羅木山城の最高所の曲輪群には西南側を除いて畝状竪堀が取り巻いているのが特徴なのだが、勝山城の畝状竪堀はさらにつくりがていねいで強烈だ。なんと40本以上も、執拗なまでに連続して掘られている。月山富田城は南東に

勝山城から望む月山富田城。中腹の山中御殿、七曲がりを経た山上の本丸一帯までよく見える

あるから、東側一面の畝状竪堀が敵対面というわけではなく、東面が緩斜面であるための対処なのだろう。紛れもなく万が一のときに備えた防御装置で、一触即発の臨場感が伝わってくる。

この畝状竪堀は県内随一で、毛利氏が播磨攻めの際に構築した**仁位山城**《にいやま》（兵庫県佐用郡佐用町）に類似するといい、永禄～天正頃の毛利氏の築城技術との推察がある。

至近距離で対峙しつつ、周囲の山々の小さな城も巻き込んで城塞化し、連携しながら標的を落としていく。城の遺構をパーツとして見ていくのも楽しいが、点と点が線でつながると、もっとおもしろい。年表に1行でまとめられる出来事の裏側には小さな出来事がたくさんあり、その一端を見つけるのも楽しみのひとつだと思い出させてくれる城だ。

◆付城を駆使した三木城攻め

付城を使った戦いといえば、天正6年（1578）3月から1年10か月にわたり続いた秀吉による**三木城**《みき》**（兵庫県三木市）攻め**が知られる。**〝三木の干し殺し〟といわれる兵糧攻め**だ。三木城主の別所長治は、信長の命による秀吉の毛利攻めに加勢していたものの、離反。これに信長が激怒し、秀吉に攻略を命じた戦いである。

標的となった三木城は上の丸台地の先端に築かれた城で、三方を崖に囲まれた天然の要害だ。南側には鷲尾山城と宮ノ上要害を配置し、背後の防御性も高い。秀吉は力ずくで攻めるより、徹底的に囲い込み開城させるのが有効と考えたのだろう。周辺の支城を壊滅させながら兵糧も援軍も封鎖し、完全に孤立させて最終的に降伏させる作戦をとった。

秀吉はまず、**三木城を見下ろす平井山に付城を築いて本陣とした**。しかしそれだけでは毛利方の援軍を阻止できないため、**周辺に膨大な数の付城を構築**した。付城間の警備も固めて、兵糧の搬入経路を完全に遮断。三木城を孤立無援にすると、三木城は地獄のような飢餓状態に陥った末に開城したのだった。

秀吉陣営は、**三木城の周囲東西約6キロ、南北約5キロの範囲に、推定40以上の付城を構築**していたとみられる。とくに**南側の付城は多重土塁で連結して包囲網を形成し、封鎖用の鉄壁とした**。現在三木市により遺跡とされている付城は27城、そのうち20城で明確に遺構が確認されている。付城は3期に分けて築かれたとみられる。

付城群は防御性の違いが注目されるところで、**北側の付城は美嚢川を隔てた比較的安全な立地のため、防御性が低い**。山の地形に合わせて曲輪を上下に重ね、背後の尾根には堀切などもない。しかし、**南側の付城群は平坦な尾根・丘上にあるため、主郭は土塁で囲まれ、櫓台もあり、虎口は外枡形だったり、馬出が設けられたりと複雑**だ。主郭の周囲には駐屯用の曲輪が設けられるなど、求心的な縄張を基本としている。ほとんどの付城において虎口などの防衛遺構が三木城方向ではなく兵糧搬入方向に向いているのは、明石魚住から三木城への兵糧搬入ルート遮断の最前線とするためと考えられる。

付城間を連結している**多重土塁**も特徴だ。**三木城南側の付城群を土塁でつなぎ、商人の往来、毛利陣営からの物資や兵糧の搬入、援軍を阻止する封鎖線となる。**干し殺し作戦成功の決定打といえよう。三木市が遺構として把握しているのは、朝日ヶ丘土塁や福井土塁群など31遺跡で、そのうち24遺跡が現存している。

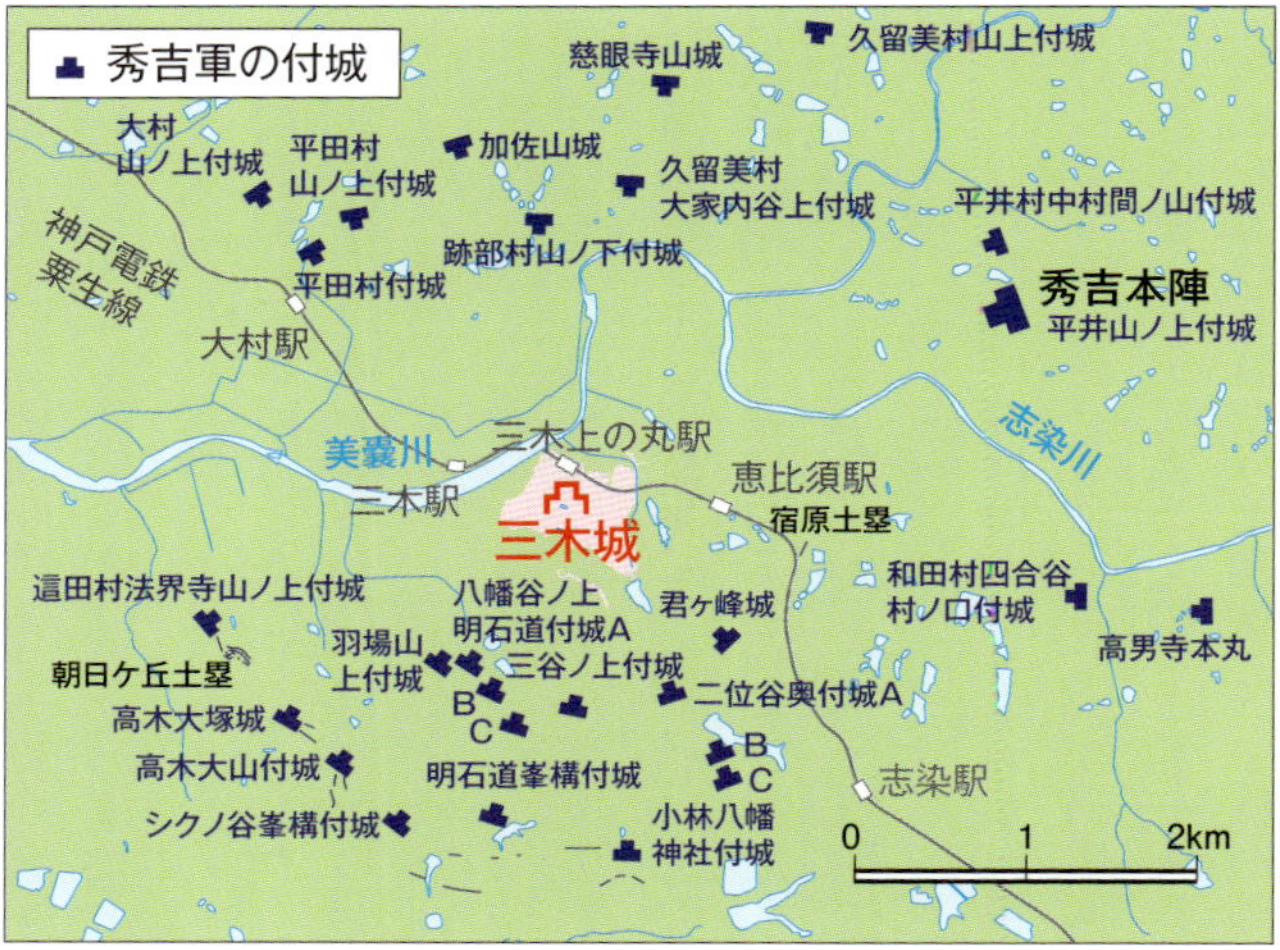

三木城と秀吉軍が構築した付城（消滅、不明確含む）。（三木市教育委員会『三木城跡及び付城跡群総合調査報告書』掲載「三木城跡・付城跡・多重土塁現況分布図」を参考に、現在の地図に加筆して作図）

多重土塁は西端の朝日ヶ丘《あさひがおか》土塁から東端の宿原《しゅくはら》土塁まで、なんと総延長約5・5キロに及ぶという。南の台地上から北側に下る山道の傍らに配置した付城に、土塁線を接続させて内側封鎖線とし、南側に平行して築いた土塁を外側封鎖線とした。基本的に、土塁線間が付城間を連絡する通路となっていたようだ。土塁は基底部幅5メートル前後、高さ1メートル未満が大半だ。

多重土塁は法界寺山ノ上《ほうかいじやまのうえ》付城から小林八幡《こばやしはちまん》神社付城をつなぐことから、これら付城群と一体で天正7年（1579）4月に構築されたようだ。四重の朝日ヶ丘土塁が、もっとも良好に残っている。

◆岩屋城攻めで構築された付城群

岩屋《いわや》城（岡山県津山市）の周囲にも、**宇喜多秀家によって築かれた付城群**がある。南北朝時代から争奪戦が繰り広げられた岩屋城は、天正9年

朝日ヶ丘土塁（写真提供：三木市教育委員会）

（1581）に毛利輝元が攻め落とした後は家臣の中村頼宗が入っていたが、本能寺の変の後は羽柴秀吉との取り決めによって宇喜多秀家領となった。しかし、中村頼宗をはじめ**矢筈《やはず》城**（岡山県津山市）の草刈重継らがこれに反発し、宇喜多勢と衝突。そして天正12年（1584）に宇喜多秀家が開城を迫るも拒否したため、宇喜多勢による岩屋城攻めが行われた。

　岩屋城付城群の驚くところは、織豊系の傾向がみられる各付城の縄張の技巧性もさることながら、**付城と付城が土塁で結ばれていることだ**。標高約482メートルの岩屋山山頂に築かれた岩屋城を取り囲むように、岩屋山の北側尾根筋に遣手場《はってば》砦、岩屋山と高見山との中間地点に的場ノ峠砦、その尾根筋に栃ノ

木砦、井ノ奥砦、といった具合に山稜に付城が点々と築かれているのだが、**付城が単体で**

岩屋城と付城群（現在の地形図に加筆して作図）

岩屋城から望む付城群

点在するのではなく、土塁と横堀によってつながれているのである。まるで、万里の長城のような付城による包囲線だ。

元亀元年の佐和山城攻めや天正5～8年（1577～80）の三木城攻め、天正8～9年の鳥取城攻めでも陣城や付城で標的となる城を包囲しているが、その比ではない。三木城攻めでは多重土塁が築かれたが、ここまで徹底してはいない。土塁は尾根筋だけではなく谷筋まで途切れず執拗に設けられていたようで、谷筋の両側の尾根斜面には斜度が60度以上に及ぶにもかかわらず、抜かりなく構築されている。

こうした土塁が現在でもほぼ完存している、全国で唯一といってよい付城群だ。土塁は、岩屋城側に対しては高さ約1・5～2メートル、宇喜多軍側に対しては高さ約1メートルほど。付城と土塁をフル活用して、完璧な包囲網を構築していたとみられる。

妙福寺ノ上砦から楽万ノ上砦へと続く土塁

〈陣城を使った戦い〉陣城を駆使した賤ヶ岳の戦い

賤ヶ岳の戦いというと、賤ヶ岳七本槍の活躍などから野戦のイメージがある。しかし実際には、合戦史上まれに見る陣城の構築合戦だった。柴田勝家・羽柴秀吉ともに数多くの陣城を築き、その数は合計で20以上にも及ぶ。

天正11年（1583）3月9日、勝家は越前北ノ庄を発ち北近江に進出。玄蕃尾《げんばお》城（内中尾城・滋賀県長浜市・福井県敦賀市）に本陣を置くと、行市山《ぎょういちやま》砦に佐久間盛政、別所山《べっしょやま》砦に前田利家・利長父子、大谷山《おおたにやま》砦に不破勝光などを配置し、それぞれ陣城を築かせた（すべて滋賀県長浜市）。陣城間を結ぶ尾根筋は木を伐採して軍用道をつくり、陣城同士がいつでも救援できるように態勢を整備。さらに長期戦の構えに入ると至るところに陣城を増やし、塩津街道、今市より北側の北国街道を完全に固めていった。

対する秀吉は、佐和山城から長浜城を経由して近江へ出兵。

玄蕃尾城の主郭南側に張り出した曲輪。土塁で囲まれ、土橋でつながれている

3月17日に木之本に到着すると、すぐさま布陣の準備をはじめた。秀吉の戦略は、越前から侵攻してくる柴田軍を近江平野の入口で食い止めて迎え撃つものだ。そのため秀吉は北国街道を封鎖すべく、東野山砦《とうのやま》(左禰山砦《さねやま》)に堀秀政、堂木山砦《どうぎやま》に木下一元ら、神明山砦《しんめいやま》に大鐘貞綱を置いて第1防衛ラインを形成した(すべて滋賀県長浜市)。

第2防衛ラインとして、秀吉は賤ヶ岳から北東に派生する尾根上にも砦を構築し、賤ヶ岳砦に桑山重晴、大岩山砦《おおいわやま》に中川清秀、岩崎山砦《いわさきやま》に高山重友を配置した。さらに後方の北国街道を見下ろせる場所に、実質的な秀吉軍の本陣となる田上山砦《たがみやま》を築き羽柴秀長を置いた(すべて滋賀県長浜市)。秀吉の本陣は北国街道の木之本に置かれた。

陣城群のなかでもよく残り見ごたえがあるのが、勝家の本陣、玄蕃尾城だ。玄蕃尾城のある標高439メートルの柳ヶ瀬山は滋賀県と福井県の県境にあたり、城の南方300メートル地点の刀根越(久々坂峠)が県境で、余呉町柳ヶ瀬地区と敦賀市刀根地区を結ぶ。北国街道から敦賀へ抜ける重要なルートで、つまり玄蕃尾城は勝家の本城である北ノ庄城と近江をつなぐ拠点だった。賤ヶ岳合戦前から重要な場所で、『信長公記』には天正元年(1573)に敦賀へ逃げようとした朝倉義景が信長と刀根山で一戦交えた記述もみられる。

縄張は見事で、正方形の主郭北東隅には天守台があり、物見櫓の存在を示す礎石も見つかっている。

賤ヶ岳合戦における両軍の陣城概念図(現在の地形図に加筆して作図)

4つの曲輪を連結させた構造で、各曲輪は高い土塁と深い堀で囲まれ、土橋で連結。虎口は馬出のような戦闘的な空間をともなう出枡形で、主郭と出枡形の周囲には横堀がめぐらされるなど、かなり複雑で技巧的なつくりになっている。

玄蕃尾城の縄張が技巧的なのは、賤ヶ岳の戦い以前から重要視され、先立って構築されていたからとも考えられる。それを証拠に、同じ柴田方の陣城であるにもかかわらず、玄蕃尾城を除く行市山砦や別所山砦などの砦は、まったく技巧的ではない。尾根を堀切で断ち切り、小規模な曲輪が置かれただけに近いものがほとんどだ。防御力の高い陣城とはいい難く、駐屯を目的とした陣城のつくりを感じる。

秀吉軍の陣城にも技巧性に差があり、統一感がない。とくに技巧的なのは東野山砦や田上山砦だ。東

賤ヶ岳砦から望む陣城群

野山砦は迷路のような構造といってもよく、城の東側には一直線に竪堀が設けられ、北国街道方面への尾根にも竪堀や曲輪群を設けて防備を固めている。これらは北国街道直前まで続いており、堂木山砦や神明山砦までの間に蜿蜒と柵列などが設置されていたと考えられる。

堂木山砦は尾根の先端につくられ、対面の東野山砦と連動して北国街道を封鎖する役割を持っていた。実際に歩いてみても、東端には巨大な堀切が設けられ、この方面からの侵入に備えているのは明らかだ。さらに神明山砦との連動も明白。神明山砦は西側の防御が集中している印象で、行市山砦方面からの敵の攻撃を意識していたようだ。

東野山砦、堂木山砦、神明山砦でつくられた秀吉軍の第1防衛ラインに対し、第2防衛ラインと思われる賤ヶ岳砦、大岩山砦、岩崎山砦の縄張は単純だ。その反面、後方に位置する田上山砦の縄張が巧妙で大規模なのは、北国街道を望む、実質的な本陣だからなのだろう。秀吉の本陣は後詰の位置にあたり、さらにその後方には、かつて秀吉が浅井攻めのとき在城した横山城があった。横山城は眼下に北国脇往還を望める要衝で、側面から背後を突かれないことを警戒しての備えと思われる。

秀吉も勝家も織田家の有力家臣であるから、築城技術に差はなく、最高峰の城づくりを知っていたと考えられる。それなのに双方とも陣城の技巧性に差があるのは、両軍の戦略によるものなのだろう。勝家は北国街道を突破して伊勢や美濃の勢力と合流し、さらに背後から迫る毛利氏などと秀吉を挟撃するつもりだった。だから、防御用の城ではなく、虎口や土塁の折れをともなわない駐屯地を構築したのだ。これに対して、秀吉は北に進軍するつもりなどなく、この場で勝家を迎え撃つ意向だったと思われる。中継基地と前線基地の違い、といったところではないだろうか。

しかし、勝家の思惑は思わぬ方向に進んでしまった。盛政率いる軍勢が第1防衛ラインを回避し第2防衛ラインの大岩山砦と岩崎山砦を攻略したまではよかったものの、退却指示を無視して居座ったことで形勢が転じてしまったのだ。

大垣から引き返してきた秀吉の強襲を受けて総崩れとなったところに、茂山砦を守っていた前田利家が戦線離脱。これが決定打となった。権現坂まで撤退した盛政を救援すべき前田軍が突然退却したため、盛政軍が東からの攻撃を全面的に受けて総崩れとなったのだ。陣城の縄張や配置から考えると勝家の陣城を巧みに使った戦術も見え隠れするが、第1防衛ラインを封じ込める利家が秀吉方に通じていたことで作戦は失敗し、次々に味方を失った勝家は撤退せざるをえなくなった。

堂木山砦と北国街道

秀吉軍の勝因は〝美濃大返し〟の成功のひと言に尽きる。大岩山砦の陥落を知った秀吉は主力部隊1万5000を率い、北国脇往還を猛スピードで駆け抜けた。大垣から木之本まで、午後4時に出発して午後9時に到着したというのだから、約52キロの距離をわずか5時間で移動したことになる。予想外のスピードに、盛政が浮き足立つのも無理はない。

この大移動を可能にしたのは、緻密な計算をし、万全の準備をした兵站部隊のおかげだ。街道沿いの家々に夜道を照らす松明を用意させ、すぐに食事ができるよう握り飯を準備させていたという。

このとき兵站の一切を担当していたのが、石田三成だったといわれる。松明や腰兵糧だけでなく、槍や胴丸も舟で運ぶ手配をしていたという説もあるほどで、三成の完璧な仕事ぶりが垣間見える。三成は後の文禄の役でも舟奉行のひとりとなっているのだが、渡海のための舟手配のみならず、15万8000ともいわれる大軍の兵糧や弾薬を運ぶ舟の手配もこなしていたとされる。三成が秀吉の戦いにおいて兵站部の中心的な役割を担っていたのは明らかで、秀吉を勝利に導く影の立役者だったことは間違いない。戦いの裏にはこうした裏方の働きも欠かせないのである。

城を読み解くキーワード④

変遷・改造

城には必ずドラマがある

城を見るとき、真っ先に〝いつ、誰が最初に築いたか〟をチェックしていないだろうか。現地の解説板に書かれた案内文もこのフレーズからはじまることが多いから無理もないのだが、実は築城当時のままの姿で残っている城はほとんどない。安土城が信長以外の誰の手も入れられていないのは珍しいケースで、廃城にならない限りは必ずといってよいほど改変されていく。時代とともに城の規格は変化するし、築城技術も発達していくからだ。

激しい争奪戦が繰り広げられた戦国時代の城は、増改築が繰り返される可能性が高い。奪還されないよう、対策を練らなければならないためだ。軍事施設である以上、常に実戦に備えるのは当然のこと。できる限り使い勝手のよい、機能的かつ防御力の高い城を目指して磨きをかけていく。

城の〝向き〟が変わることも、よくある。たとえば関ヶ原合戦後に大改修された伊賀上野城は、大坂に背を向け大坂城を防備する城から、豊臣方との決戦に備え大坂方面に対峙する城へと向きを変えている。このように、状況に応じて城は改変されていく。

つまり、改良を続ける企業努力のようなものが、城にも必要なのだ。流行や情勢の変化、敵の動向を敏感にキャッチしながら、未来の予測を立てていく。ベストコンディションを保てるようメンテナンスすることも、戦略のうちということだ。

とはいえ、全面的に築き直す余裕などないから、部分的にリフォームしていく。だから城を見るときは、もはや〝いつ、誰が最初に築いたか〟はあまり問題ではなくなる。もちろんルーツを知る意味では必要不可欠だが、目の前にある遺構を見たり構造を探るときは、あまり築城年と築城者にとらわれすぎないほうがいいかもしれない。そもそも、あるものを確かめにいくのではなく、片鱗を見つけつなぎ合わせながら勝手に妄想するのが城の楽しみのひとつなのだ。


急ごしらえされる陣城は、古墳を改造したり、かつての戦いで使われた砦を改造することがよくある。一時的な城であるからといって必ずしも使い捨てではなく、別の戦いで再利用されることもある。名もなき城にすら、立派な築城ヒストリーがあったりするのだ。

城は社会情勢の縮図でもあり、ひとつの城のなかにはさまざまなドラマが存在している。これを探すのも、城の醍醐味のひとつといえる。今、目の前に見えている遺構がいつ、誰が、どんな目的でつくったものなのかを意識すると、城の本質や知られざる横顔が見えてくるはずだ。

◆再登場する若神子城・獅子吼城・新府城

武田信玄の棒道や狼煙ネットワークの拠点として機能した**若神子城**や**獅子吼城**（→P163）は、武田氏の滅亡後、歴史の舞台に再登場する。本能寺の変による織田政権の崩壊後に起こった、旧武田領をめぐる北条・徳川・上杉氏の三つ巴の戦い（天正壬午の乱）だ。天正10年（1582）3月の武田氏滅亡後、甲府には信長配下の河尻秀隆が入っていたが、同年6月に本能寺の変で信長が没すると甲斐国内に一揆が起こり、河尻秀隆も謀殺された。その後、北条氏と徳川氏が甲府で激突するのだが、このときに**北条氏直が本陣を置いた**のが若神子城なのだ。

甲信国境を警備する城だった獅子吼城もまた、このときは**北条軍の拠点となり、やがて徳川軍に奪われた**とされる。領国内の重要拠点として機能した両城は、当然ながら武田氏時代が終わっても領国の重要な城であり続けたのだ。

若神子城からは発掘調査で薬研堀が見つかっており、**北条氏による改修**とみられている。8月から9月初旬にかけて、城は改修されたようだ。発見された薬研堀は幅約1メートル、深さ1・2メートル、長さ10メートル。**構築途中の段階で放置**されているという。

獅子吼城の北東には、長大な竪堀と斜面を下る土塁があり、大きな見どころとなっている。これも、近隣の城に類似例がないことなどから、**天正壬午の乱の際に北条氏により改修された可能性が高い**。

氏直の若神子城に対し、家康が本陣としたのが**新府城**だ。新府城といえば武田勝頼が武田氏の本拠地として築いた城だが、勝頼が城を焼き払ったのであれば、このとき家康が入ったのも新府城の跡地であって、勝頼時代とは異なるということになる。家康による何らかの改修がされていてもおかしくはない。

◆改造された一城別郭の高天神城

争奪戦や支配者の入れ替わりによって改変される城のなかでも、もっともわかりやすいのが**高天神城**《たかてんじん》（静岡県掛川市）だ。一城別郭と呼ばれる、ひとつの城に2つの城があるような形状をした城で、その片方が大きく改変されている。

高天神城といえば、武田信玄・勝頼父子と徳川家康が争奪戦を繰り広げた城として知られる。元亀2年（1571）には信玄が2万5000の大軍で攻め、天正2年（1574）に勝頼が攻略（第1次高天神城の戦い）。これを天正9年（1581）に徳川家康が奪い返した（第2次高天神城の戦い）。「高天神を制するものは遠江を制す」といわれるほど要衝の地であり、武田・徳川両氏の激しいバトルが繰り広げられた。

　高天神城は、小笠山山稜から東に張り出した標高130メートルの丘陵に築かれた城だ。東峰と西峰に分かれ、その2つが井戸曲輪と呼ばれる部分でつながれた、アルファベットのHのような形をしている。最大の特徴は、**東峰と西峰にまったく別の城のような様相の違いがある**ことだ。簡潔にいうならば、東峰よりも西峰のほうが城の輪郭が鋭く、ダイナミックで技巧的なつくりになっている。

　とくに、西峰の西の丸から北側の堂ノ尾曲輪や井楼曲輪が連なる尾根は、同じ城とは思えないほどがらりと雰囲気が変わり、高低差

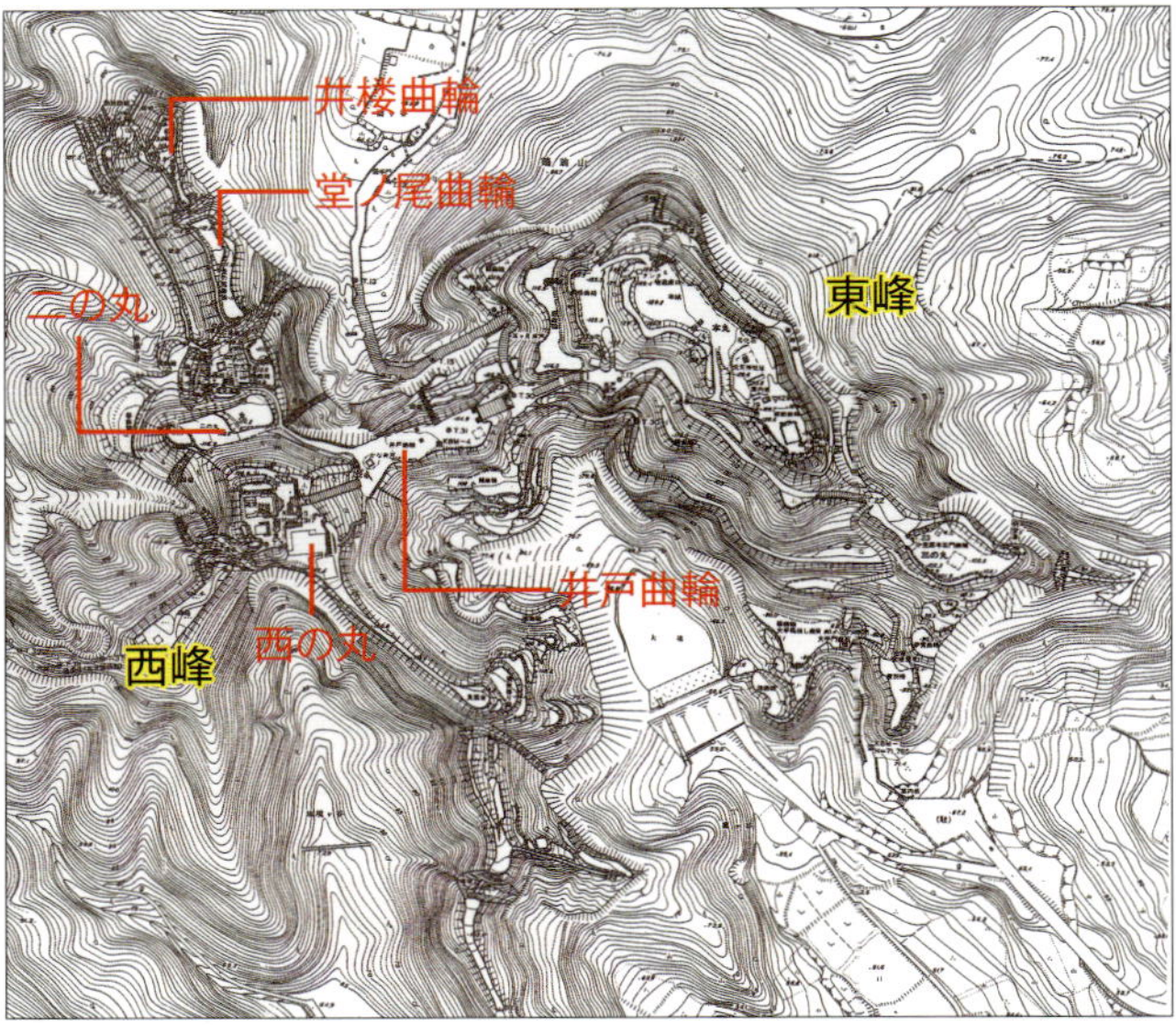

高天神城測量図(『史跡高天神城跡基本整備計画策定報告書』 1999年 大東町教育委員会、国立国会図書館蔵、掛川市教育委員会提供）に加筆

のエッジがはっきりする。実際に城を歩けば、それがわかる。井戸曲輪から二の丸に向かったところで立ちはだかる西の丸の切岸は、まるで山のような高さがある。この上から強襲されることを想像するだけで、ぞっとするほどだ。

最大の見どころは、ここから連なる二の丸、袖曲輪、馬出曲輪、堂ノ尾《どうのお》曲輪、井楼《せいろう》曲輪だ。おそらく誰もが必ず圧倒されるのは、**堂ノ尾曲輪から井楼曲輪の西側に蜿蜒と続く長大な横堀と、それにともなう土塁、そして曲輪を遮断する巨大な堀切**だ。**土塁＋横堀＋切岸の三重構造で、敵を完全にシャットアウトしている。**さらに曲輪の上を歩いてみると、西面だけに土塁が蜿蜒とあり、徹底的に西側からの敵に備えているのがわかる。

これらは、**尾根西側の赤根ヶ谷方面の傾斜が緩やかであるために、勝頼が改造したもの**と考えられる。城を取り巻く地形を見比べてみると、基本的に急峻な崖に守られているものの、西側だけは緩斜面にな

高天神城の、堂ノ尾曲輪から井楼曲輪の西側に掘られた横堀。土塁、横堀、切岸の三重構造で、西側の緩斜面からの侵入に備えている

っている。勝頼はこの城を攻略しているのだから、もちろんこの緩斜面がこの城の最大の弱点であり、家康にとっての攻略の糸口になるとわかっていたのだろう。両氏の攻防戦の生々しさを感じ取ることができる。

両氏の争奪戦の経緯と城の変遷を念頭においてこの地域の城を歩くと、おもしろいと感じるのは、家康が長篠の戦いを境に武田流の築城術を習得して城を築いていることだ。横堀を設けるようになり、虎口が複雑化する傾向にある。まさに、高天神城にあるような長大な横堀を増築するようになるのだ。家康は争奪戦を通じて武田流の城の威力を身をもって実感し、築城術を自らの城づくりに取り入れていったらしい。

こうした変遷を辿るのは、城の最大のおもしろさといっても過言ではないかもしれない。この前提なら、後述する**諏訪原城**や**丸子《まりこ》城**（静岡県静岡市）はもちろん、その後の小牧・長久手の戦いで家康がかかわる城

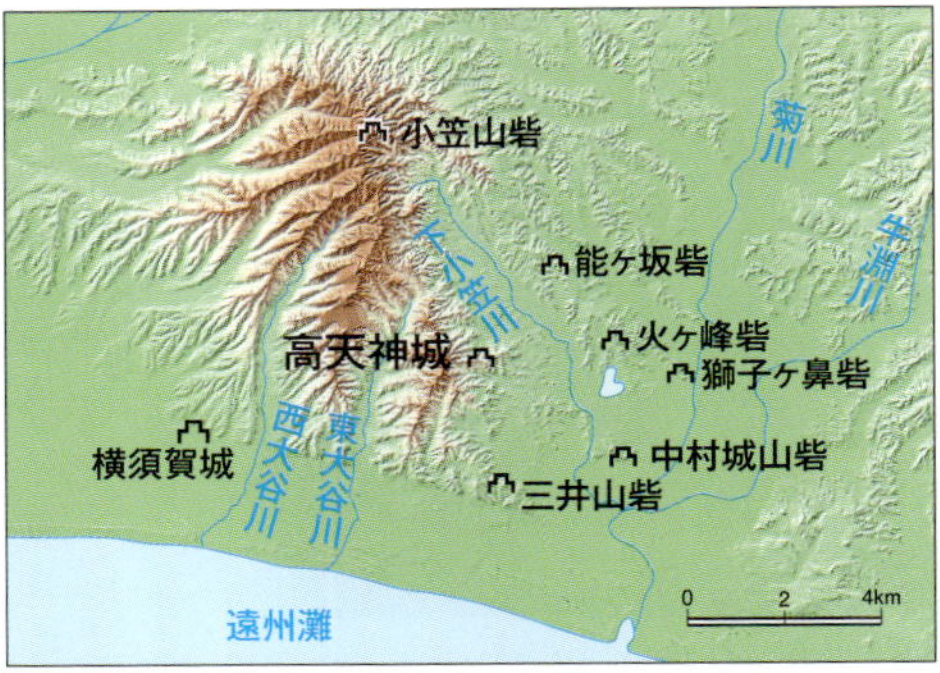

高天神城の位置。周辺の砦は、徳川家康が天正9年に攻略する際に築かれた砦（現在の地形図に加筆して作図）

に、武田流の築城術が取り入れられていると感じるのもおかしくはないのだ。

再利用された一城別郭の横山城

横山城も、歴史の波のなかで改修された一城別郭の城だ。横山城は米原市と長浜市をまたぐ横山丘陵の最高峰を中心として築かれた標高312メートルの山城で、丘陵の最高所から三方の尾根上に広がり、おもに最高所の北城とそこから南の尾根上に派生する南城に分かれる。**北城は西端に二重の堀切があり最高地の北側も堀切で分断しているものの、曲輪が単調に並ぶだけで土塁もなくメリハリを感じない。**ところが**南城は、主郭に土塁がめぐり、北側には虎口もあり、斜面には竪土塁や竪堀が設けられていて、技巧性を感じる。**

横山城はもともと京極氏の支城として築かれたとみられ、永正14年（1517）に浅井亮政に攻められた後は、浅井氏の南進の拠点として浅井長

横山城は、北国脇往還を見下ろす位置にある。主郭からは小谷城や虎御前山城が見える

政に改修されたとされる。しかしその後、信長による近江侵攻により姉川の合戦で浅井・朝倉軍が敗走すると、信長がすぐさま奪って羽柴秀吉を城番として置き、天正元年（1573）に小谷城の浅井氏が滅亡するまで小谷城攻めの公的拠点、湖北・近江の拠点として活用された。

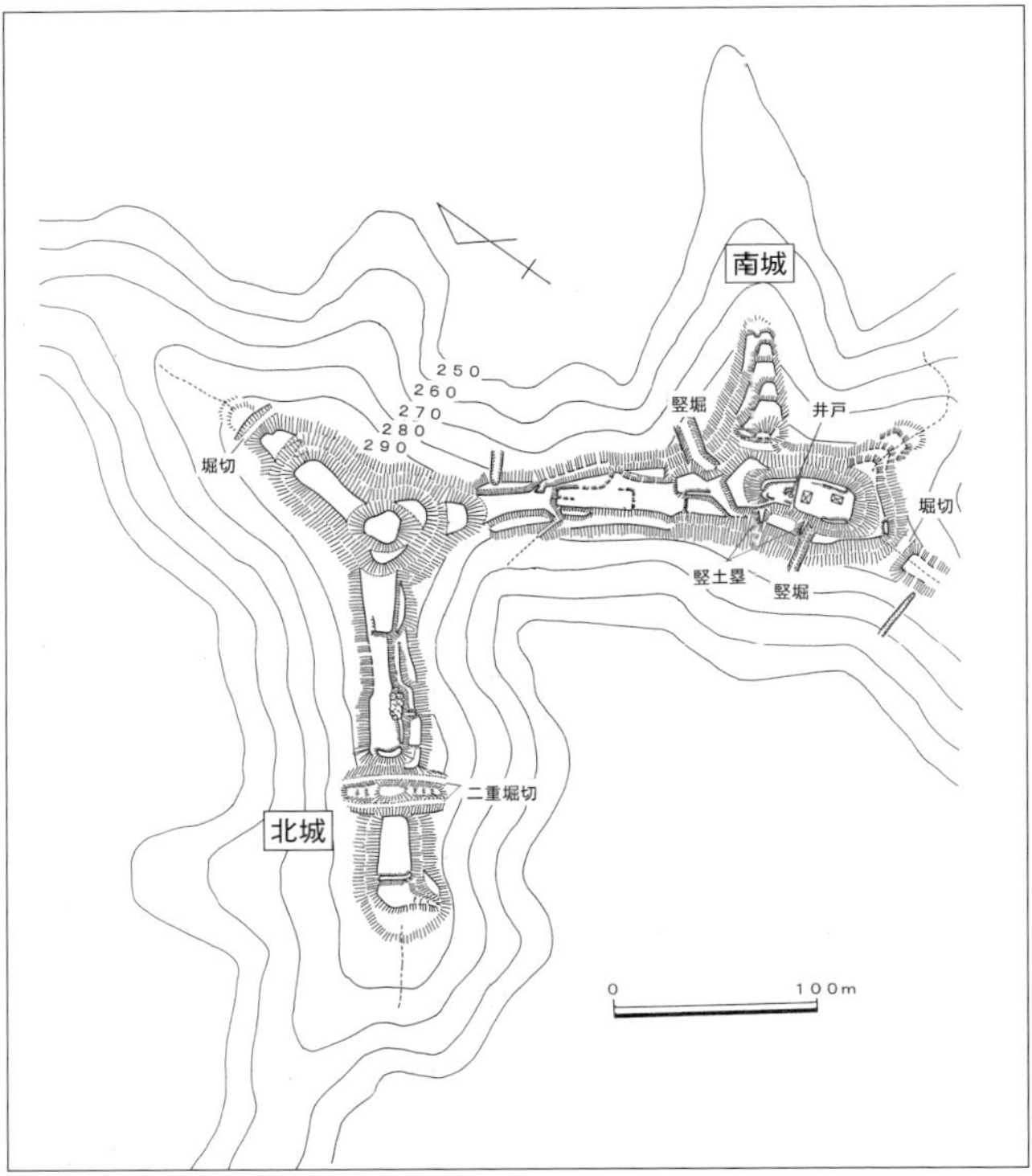

横山城跡概要図（作図：中井均）に加筆。北城には二重堀切があるものの、曲輪が単調に並んだだけに近い。南城は技巧的で、斜面にも竪土塁や竪堀が設けられている

南城が改造されたのは、さらに後のことと考えられる。天正10年の、賤ヶ岳の戦いだ。賤ヶ岳の戦いは双方が多くの陣城や砦を新築・改築した築城合戦だったのだが（↓P183）、羽柴秀吉は**最前線や第2次防衛線が突破された場合の備えとして、横山城を改修し**たようだ。横山城は**東に伊吹山や北国脇往還、西に琵琶湖を臨み、北は小谷城や虎御前山城を一望できる。湖北を押さえるには最高の立地**で、秀吉が重宝したのも納得である。

変貌を遂げた国吉城

P133で述べた若越国境の国吉城もまた、その重要性ゆえの変遷が興味深い城だ。平成12年（2000）から続いている発掘調査により、斜面を削った切岸から、セットバックさせながら段築された石垣、枡形虎口、礎石や瓦、かわらけなどが見つかっている。積み方や技法から判断する限り、**籠城戦のあった粟屋氏時代のものではなく、秀吉配下の家臣へと城主が入れ替わる16世紀後半の大改修**とみられる。城主居館跡で見つかった石垣は、工法から2時期に分かれ、山上の城と同じ16世紀後半に大きく改修された後、慶長5年（1600）の関ヶ原合戦の戦い前後に再び改修されたようだ。

粟屋勝久は元亀元年（1570）以降、信長の配下となり若狭衆として活躍する。本能寺の変後に明智光秀に味方しなかったことで、秀吉の統治下においても国吉城主を続行、賤ヶ岳の戦いの後に国吉城を去った。国吉城は、その代わりに入った秀吉家臣の木村定光により改修されたようで、天正14年（１５８６）に再び木村定光が城主となると、椿峠を越えた丹後街道が集落のなかを通るように付け替えて町割りを行うなど、城下が整備された。

本城である**後瀬山城**も武田氏時代の姿ではなく、**織田時代に入った丹羽長秀、豊臣時代に入つた浅野長政や木下勝俊による遺構**であると考えられる。その後の**京極氏が手を入れている可能性**もある。若狭では守護所である後瀬山城が若狭の本拠地であり続け、そのなかで丹羽氏が重要な支城のひとつとしたのが国吉城なのだろう。政権が代わっても国境が移動するわけではなく、国吉城は**越前に近い国境の城として重要視され続けた**と思われる。

国吉城では、発掘調査により16世紀後半以降の改修が判明。主郭のほぼ全域が石垣で囲まれていたことがわかった。３段の石垣がセットバックしていたとみられる

◆発掘調査で定説が覆った諏訪原城

発掘調査によって変遷が明らかになり、武田の城という神話に近い定説が覆ったのが**諏訪原城**だ。諏訪原城といえば丸馬出の形状が日本一わかりやすい城として知られ、「丸馬出を見たければ諏訪原城へ行け」がもはやスローガンに近いものになっている。

丸馬出といえば武田氏が城づくりに多用したアイテムで、「丸馬出＝武田の城」という方程式が成立している。だから、「丸馬出＝諏訪原城＝武田の城」という方程式も成立し、これまで諏訪原城は武田氏の築城と信じて疑われなかった。ところが近年の発掘調査の結果、どうやら**武田の築造と考えられていた丸馬出の大半が、徳川が城を奪った後に築いたもの**とわかってきた。

諏訪原城は天正元年（１５７３）、大井川西岸の防衛線として、また遠江の拠点である掛川城の牽制、さらに高天神城攻略の前線基地として武田勝頼によって築かれ、翌年の高天神城の攻略後は兵站基地としての役割を担った城だ。

しかし、天正３年（１５７５）の長篠の戦いを機に武田氏の勢力が急速に弱まると、**三河・遠江の勢力奪還に乗り出した徳川家康により攻略**された。家康は翌年に高天神城を奪還し遠江から武田氏の勢力排除の決定打とするのだが、諏訪原城を奪い大井川への補給路を断ったことが勝利に大きく影響している。

それほどまで重要な城であるから、家康としては再び奪還されないよう強化するわけだ。**松平家忠らに改修させ、牧野《まきの》城と改称。**『家忠日記』によれば、天正6～9年（1578～81）にかけてかなりの大改修が行われたと考えられる。

発掘調査の結果、**本曲輪では焼土層を挟んで2時期の遺構面が確認され、下層が武田段階、上層が徳川段階と判明**した。ところが、二の曲輪より外側は遺構が一面のみで、焼土層も見つかっていない。つまりは**徳川による拡張面のみしか存在しない**ということだ。

とくに注目なのは、二の曲輪北馬出だ。巨大な二の曲輪中馬出に連なる重ね馬出として機能し、二の曲輪中馬出および東側の外堀と

諏訪原城の概念図（提供：島田市教育委員会）

ともに構築されたと考えられるが、この遺構面も一面であった。ということは、おのずと徳川による拡張となる。となれば、**二の曲輪中馬出と外堀、外堀と連携して機能する二の曲輪大手馬出も徳川段階**ということになる。

また、二の曲輪東馬出周辺からは武田段階の薬研堀を拡張した徳川段階の箱堀が見つかり、さらに武田時代の地層からは激しい戦闘の証である鉄砲玉も出土した。それにもかかわらず、二の曲輪中馬出および大手馬出の周辺では戦いの痕跡が一切なかった。

こうした発掘調査の事実に加え、同時期に築かれた城の丸馬出を比較していくと、**伊豆・駿河・遠江では、武田氏が諏訪原城に匹敵するほどの巨大な丸馬出を構築した事例がない。**つまり、諏訪原城にあるような巨大な丸馬出は、天正3年以降に徳川氏が築いたものだとする考えは説得力がある。

◆改修された丸子城・古宮城・松平城山城

諏訪原城の理論でいくと、武田系山城の完成形といわれる

諏訪原城の二の曲輪中馬出と空堀

丸子城も、武田段階ではなく徳川段階の改修という可能性が出てくる。永禄11年（1568）に武田信玄が西駿河の今川諸城への構えとしたことは間違いないが、ダイナミックな丸馬出、横堀、竪堀が緊密に連関する現在の構造は、徳川家康によるものであってもおかしくない。

丸子城は、宇津ノ谷峠を越えて駿府へ至る街道を押さえる役割を担う重要な城で、駿府に入るところにある。家康は天正10年の武田氏滅亡後、丸子城に家臣を駐留させてもいる。その後の家康による豊臣秀吉への対策を考えると、強化しても不思議はないだろう。

丸子城は何度訪れても飽きない巧妙な縄張の城なのだが、武田段階でここまでの城を完成させられたのか、疑問も拭えない。たとえば本曲輪の西側尾根筋にある幅30メートルの丸馬出と長さ100メートルの巨大な竪堀はかなりの土木量であるし、なんといっても本曲輪の西下から北曲輪の西下までの斜面に掘り込まれた、総延長約150メートルに及ぶ横堀の規模はとてつもない。この横堀の中央部には防衛強化のための半円型の堡塁と三日月堀まで設けられていて、横堀が遮

丸子城の本曲輪西尾根の丸馬出と竪堀（左図Ⓐ）

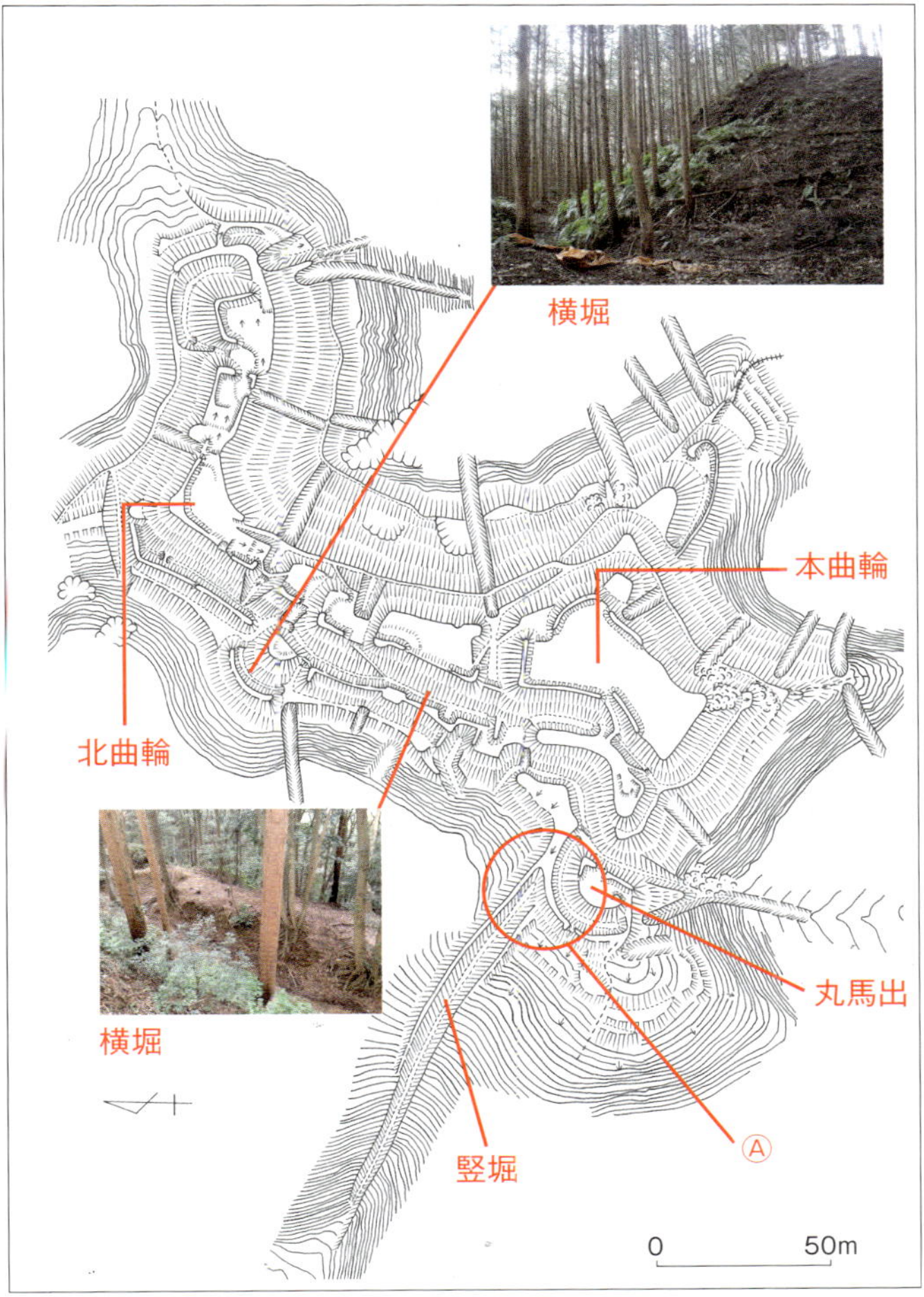

丸子城跡概要図（作図：中井均 ※静岡市教育委員会作成測量図を用いて作図）に加筆

断線と堀底道を兼ねる全国的にも珍しい構造だ。ここまでの巨大かつ厳重なつくりを見てしまうと、家康が駿府防衛のために手を入れたとも思えてくるのだ。

三河にも、武田方の城といわれながら家康の改修を感じさせる城がある。たとえば**古宮《ふるみや》城**（愛知県新城市）もそのひとつだ。作手高原の平野部にある独立丘陵に築かれた標高30メートルほどのこの城は、天正元年に武田氏により築城され、武田氏の三河進出の拠点として使用された。

たしかに、両袖枡形虎口と呼ばれる主郭虎口は、諏訪原城や新府城など武田氏の城で見られる形状だ。また、主郭西側の曲輪は丸馬出になっており、これもまた武田城の代名詞といわれてきたものだ。ところが前述の通り、諏訪原城の丸馬出は家康によるものであり、「丸馬出＝武田の城」の方程式はもはや確固たるものではない。

そして気になるのは、**山麓を横堀で囲い込んでいることだ**。これは**家康が小牧・長久手の戦いの際に手を入れた城に見ることができる特徴**でもある。古宮城は中央を巨大な竪堀で分断し東西に曲輪群が分かれるような構造なのだが、唯一地続きになる西側は、丸馬出のような曲輪を中心に、堀と土塁を重ね合わせ、土塁と堀の高低差を利用して死角なく横矢を掛けるような、とにかく心憎いほどの緻密な設計になっている。一方で、東側の曲輪群にはそこまでの緻密さはなく、どちらかというとだらりとした印象がある。

　東西の曲輪群は同時期に築かれたようで、西側の曲輪群を拡張したのかは定かではないのだが、少なくとも**西側の曲輪群は小牧・長久手の戦いに備えて、家康により改修された可能性**があるのではないだろうか。それは、すぐそばにある**亀山《かめやま》城**（愛知県新城市）の構造との類似性からも推察できる。**亀山城は天正3年以降に徳川方の城として使用された**もので、古宮城の西側の曲輪群と、曲輪や虎口の前面に土塁囲みの曲輪を配置する特徴が酷似している。


　家康によって対武田氏、もしくはその後の小牧・長久手の戦いに備えて改修されたと考えられている**松平城山《まつだいらじょうやま》城**（愛知県豊田市）もまた、古宮城を連想させる城だ。

　松平城山城は主郭から東の尾根と西の尾根に派生する逆コの字型なのだが、東の尾根が虎口を連続させる設計なのに対して、西の尾根は堀切を並べて遮断する設計となっている。この西尾根の最西端にはかなり高さのある土塁が設

古宮城北西側の横堀と土塁

けられた独立性の高い曲輪があるのだが、このあたりの堀と土塁のラインが古宮城の西側の曲輪群を彷彿とさせるのだ。

◆古墳が改造された和田山城

古墳が城に改造されるケースはよくある。たとえば畠山氏が居城とした**高屋城**《たかや》（大阪府羽曳野市）は**安閑天皇陵**《あんかん》を利用したものであるし、日本最大の**大仙陵古墳**《だいせんりょう》（仁徳天皇陵・大阪府堺市）も、戦国時代には三好氏により**国見城**《くにみ》として利用されている。秀吉が天正12年（1584）の小牧・長久手の戦いの際に築いた**田中砦**《たなか》（愛知県小牧市）は**三ツ山古墳群**の一帯に築かれているし、天正18年（1590）に**忍城**を攻める際に石田三成が陣を置いたのも、日本最大規模の円墳である**丸墓山古墳**《まるはかやま》だ。恒久的な城としても、合戦の際の一時的な城としても、古墳は再利用された。

和田山城《わだやま》（石川県能美市）は、古墳からの改造がよくわかる城だ。**和田山・末寺山古墳群の一角にあり、前方後円墳や円墳に紛れ、低丘陵の先端部分に城がある。**

六十数基の古墳が点在する能美古墳群の中心に位置する和田山・末寺山古墳群は、3世紀後半から6世紀につくられた前方後円墳や円墳など四十数基が確認されている、加賀地方を代表する古墳群だ。しかし和田山城は、明らかに戦国時代に構築された城である。戦国時代に越前朝倉氏に追われて加賀に亡命してきた和田坊超勝寺による築城とされ、柴田勝家家臣の居城だったともいわれている。

遺構は間違いなく織豊系城郭の特徴があり、天正期に築かれたとみられる。標高36メートルの丘陵の先端部に築かれ、先端に主郭、尾根続きに曲輪を配し、巨大な横堀や切岸で動線を設定し、くまなく横矢が掛けられている。外枡形虎口もはっきりと確認でき、少人数で効率よく籠城できる設計力を感じる。

城域に入る尾根先端部の付け根は、巨大な横堀で遮断されている。そして横堀に沿って東側に設けられた土塁上の道を通らせて、櫓台から長時間横矢が掛かるように設計されているのだが、この櫓台が8号墳を利月したものだ。とてつもなく大規模な高まりになっていて、よく見ると、一からつくった城の櫓台と比べて形がいびつだ。

主郭にも櫓台があるのだが、これは9号墳を利用したもの。こちらもやはりどこかフォルムが不思議で、古墳のお

古墳が利用された、和田山城の櫓台

もかげが残っている。戦闘的な縄張は明らかに城なのだが、古墳を櫓台として利用しながら設計されているおもしろい例だ。

◆破城の痕跡が残る肥前名護屋城

使わなくなった城をそのまま放置しておくと、反勢力の拠点になりかねない。だから、**必要がなくなった城は破却するの**が一般的だ。これを**破城**《はじょう》**（城割**《しろわり》**）**という。

城が戦術・戦略上の軍事拠点であることを熟知していた信長は、領内統治を円滑に行うために、反逆拠点となる城を徹底的に排除していった。この概念が信長の政策を引き継いだ秀吉にも受け継がれ、全国の城が淘汰された。やがて家康にも継承され、元和元年（1615）に徳川幕府が公布した一国一城令や武家諸法度につながっていく。

崩れた石垣の表情を見ると、自然な崩落と人工的な破却との違いがわかる。地盤のずれや地震による衝撃などの自

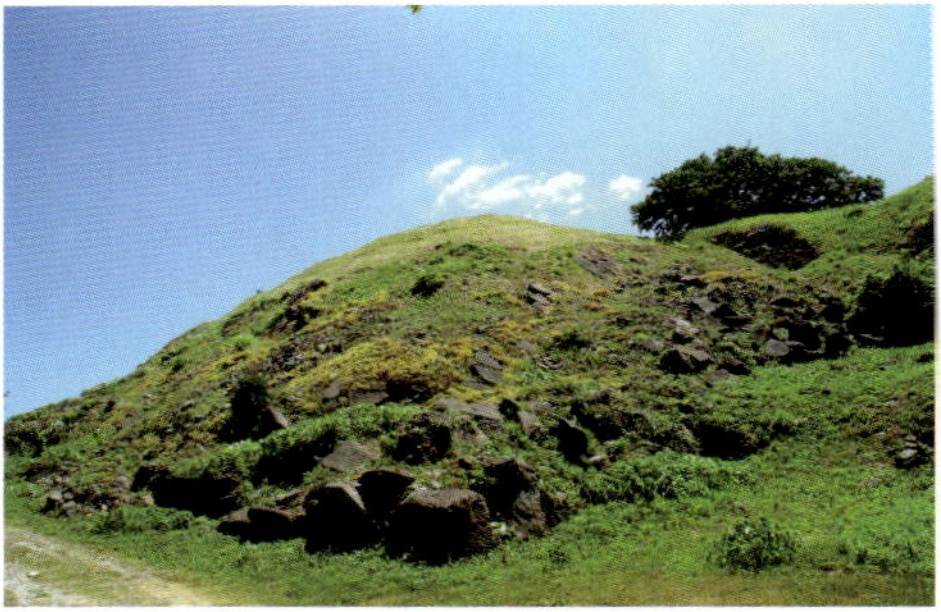

肥前名護屋城の天守台。隅角部が破壊されている

然現象によって石垣が崩れる場合は、裏込石という石垣内部に詰められた小石が石垣の中央に押し出されてくる。そのため、孕みという、妊婦のお腹のようなふくらみを帯びた後に、その部分に亀裂が生じることで崩落する。だから隅角部には異変がなく、中央部分から破裂したような崩れ方をする。ところが、人工的に破壊された石垣は、隅角部から崩れている。石垣は上部が崩れても積み直しができるが、隅角部が崩されてしまうとどうしようもない。そのため、**破城するときは石垣の隅角部を壊して再起不能にする**のだ。

文禄元〜文禄2年（1592〜93）、慶長2〜3年（1597〜98）の文禄・慶長の役（朝鮮出兵）で日本軍の拠点となった**肥前名護屋城**《ひぜんなごや》（佐賀県唐津市）は、破城が顕著に認められる代表例だ。天守台などの石垣を見ると、隅角部がほとんど残っていない。崩れた石の表情から、破城かどうかを推察できることもあるというわけだ。

肥前名護屋城は**慶長の役が終息すると廃城となり、その後、寛永14年（1637）の島原・天草の乱の後に徹底的に破却された**とみられる。島原・天草の乱は、島原と天草を中心に

肥前名護屋城の天守台と遊撃丸

蜂起した3万7000人の一揆軍が原城《はら》(長崎県南島原市)に籠城し、12万超の徳川幕府軍と対峙した戦いだ。幕藩体制を揺るがす歴史的大事件となり、幕府はその後一揆に対する警戒を強め、多くの城が徹底的に破壊された。

ちなみに、丸亀城《まるがめ》(香川県丸亀市)は寛永20年(1643)から山崎家治により大改修されるのだが、幕府から銀300貫の資金援助と参勤交代の免除を受けていること、寛文10年(1670)までは、大手が現在の搦手口(=裏口)だったことが興味深い。どうやら島原・天草の乱を受け、瀬戸内の島々にいたキリシタンの蜂起を警戒したことと関係するようだ。

◆完全な破城の跡が見つかった館山城

館山城《たてやま》(山形県米沢市)では、平成22~26年(2010~14)の発掘調査により新発見があった。なかでも主郭と考えられる曲輪の発掘調査では大きな発見があり、西側の枡形虎口で石垣が、その下層からより古い時期につくられた堀切が見つかった。

興味深いのは、枡形虎口周辺が、散乱した礫群《れき》(河原石)に埋め尽くされていたことだ。礫群を取り除いたところ、凝灰岩の石垣が姿を現した。礫群は石垣の裏側に詰められた裏込石と判明し、築石(表面に積まれた石)が壊されたときに崩れたとみられる。

石垣は、土塁の高さまで積まれていたとすると7段ほどあったと考えられるのだが、現場にはほぼ1段目の築石しかなく、1か所のみ3段残っているだけだ。城は未完成だったとの見方もあるが、それでも1000個以上の築石は使用されていたと推定される。不思議なのは、破城となって崩された築石がほとんど現場に残されていないことで、行方はわからない。慶長14年には**米沢城**《よねざわ》（山形県米沢市）の本丸で上杉謙信の遺体を安置する御堂の建設が開始されており、御堂や米沢城の石垣に再利用したとも考えられる。

発掘された石垣は、加工や積み方から上杉景勝によると解釈された。しかし景勝の命令で館山城の普請を行った記録はなく、周辺の城との類似性や地誌書の記載などからは、上杉氏入封以前の伊達氏時代に遡る可能性も否めないのだという。

館山城は成立時期・場所・性格が異なる御館と山城（要害）から構成される広大な城館で、認識や範囲が時代によって変化する。発祥は伊達氏とされ、伊達政宗が生まれ育ったのは米沢城ではなく館山城だったという説も有力とな

館山城主郭西側の枡形虎口。埋め尽くされた礫群の下から石垣が見つかった

った。政宗も館山城の山城部分を普請していたようだが、城域の範囲や城の縄張、石垣の築造時期や破城の時期は不明な点が多い。どこまでが伊達氏の城であり、上杉氏はどのように城を改造したのか、これからの解明が楽しみな城のひとつである。

◆米子城の破却と2時期の軍事的緊張

破城の痕跡が確かでも、いつ破却されたのかを特定することは難しい。まして専門分野に長けた学者ではない私たちにはなおさらだ。月単位で歴史がめまぐるしく動く戦国時代において、技術の発展や城づくりの変化を1～2年単位で分類するのは不可能に近い。

しかし裏を返せば、そこには想像と推察の楽しみがある。実際に歩きながら、歴史と照らし合わせて城の構造や技術を比較・検討することで、ある程度の傾向や共通点が見出せる。もちろんそれだけでは学術的な立証にはならないが、城めぐりをする上で大切なことではないだろうか。

平成28年（2016）に発掘された、米子城の登り石垣。本丸から内膳丸につながり、中海側のみに構築されている（写真提供：米子市教育委員会）

そのような見地からすると興味が尽きないのが、**米子城**《よなご》（鳥取県米子市）だ。発掘調査により、本丸から内膳丸までのびる**登り石垣**が発見された。登り石垣は、文禄・慶長の役（朝鮮出兵）で秀吉軍が出兵先の朝鮮半島に築いた、倭城と呼ばれる城によく見られる防御装置だ。斜面に沿って積まれたバリケードのようなもので、おもに港湾確保のために構築された。米子城の場合は、本丸の遠見櫓から内膳丸を一体化し、本丸から二の丸への土塁をともなう竪堀とともに二の丸の居館を防御するものとみられる。

米子城は、天正19年（１５９１）に吉川広家が伯耆《ほうき》３郡の中核として築いた城

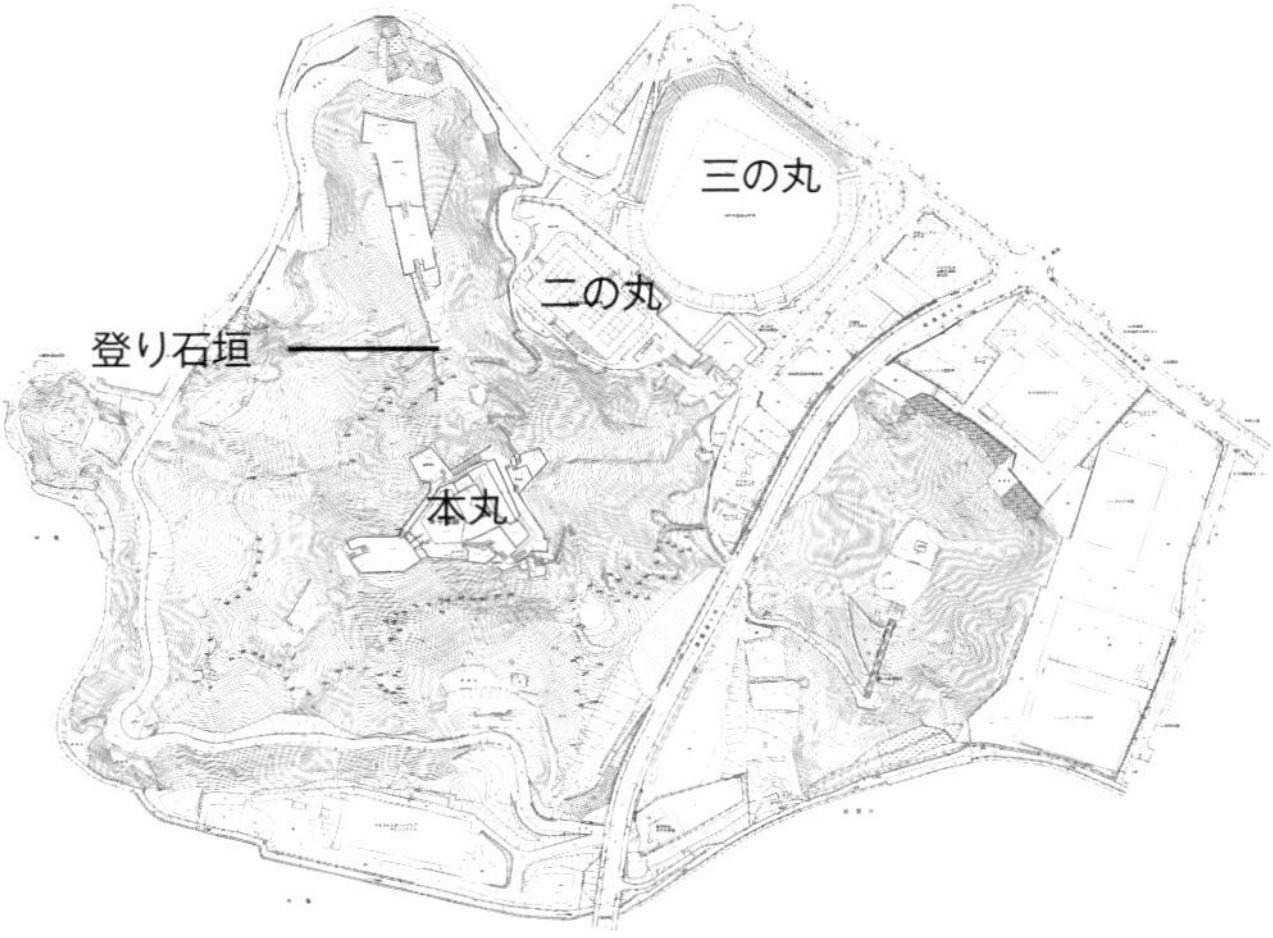

米子城概略図（提供：米子市教育委員会）

だ。広家は朝鮮に出兵していることから、おそらくは**倭城の影響を受け、帰国後に構築したもの**と考えられる。

朝鮮出兵は慶長3年（1598）に秀吉の死によってようやく終結し、各大名は命からがら帰国する。豊臣政権が大きく揺れ、2年後の関ヶ原合戦までは国内が軍事的緊張状態に置かれるわけで、この時期に強化のために増築したのだろう。

発掘調査により、築城当時に構築された八幡台の石垣なども検出されたのだが、気になったのは水の手御門下の郭の石垣だ。かつて木々に覆われていた一帯から二段の郭が確認され、その石垣に破城らしき跡があるのだ。

広家は、関ヶ原合戦後に岩国に転封となり米子城を去る。代わりに中村一忠が入ったが、慶長14年（1609）には一忠の急死により中村家は断絶し、翌年には加藤貞泰《さだやす》が城主となった。そして大坂の陣を経て一国一城令後も保存が決まり、米子城は池田光政《みつまさ》の一族である池田由之の預かりとなり、やがて池田光仲《みつなか》の支配下になる

水の手御門下の郭の石垣。断定はできないが、破城の跡にも見える

と家老である荒尾氏の預かりとなる。米子城は一忠の頃には7割方完成していたとみられ、城下町も、一忠により整備されている。

水の手郭の石垣は、広家が米子城を去る際に自ら破却したのだろうか。それとも、一忠が入り城を改修した際に取り壊したのだろうか。朝鮮出兵の終息から関ヶ原合戦までの2年間の軍事的緊張に代わり、関ヶ原合戦後から大坂の陣までの15年間は別の軍事的緊張が全国を襲う。その2つの社会的背景が、城の変遷を考える上で大きなヒントになりそうだ。ただし、元文4年（1739）に描かれた『米子御城明細図』（鳥取県立博物館蔵）には、建物はないものの、該当する石垣は描かれている。となると、破城ではない可能性も否めない。

◆リフォームされた備中松山城

備中松山城は、天守が現存する全国の12の城のうち、唯一の山城だ。中世の城から近世の城へ変化すると、山城から平山城へと城地の主流も移行する。だから、山城に残る唯一の天守であることも貴重だが、そもそも山城に天守があったことが珍しい。備中松山城は、**中世の城の一部が近世の城へリフォームされた、新旧ブレンドの城**なのだ。

備中松山城が築かれている標高480メートルの臥《が》牛山《にゅうざん》は、北から大松山《おおまつやま》、天神の丸、小松山、前山の4つの峰から構成される。近世の城へとリフォームされ、現在一般的な見学スポットになっているのは小松山のみだ。本丸の二重櫓の出入口は北側は天守に、南側は後曲輪に通じていて、この後曲輪の北側が天神の丸・大松山となる。小松山とは高さ5〜6メートルの堀切で分断され、堀切を越えるとほかの城へワープしたかのように別世界が広がる。近世城郭化された小松山だけでなく、背後の天神の丸や大松山エリアの残りもよい。

鎌倉時代に築城された備中松山城は大松山の一角だけで、徐々に拡張され、戦国時代の三村氏の時代には全山が要塞化されていた。4つの峰をくまなく歩くと数時間かかってしまうのだが、それほど戦国時代の備中松山城は広大だった。この城は、めまぐるしく変わる時代に応じてさまざまに変化を続け、しかもいろいろな時代の片鱗が残る全国でも貴重な城なのだ。

とはいえ、山上の城は江戸時代には使い勝手が悪かったようで、藩政は山麓の御根小屋で行われていたようだ。文献にも御根小屋のことを御城と記している。この御根

備中松山城の航空写真（写真提供：高梁市教育委員会）

小屋がよく残っているのが備中松山城のさらなる魅力で、藩政時代の姿もよくわかる。

　城下町で見逃せないのが、数々の寺院だ。高台にある上に高石垣で囲まれた城のような外観で、城を守るような配置になっている。正保年間に藩主の水

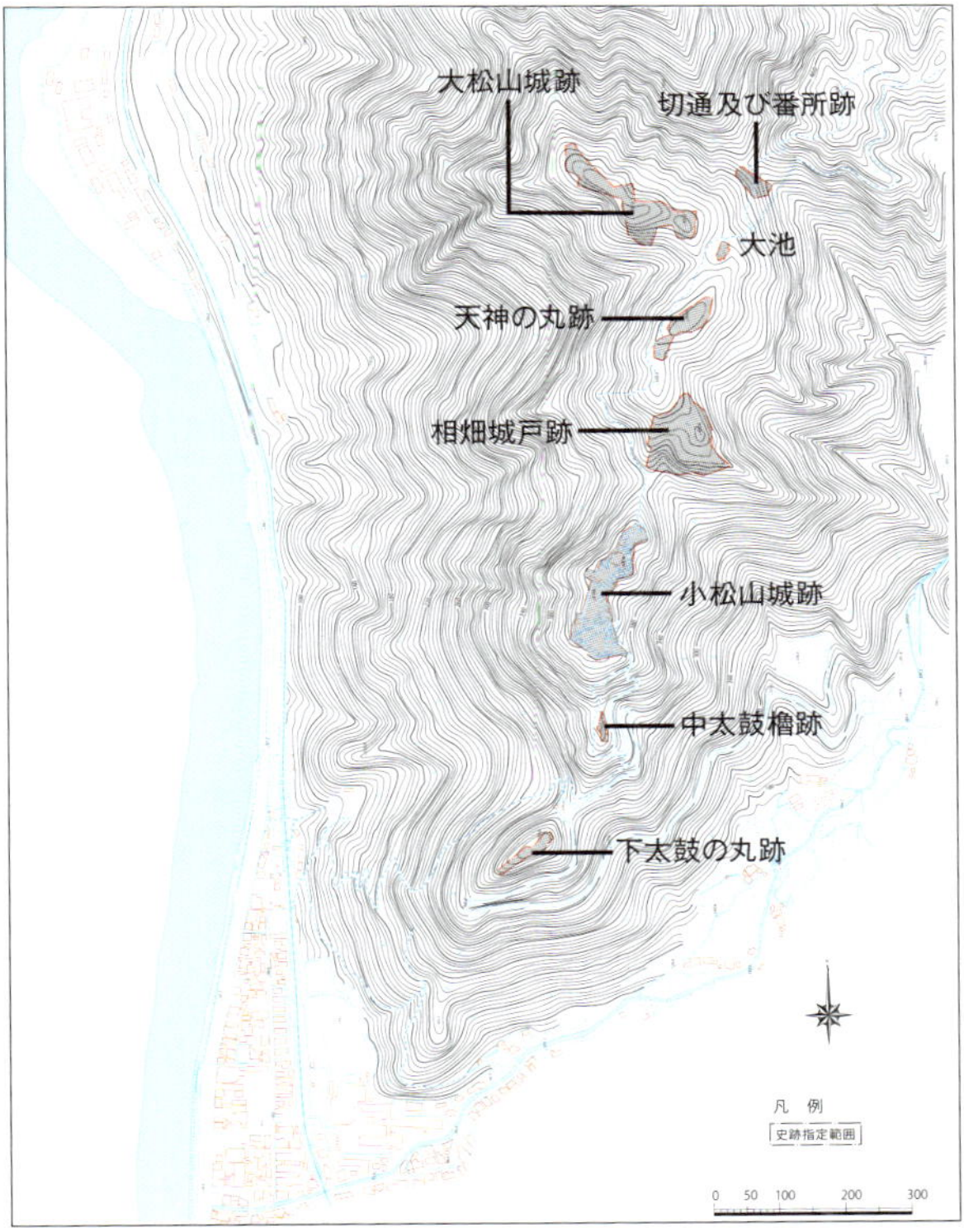

備中松山城がある臥牛山における史跡地図（提供：高梁市教育委員会）

谷勝隆が江戸幕府に提出した『備中松山城絵図』を見ると、城下東側の山麓には寺院が建ち並び、寺院配置の延長線上は天正2年の備中兵乱で毛利軍が進行した経路と重なる。松連寺はわざわざこの時期に移築され、水谷氏の菩提寺である定林寺や池田氏の菩提寺である威徳寺なども、城下南東方向を意識した位置に建立されている。

江戸時代における寺院は公的な場で、陣を置いたり兵を収容したりする場所になりえた。この頃は、元和元年の武家諸法度によって城の増改築に対する幕府の規制が厳しくなり、取り締まりが強化された時期だ。そのため、出城として寺を置き、町を城塞化したのだろう。城は時代のうねりのなかで必要に応じて存在意義を変え、姿を変えながらあり続けるもの。備中松山城はそのことを教えてくれる城なのである。

◆眠りから覚めた豊臣大坂城

現在の**大坂城**は、秀吉が築いた城ではなく、豊臣家滅亡後に幕府直轄の城として築かれた徳川の城だ。しかも、一から建て直した、まったく別の城である。秀吉時代の大坂城は1～10メートルの盛土をして完全に埋め立てられ、その上に新たな城が築かれている。堀も石垣も櫓も門も、現在目にできるものは、すべて徳川幕府によるものなのだ。

豊臣大坂城の石垣は、現在の本丸内の2か所で発掘されている。ひとつは、昭和34年

（1959）に現在の本丸広場で発見された石垣だ。7・3メートル地下に埋没し、ヒューム管施設で保存されている。覗き込んでも、肉眼ではかろうじて天端が確認できる程度。石垣の高さは約4メートル以上で、直径30〜60センチの花崗岩を積み上げた野《の》面《づら》積《づ》みの石垣である。

昭和59年（1984）に本丸配水池の南で発掘されていた石垣は、現在の大坂城本丸地表の地下1・1メートルにあり、高さは約6メートル。この場所は、豊臣大坂城において天守や奥御殿など豊臣家の私的空間であった、詰ノ丸であることが明らかになっている。

平成15年（2003）には、大阪府警察本部棟新築工事にともなう発掘調査において、**秀吉時代の大坂城三の丸の堀とみられる最大幅約25メートルの障子堀**が見つかった。調査や資料から、**堀は豊臣方が大坂冬の陣に備えて整備・強化し、慶長19年12月23日から徳川家康が埋め立てをはじめた**

昭和59年に現在の金蔵の東側で発見された、秀吉時代の石垣。昭和34年に発見された石垣上端の高さと、地面の高さはほぼ同じだ（写真提供：公益財団法人大阪市博物館協会 大阪文化財研究所）

ことが判明している。堀底は方形に区切られ、簡単に渡れないようにするなどの実戦的な工夫が見られる。三の丸は外郭にあたり、秀吉が晩年に防御力強化のために構築した部分だ。大坂城は天下無双の名城だったようなイメージがあるが、秀吉自身は大坂城の防衛力不足を認識していたのかもしれない。

障子堀といえば、北条氏の城によく見られるものだ。北条氏は秀吉により実質的に滅亡するため、北条氏が大坂へやってきて障子堀をつくったとは考えにくい。秀吉は天正18年の小田原攻めにおいて北条氏の城を攻略していく過程で、障子堀の威力を目の当たりにし、後にみずからの城に取り入れたのではないだろうか。もしそうだとすれば、**北条氏は滅亡しても技術は継承されていった**ということになる。

〈城の変遷と戦い〉遠江をめぐる争奪戦とその後の城

今川氏が没落した後の遠江は、争奪戦による城の変遷が楽しめる地域だ。三河の徳川家康と甲斐の武田信玄・勝頼父子の、潰すか潰されるかのうごめく情勢下で繰り広げられた死闘に迫ることができる。

徳川・武田両氏がそれぞれ新築した城もあれば、今川氏の城を改築した城もある。もちろん奪った後に改造したケースもあり、徳川→武田の城、武田→徳川の城、今川→徳川→武田の城、もある。争奪のたびに改修が繰り返されたため、最終的に徳川の城と武田の城が混在し、実際のところはどちらによるものなのか判明されていない城も多い。

武田の城なのか徳川の城なのか、想像を自由にめぐらせながら歩くのが楽しい。明日にも定説が覆るかもしれない謎がつきものなのも、また醍醐味だ。

今川氏が没落した後の旧今川領は、大井川を境に遠江と駿河を分割するという密約が徳川氏と武田氏の間で結ばれていた。ところが、元亀2

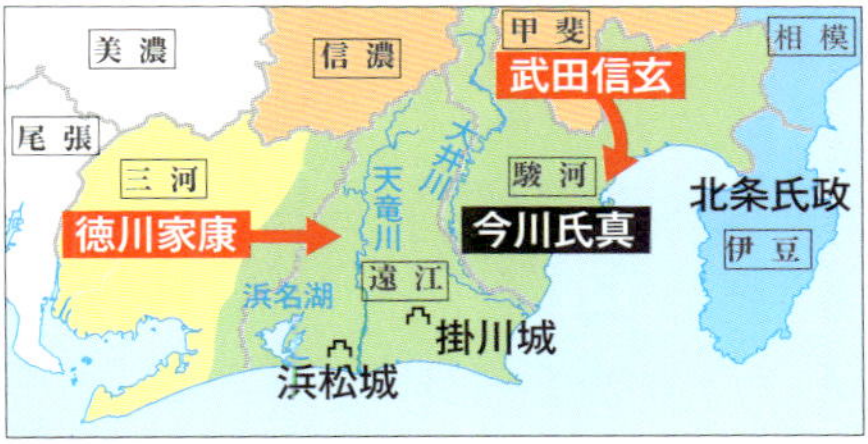

今川義元が没した後の勢力図

年（１５７１）の北条氏康の死を機に甲相同盟が復活すると、対北条氏へと兵力を分散させる必要がなくなった信玄は、全力で遠江に攻め入ることとなった。信玄の遠江侵攻によって徳川・武田の盟約は反故となり、以後、天正10年（１５８２）の武田氏滅亡まで両者の攻防は続くことになる。

元亀３年（１５７２）に大軍を率いて遠江・三河に侵入してきた信玄の勢いは凄まじく、家康の戦略上の拠点であった二俣城も瞬く間に陥落。三方ヶ原の戦いへとなだれ込んだのだった。

二俣城を攻略した武田軍は、秋葉街道を南下しそのまま浜松城へ向かうと見せかけ、西へ進路を取り三方ヶ原台地を登って大菩薩山に陣取った。西進して祝田から井伊谷を経て本坂峠を越え、東三河を目指すルートだ。素通りされた家康は三方ヶ原におびき出され、撃沈。家康にとって生涯で最大の敗戦となったのはよく知られる通りである。

ところで、なぜ家康はたやすく信玄の侵攻を許してしまったのだろうか。家康に関係のある城に注目して探ってみると、決して手を打っていなかったわけではないとわかる。

信玄の遠江侵攻ルートは諸説ある。これまでは、軍隊を３隊に分け、山県昌景隊は東三河、秋山信友隊は美濃へ侵攻、本隊は天竜川沿いに南下し、２隊に分かれて１隊は信遠国境の青崩峠を越えて侵入したといわれてきた。最近では、本隊は駿河から田中城、高天神城を経て遠江に入ったという説が有力だ。

武田信玄の遠江侵攻経路（浜松市役所市民部文化財課編『浜松城と城下をめぐる』、浜松市資料、本多隆成著『定本 徳川家康』＜吉川弘文館＞ の「武田軍の遠江・三河推定侵攻ルート」などを参考に作成）

いずれにしても、犬居城（静岡県浜松市）を攻略した武田軍は光明《こうみょう》城、只来《ただらい》城（ともに静岡県浜松市）を攻め落として二俣城へ迫る軍とは別に、犬居城に背を向けて東へ舵を取り、天方《あまがた》城、飯田《いいだ》城（ともに静岡県周智郡森町）で落城劇を展開した。次いで久野《くの》城（静岡県袋井市）へ向かい、落とせなかったもののそのまま進軍し、徳川軍に一言坂で追いついて撃破すると、そこでようやく北へ進路を変えて二俣城へ向かった。

つまり、武田軍は犬居城から西へと直進していない。これは、天方城、飯田城、久野城という南北のラインを遮断することで、掛川城と高天神城が浜松城と連携できないように分断するための作戦と思われる。実際に、家康は両城から援軍を出すことができなかった。本隊と別に東美濃へ侵攻した秋山信友は岩村《いわむら》城（岐阜県恵那市）を攻め落とし、東三河へ侵攻した山県昌景は長篠城に陣を張り、野田《のだ》城（愛知県新城市）に放火し、さらに柿本《かきもと》城（愛知県新城市）を陥落させて伊平に駐屯し、やがて本体と合流している。

家康はどうやら、別の進軍ルートを予測して手を打っていたようだ。加藤理文氏『静岡の城～研究成果が解き明かす城の県史

三岳城の西曲輪

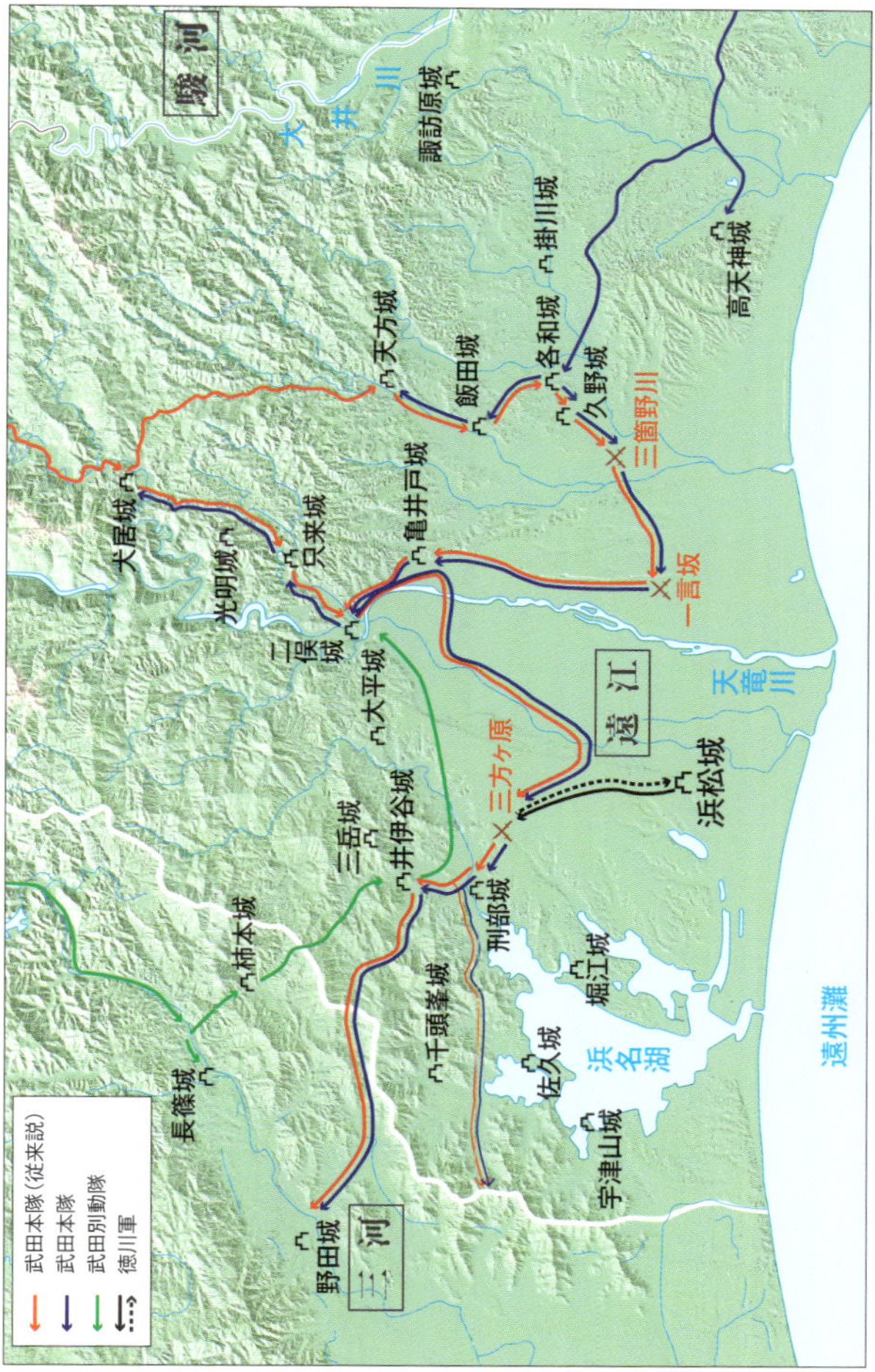

武田信玄の遠江侵攻経路と徳川家康の動き（浜松市役所市民部文化財課編『浜松城と城下をめぐる』、浜松市資料、本多隆成著『定本 徳川家康』＜吉川弘文館＞の「武田軍の遠江・三河推定侵攻ルート」などを参考に作成）

〜』によれば、宇津山城《うつやま》（静岡県湖西市）、千頭峯城《せんとうがみね》、三岳城《みたけ》、大平城《おおだいら》、堀江城《ほりえ》（すべて静岡県浜松市）に家康が信玄の遠江侵攻に備えた改修跡が見られるという。

実際に訪れてみると、宇津山城は今川氏より奪還した城を改造し、千頭峯城は街道を見下ろす南西側を正面にしている。このことから、二俣城から宇利峠を越えて新城に至る信州街道と、浜松から本坂峠を越えて東三河に至る本坂街道から侵入する敵に備えたと理解できる。北西側の西曲輪が印象的で、本曲輪とは大きな堀切で分断され、土塁が囲い込む。曲輪を階段状に置いて堀切で仕切り、重要な曲輪は土塁で囲むという共通点は永禄年間後半前後の城に見られる傾向といい、そうであれば家康の遠江侵攻以後の改修と考えるのが妥当といえよう。

印象的なのが、三岳城だ。井伊谷から陣座峠を越えて奥三河の要衝・長篠城へ、本坂峠越えで豊川方面へ、大平城を経由して二俣方面への街道を見下ろす標高４６７メートルの山城で、西曲輪西斜面に設けられた2段の堀と土塁が明らかに異彩を放つ。これらはやはり徳川氏の手によるもので、つまりは街道に向けての強化なのだろう。

ただし、これらの城には決定的な構造上の共通項は見出せず、また後の改修の可能性も十分にあるためこの時期にどこまで改修されたのかは断定できない。しかし、信玄の南下に対して手を入れた可能性がないとはいえなさそうだ。

遠江の城を歩いていておもしろいのは、Ｐ１９６でも述べたように、武田氏との戦いを経て家康の城が技巧的になることだ。武田氏の築城技術を接収することで、飛躍的に変化したようだ。

天正３年の長篠の戦いを契機に、徳川の城は変化する。それまでの城は曲輪を階段状に並べて尾根を堀切で断ち切り、重要な曲輪は土塁で囲むという共通点があるが、武田の城を接収することで横堀が多く使われるようになる。

二俣城、諏訪原城、犬居城を落城または開城させたことを機に、姿が変わっていく。虎口も平虎口から喰違い虎口になるなど複雑化する。そして、諏訪原城のように、武田の城と見紛うような巨大な馬出を備えた城が登場するのである。その技術はやがて、小牧・長久手の戦いをはじめ、対豊臣に備え強化する城に反映されていったのだろう。

第三章

戦いの城を歩く

戦いの城を歩く①

鳥取城の渇え殺し〜史上最悪の籠城戦〜

◆壮絶！　兵糧攻めの舞台を歩く

豊臣秀吉の三大城攻めのひとつといわれるのが、**〝鳥取城《とっとりじょう》の渇《かつ》え殺し〟**といわれる天正9年（1581）の鳥取城攻めだ。織田信長の命を受けた羽柴秀吉率いる3万余の大軍は、吉川経家と城兵・郷民計4000が籠る鳥取城（鳥取県鳥取市）を包囲。城内への供給を絶ち、飢餓状態に追い込む兵糧攻めで開城させた。城内が餓死者の山と化す、**戦国史上もっとも悲惨な兵糧攻め**といわれている。

秀吉による鳥取城攻めは二度行われている。**天正8年（1580）に鳥取城主の山名豊《とよ》国《くに》を降伏させた第1次因幡攻め**と、その後城主となった**吉川経家《つねいえ》が籠る城を兵糧攻めにした、天正9年の第2次因幡攻め**だ。〝渇え殺し〟と呼ばれるのは、第2次因幡攻めのことである。

兵糧攻めそのものは、秀吉の着陣から4か月余の短期間で終息している。しかし、兵力

注）鳥取県立公文書館 県史編さん室編『織田vs毛利―鳥取をめぐる攻防―』P57参照

で勝る秀吉軍がいともたやすく攻略したかのように語られがちだが、決着までの秀吉の動きを追ってみると、実に長期的かつ緻密な戦略を遂行していたことがわかる。**城攻めとは、事前工作がものをいう総力戦**だ。秀吉が到着した頃には、ほぼ勝敗は決していたといってもよいだろう。

攻城側にとっての勝利のための必須項目は、籠城側への兵糧の搬入と援軍（後詰）を絶つことだ。兵糧があればいつまでも籠城できてしまうし、それを糧にしばらく辛抱されてしまえば、援軍の到着を許してしまう。どんなに大軍で包囲していても、援軍が来れば挟み撃ちされ、一気に劣勢に転じることも十分にありえる。

だからこそ、籠城側は兵糧を運び入れるルート、援軍が救援に向かえるルートを確保し、ライフラインを死守すべく予防線を張るわけだ。反対に、**攻城側はいかに兵糧のルートを阻止し、援軍のルートを断ち切って孤立させるかが勝利の条件**となる。

秀吉は、**三重の厳重な包囲網で鳥取城を包囲し、見事なまでの兵糧攻めで勝利**した。鳥取城を取り囲み補給路を断絶する第1の包囲網、攻略した支城によって陸路や海路を完全封鎖する第2の包囲網、南条・宇喜多ら寝返らせた国人によってその外側につくった第3の包囲網㊟だ。

蟻の這い出る隙もない**三重の包囲網は、遡れば第1次因幡攻めから階層的に形成された**

もので、つまり秀吉の〝渇え殺し〟は、実は前年からはじまっていたことになる。秀吉はどのように鳥取城を攻略したのだろうか。その経緯を、立地・地形に注目しながら探ってみよう。

◆3つの城が共存する鳥取城

鳥取城は、**標高263メートルの久松山《きゅうしょうざん》**に築かれている。JR鳥取駅で降りて鳥取県庁へ向かう大通りへ出てすぐ、正面に見えてくるのがその山だ。車で周辺の道路を走っていると、常に空に突き出すような美しいシルエットの久松山が目に入り、かつては久松山そのものがシンボリックな存在であったのだろうと連想させられる。鳥取城大手橋（現在の擬宝珠橋）が、若桜街道の起点となる。

現在見学スポットとなっている鳥取城は、久松山の山麓にある。関ヶ原合戦後に池田長吉《ながよし》によりつくられた、近世の鳥取城だ。池田長吉は山上から城の

背後の久松山山頂に築かれていたのが、籠城戦の舞台となった中世の鳥取城。関ヶ原合戦後、山麓に近世の鳥取城が築かれた

中心を山麓に移し、新たに石垣や櫓を築いた。

兵糧攻めの舞台になった鳥取城は山麓の城ではなく、久松山の山頂にある。現在でも登城道を20分ほど登れば、中世の鳥取城を見ることができる。しかし、山上に残る石垣は籠城戦時のものではなく、開城後に入った宮部継潤《けいじゅん》と、その後に入った池田長吉によるものだ。鳥取砂丘や日本海、晴れていれば大山まで見渡せる天守台も、宮部または池田時代に築かれた。このように、**鳥取城は籠城時、開城後、関ヶ原合戦後と、3つの時代の遺構が残存する城**というわけである。

山麓から久松山の尾根伝いに東北へ目を移すと、**秀吉が兵糧攻めのとき本陣を置いた本陣山（太閤ヶ平《たいこうがなる》）**がある。**直線距離にしてわずか1・3キロほどの目と鼻の先に、秀吉は本陣を置き対峙していた**のだ。久松山山頂からは太閤ヶ平が、太閤ヶ平からは久松山がはっきりと見える。

山城だった頃の山頂は現在のように木々に覆われてはいなかったから、相手の動きは丸見えで、この距離ならおそらく、太閤ヶ平で煮炊きする匂いは鳥取城へ届いただろう。

太閤ヶ平から望む久松山（左）。叫べば届きそうなほど近い。その向こうには雁金山も見える

太閤ヶ平からは、弱体化する鳥取城内のようすが肉眼で見えたかも知れない。これほどまで至近距離で対峙していたのかと思うと、それだけでぞくぞくするものがある。

完璧な三重の包囲網

天正9年3月18日、**吉川経家**が鳥取城主として入城した。経家が籠城戦を選択したのは、**兵力を分散させるより鳥取城に集中させて戦うほうが有利**とみたからだ。信長の動向を情報収集し広域での戦況分析をした経家は、秀吉の因幡侵攻を7月頃と予測していた。

圧倒的な軍事力を武器に大軍を率いてくる秀吉軍に対し、**経家が味方につけようとしたのは山陰の気候**だ。この地域は11月になれば大雪に見舞われるため、10月まで持ち堪えれば戦いは中断せざるをえない。秀吉軍は8～9月頃に**勝山城**《かつやま》（鳥取県鳥取市）、**泊城**《とまり》（鳥取県東伯郡湯梨浜町）、**大崎城**《おおさき》（鳥取県鳥取市）などの支城を攻略した上で、**鹿野城**《しかの》（鳥取県鳥取市）や**羽衣石城**《うえし》（鳥取県東伯郡湯梨浜町）へ向かい、その後**八橋城**《やばせ》（鳥取県東伯郡琴浦町）または鳥取城への総攻撃をしかけるはずであるから、ここで両城を守り抜ければ落城しない、という戦略だったと思われる。すでに鳥取城の態勢も整い、鉄砲や玉薬の準備も万全だった。

しかし、**深刻な問題は兵糧不足**だった。この頃の因幡地方は凶作で、しかも前年には秀

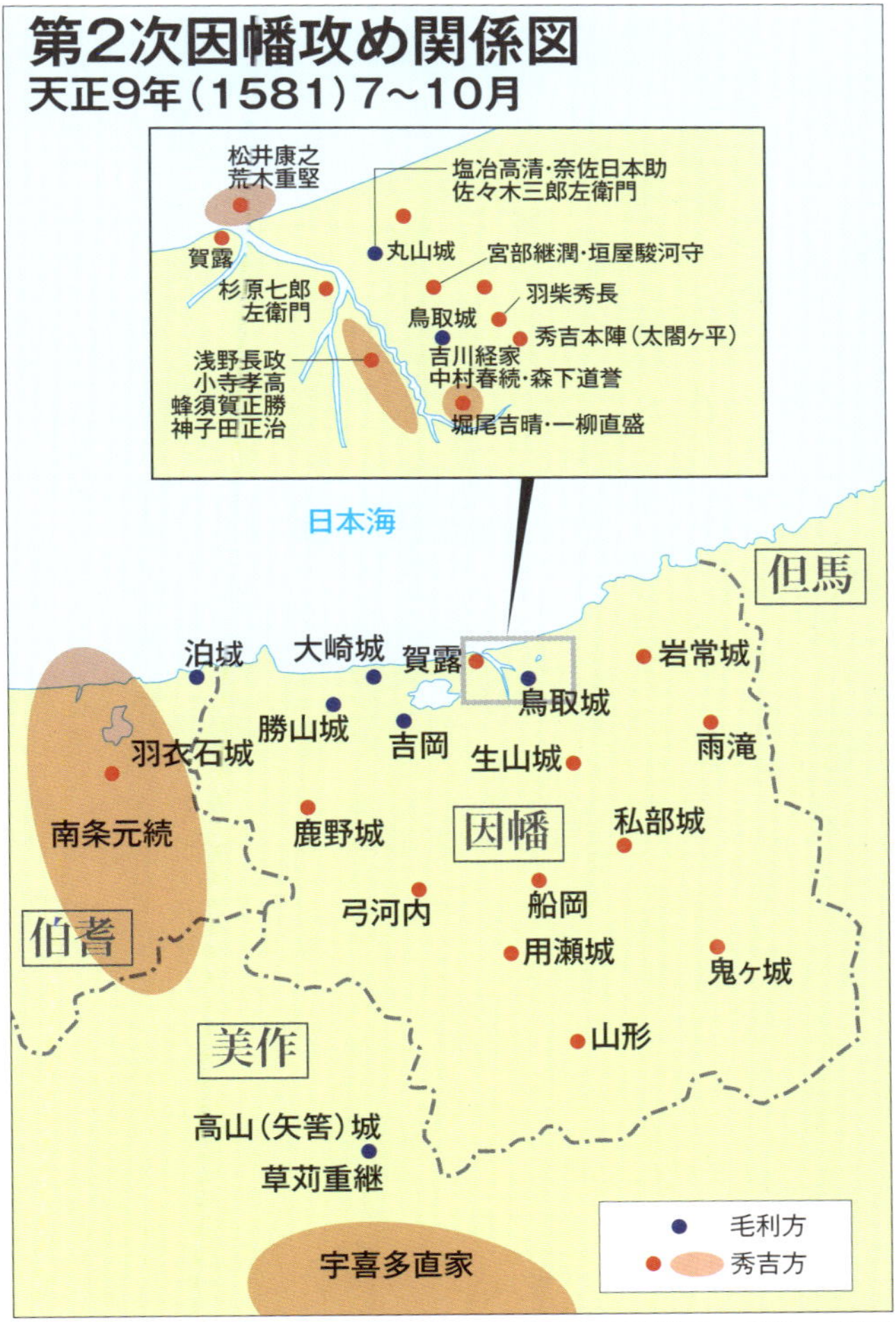

第２次因幡攻め関係図（鳥取県立公文書館 県史編さん室編『織田vs毛利 ―鳥取をめぐる攻防―』（鳥取県史ブックレット1）をもとに加筆して作図）

吉が侵攻した際に兵糧を徴収し、さらには刈田などを行っていたため田畑は荒廃していた。一説によれば秀吉は、事前に若桜の商人を鳥取城下へ侵入させて米を相場の倍以上の高値で買い占めさせていたという。領内の兵糧は秀吉の手に渡り、経家が徴収しようにも備蓄はない状態。もちろん経家もそれにすぐ気づき、入城前の天正9年1月の段階で兵糧不足の危機を吉川元春に報告し、さかんに調達を依頼している。

天正9年6月下旬、秀吉軍の因幡侵入を知った経家は、兵糧を大至急届けてほしいと吉川元春に懇願している。秀吉の進軍は、予想以上に速かった。ただでさえ兵糧不足が見込まれる上に、籠城期間が長くなれば確実に持ち堪えられない。

ところが、**このときすでに鳥取城への支援ルートは秀吉により断絶**されていた。**伯耆方面では南条《なんじょう》・亀井の勢力が立ちはだかり、美作と因幡の国境付近には宇喜多勢が進軍（第3の包囲網）。若桜鬼ヶ城**（鳥取県八頭郡若桜町）、**私部《きさべ》城**（鳥取県八頭郡八頭町）、**鹿野城などの因幡内の主要拠点もすでに秀吉の手中にあり、陸路は完全封鎖**されていたのだ（**第2の包囲網**）。元春は要請を受け救援に乗り出すも、これでは手の打ちようがない。残された方法は日本海からの海上輸送だが、秀吉軍は**千代川河口付近を中心に海上封鎖**も行っており、泊港までは入れたものの秀吉軍の水軍に追い払われ、もはや補給路を見出せなかった。

◆第1次因幡攻め〜秀吉の支城攻略〜

そもそも、なぜ鳥取城は信長の標的になったのか。そこには、織田氏と毛利氏の二大勢力がうごめく背景がある。少し時間を巻き戻してみよう。

当時、**但馬は織田氏と毛利氏との板挟み状態**にあった。天正3年（1575）には但馬守護の山名祐豊《すけとよ》が毛利方と同盟関係を結び毛利勢力の東端となるも、織田方に通じる国人も多く、両勢力が拮抗する境目となっていた。**毛利方にとって、但馬・因幡は勢力支配の縁辺部**にあたり、有力国人を掌握することで織田方に対する防衛線を構築しようとしていたとみられる。

ところが天正7年（1579）に**東伯耆の南条元続《もとつぐ》と備前の宇喜多直家が織田方へ寝返ると、毛利方の軍事作戦は大幅な変更を余儀なくされ、山陰・山陽に分散している兵力を集めて備中・美作の強化へシフトせざるをえなくなった**。主兵力が山陽側に移れば、但馬と因幡の毛利勢力は孤立する。そして、秀吉が**三木城**（兵庫県三木市）を攻略して播磨を、信長が石山本願寺を屈服させ畿内を平定すると、秀吉はいよいよ山陰・山陽への経路を進めたのだ。こうした経緯から、**但馬の山名祐豊と因幡の山名豊国は援軍を得られないまま、秀吉の第1次因幡攻めを迎えることになった**のである。

秀吉軍は、天正8年4月1日に**姫路城**（兵庫県姫路市）から**因幡**へと出陣。織田反勢力の多い西播磨へ進軍し、**長水《ちょうずい》城**（兵庫県宍粟市）の宇野氏などを攻略しながら因幡の若桜方面へと兵を進めた。このときの侵攻により、**若桜鬼ヶ城**、**私部城**の城兵たちは退却し鳥取城に逃げ入っている。

但馬へは同時に秀吉の実弟・羽柴秀長が宮部継潤らと侵攻し、山名祐豊の**出石《いずし》城**（兵庫県豊岡市）や、但馬山間部の毛利防衛線の砦とされていた**八木《やぎ》城**（兵庫県養父市）の八木豊信を攻略。秀吉が5月中旬に船岡（鳥取県八頭町）に在陣したころには秀長も但馬を平定して因幡へ進出し、両軍は鳥取城下へ向かった。秀吉は禁制を出して各地の郷村も味方につけながら、鳥取へ迫っていった。

鳥取城下へ着陣した秀吉軍の一部が向かったのが、毛利方にとって重要拠点で〝因伯仕切りの城〟として国人衆の人質が置かれていた**鹿野城**だ。秀吉は鹿野城を攻略すると、因幡

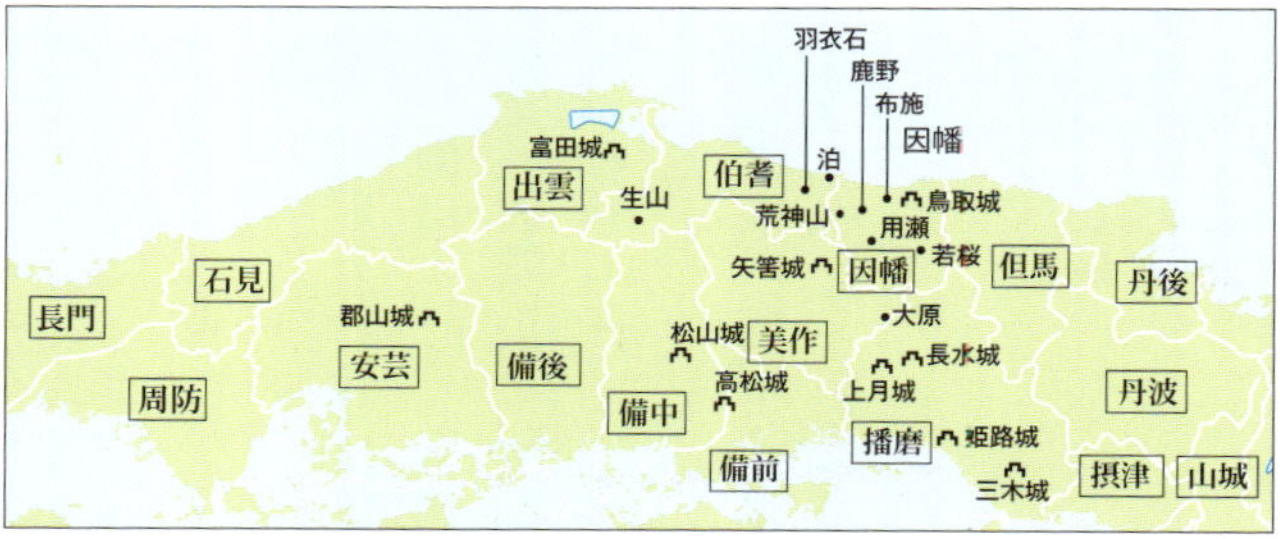

合戦当時の国の配置と鳥取城の位置

国内の諸城を次々に攻略していった。

これらの城による交通封鎖が、後に第2次因幡攻めの第2の包囲網となる。いずれも**鳥取城下と周辺を結ぶ主要交通路上に位置し、その多くがすでに城下町が形成された政治・経済上の要衝**だ。若桜鬼ヶ城は、但馬から氷ノ山を越えて因幡へ向かうルートと播磨から因幡へ向かうルートの合流点に位置する。私部城の丹比から志谷口を通り北上する山間路(若桜と国府を結ぶ幹線であったとみられる)は、私部城下を通り因幡への国府へ通じていた。

生山城《しょうやま》(鳥取県日野郡日南町)と**用瀬城**《もちがせ》(鳥取県鳥取市)は、皆坂から智頭を経て鳥取城下へ向かう交通路上にあり、とくに用瀬城は佐治谷を通って美作方面へ向かうルートと智頭方面へ向かうルートの結節点にあたる要衝だ。鹿野城は因幡から三徳山に向かう山越えのルート上にあり、鹿野で分岐する2つの河川によって海岸部に通じる。**吉岡城**《よしおか》(鳥取県鳥取市)は城下から伯耆方面へ向かう交通路上に位置し、**岩常城**《いわつね》(鳥取県岩美郡岩美町)の城下を通って小田川に沿い池谷へ向かうルートは因幡国府と但馬を結ぶルートに合流していた。

こうして、**鳥取城へ通じる国内の主要な陸路はほぼ封鎖**された。秀吉は、慎重に攻めよとの信長の命に従い、城下を焼き払った上で付城を築くなど、鳥取城の包囲を強化。若桜鬼ヶ城に八木豊信、私部城に山名氏政、岩常城には垣屋《かきや》光成を城番として置くなど、攻略した城に但馬の武将を配置し、鹿野城には亀井茲矩《これのり》を入れて態勢を整えた。そして、鹿野城の攻略により手に入れた鳥取城衆の人質を楯に、鳥取城主の山名豊国に降伏を迫ったのだった。

山名豊国は6月初旬に降伏したものの、徹底抗戦を目論む重臣の中村春続《はるつぐ》や森下道誉《どうよ》などがこれを不服とし、豊国を追放。その**代理の城主として白羽の矢が立ったのが、石見《いわみ》の福光《ふくみつ》城（島根県大田市）の城主である吉川経家**だった。遺言状をしたため嫡男に所領を譲り、死の覚悟を持って鳥取城に入った吉川経家は、秀吉の第2次因幡攻めを受けることになったのだった。

第1次因幡攻め関係図（鳥取県公文書館 県史編さん室編『織田vs毛利 ―鳥取をめぐる攻防―』（鳥取県史ブックレット1）をもとに加筆して作図）

◆第2次因幡攻め～〝渇え殺し〟の終焉～

第2次因幡攻めは天正9年6月下旬に開始された。秀吉が7月12日に太閤ヶ平に本陣を置くと、本格的な鳥取城包囲網の構築がはじまった。

鳥取城に籠城した山懸長茂によれば、城の南側には堀尾吉晴と一柳直盛《なおもり》、東側を流れる袋川の対岸には浅野長政、中村一氏、小寺孝高《よしたか》、蜂須賀《はちすか》正勝《まさかつ》らが陣を置き、北側は鳥取城と**丸山《まるやま》城**の中間にある**雁金山《かりがねやま》**付近に宮部継潤・垣屋駿河守が、丸山城付近には羽柴秀長が在陣したという。千代川河口付近の海上には荒木重堅が船団を率いて滞在し、千代川河口（場所不明）には杉原七左衛門が陣を置いた。城下を流れる袋川

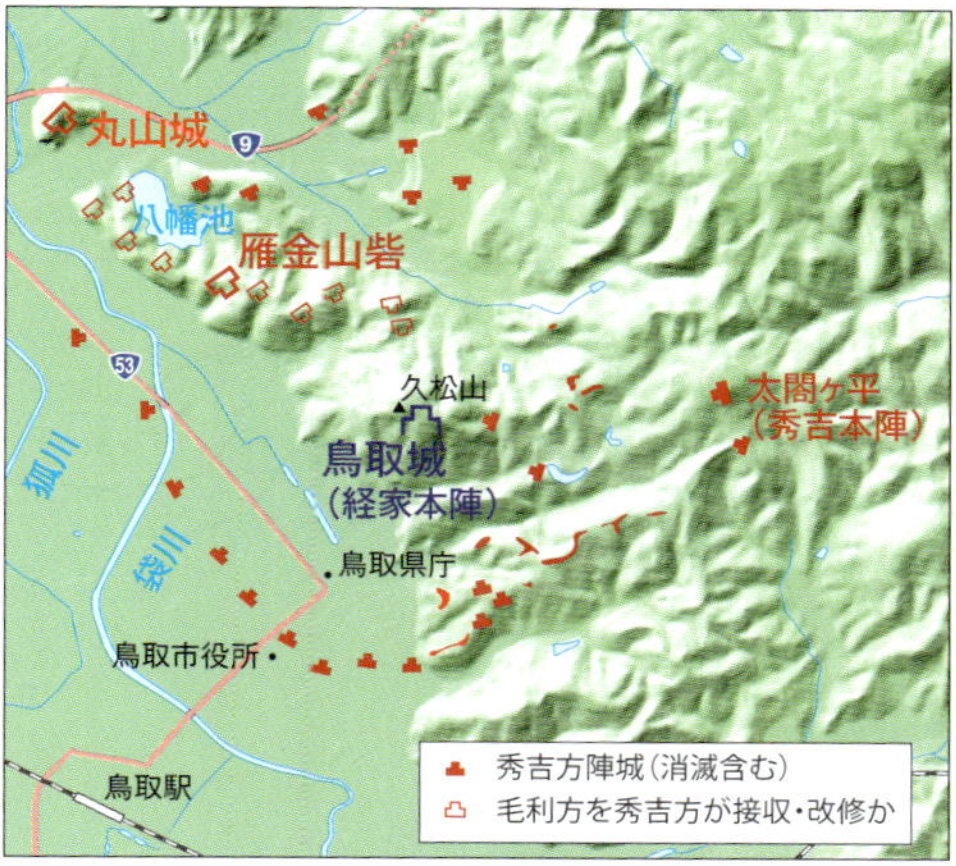

鳥取城と秀吉軍の本陣およびおもな陣跡の概念図（消滅含む）。毛利方の陣は秀吉軍に接収・改修され、鳥取城を完全に包囲していった（公益財団法人 鳥取市文化財団、鳥取市歴史博物館『新訂増補 鳥取城跡とその周辺 遺構でつなぐ歴史と未来』を参考に、現在の地形図に加筆して作図）

には乱杭や逆茂木が打ち込まれ、水底には縄網が張り巡らされるなど着々と強化され、陣の周囲には堀や土塁がつくられ、あちこちにかがり火が焚かれた。

鳥取城を取り巻く包囲網を確認すると、目につくのは**雁金山の陣城**だ。秀吉軍による**鳥取城へ向かう土塁の増築があり、鳥取城への補給路を徹底的に断絶する戦略**が読み取れる。鳥取城の山上に立ち賀露方面を見渡すと、ちょうど中間地点に丸山城が見える。**日本海から海路で千代川に運び込まれた物資を尾根伝いに運び込む際、丸山城は中継地点となる重要な城**だ。丸山城と鳥取城を結ぶ尾根上に雁金山砦があるのだが、ここを宮部継潤が攻略したといわれ、**丸山城と鳥取城への補給路を断ち切る決定打になった**とされる。

籠城から3か月を過ぎた10月下旬には城内の食糧は尽き、雪の季節が近づくも限界を越えていた。草木はもちろん牛馬まで食べ尽くすと城内には餓

久松山から望む日本海方面。雁金山、丸山城が見下ろせ、はるか遠くには賀露まで見える

死者が続出し、死肉を食むほどの飢餓状態に陥ったという。地獄絵図のような光景を目にした経家は、みずからの命と引き換えに城兵の助命を秀吉に申し出た。秀吉は経家を称え旧領に戻すと伝えたが経家は断固拒否し、秀吉は信長に相談の上で経家の切腹を認めたという。10月25日、経家は自刃し鳥取城は開城した。

◆秀吉の本陣・太閤ヶ平と支城網

点在する陣城群のつくりや土塁の増築などの強化策に身震いするのだが、なんといっても驚愕せずにいられないのが、**秀吉の本陣である太閤ヶ平**だ。いわゆる前線に置いた臨時の城なのだが、そうとは思えぬ完成度の高さに感嘆してしまう。遺構の残りもよく、史跡鳥取城跡附太閤ヶ平として国史跡に指定されている。

中心にある本陣も、**一時的な陣所とは思えない**

太閤ヶ平本陣の大手虎口。土橋に向けては突出した櫓台から射撃できるようになっている

立派な構造だ。50メートル以上もある方形の曲輪を幅約4メートルの巨大な土塁が覆い、その外側を幅5～6メートルの堀がぐるりと囲み敵の接近に備えている。とりわけ南側の大手虎口付近は高低差が激しく、壁のような頑丈な土塁が立ちはだかる。左右の土塁は横矢がくまなく掛かるよう突出していて、今にも戦闘が始まりそうだ。ここから集中攻撃されればひとたまりもない。

鳥取城に面する南西隅と北西隅には櫓台と思われる突出部があり、どうやらここから鳥取城や補給路を見渡していたとみられる。拡声器でも使えば声も届きそうなほど近く、実際に太鼓や鉄砲の音は届くそうだ。

本陣山は標高約250メートルで久松山より低いのだが、現地に立つと見下ろしているように感じるから不思議だ。この山に陣取った時点で、秀吉はかなり優勢だったのではないだろうか。旗でも振ってもらえば肉眼でも見えそうなほどの近距離であるから、日に日に深刻化する困窮のようすも確認できていたのだろう。

太閤ヶ平本陣と鳥取城の間に設けられた大防衛ライン。巨大な空堀が執拗なまでに掘り込まれている

とにかく驚くのは、防衛線の執拗さである。本陣と鳥取城の間には、谷や斜面を這うように**総延長700メートルにも及ぶ長大な竪堀や横堀が二重に掘り込まれている**。この強靭な**大防衛ラインの北端部には、300メートル以上の土塁も残る**。

とくに度肝を抜かれるのは、**本陣の北西側約250メートルほどのところに位置する、巨大な竪堀**だ。三重の堀が100メートルほど続き、その先には羽柴秀長の陣城といわれる砦がある。なるほど、ここが本陣の前線基地というわけか。大防衛ラインは、竪堀に平行して雛壇状の曲輪が無数にあるのも特徴で、**二重の竪堀＋曲輪群、で実質的には三重の防衛ライン**のように感じられる。秀長陣は曲輪のラインが二重となるから、さらに頑丈だ。

これだけでもかなり厳重だが、さらに**大防衛ラインの外側にも、鳥取城へ続く南西側の尾根伝いに先端部まで無数の陣城がこれでもかと構築**されている。もっとも鳥取城に近い陣城は鳥取城本丸から400～500メートルの位置で、切迫した包囲戦の実態がうかがえる。

実際に歩いてみると、前述の大防衛ラインはいわずもがな、本陣までの陣城にも蜿蜒と土塁をともなう曲輪が続く。これほどの優勢でありながら、異常なまでの防御設備には驚きを通り越して呆然とするばかりだ。尾根上の砦は技巧的ではないものの、常に久松山が

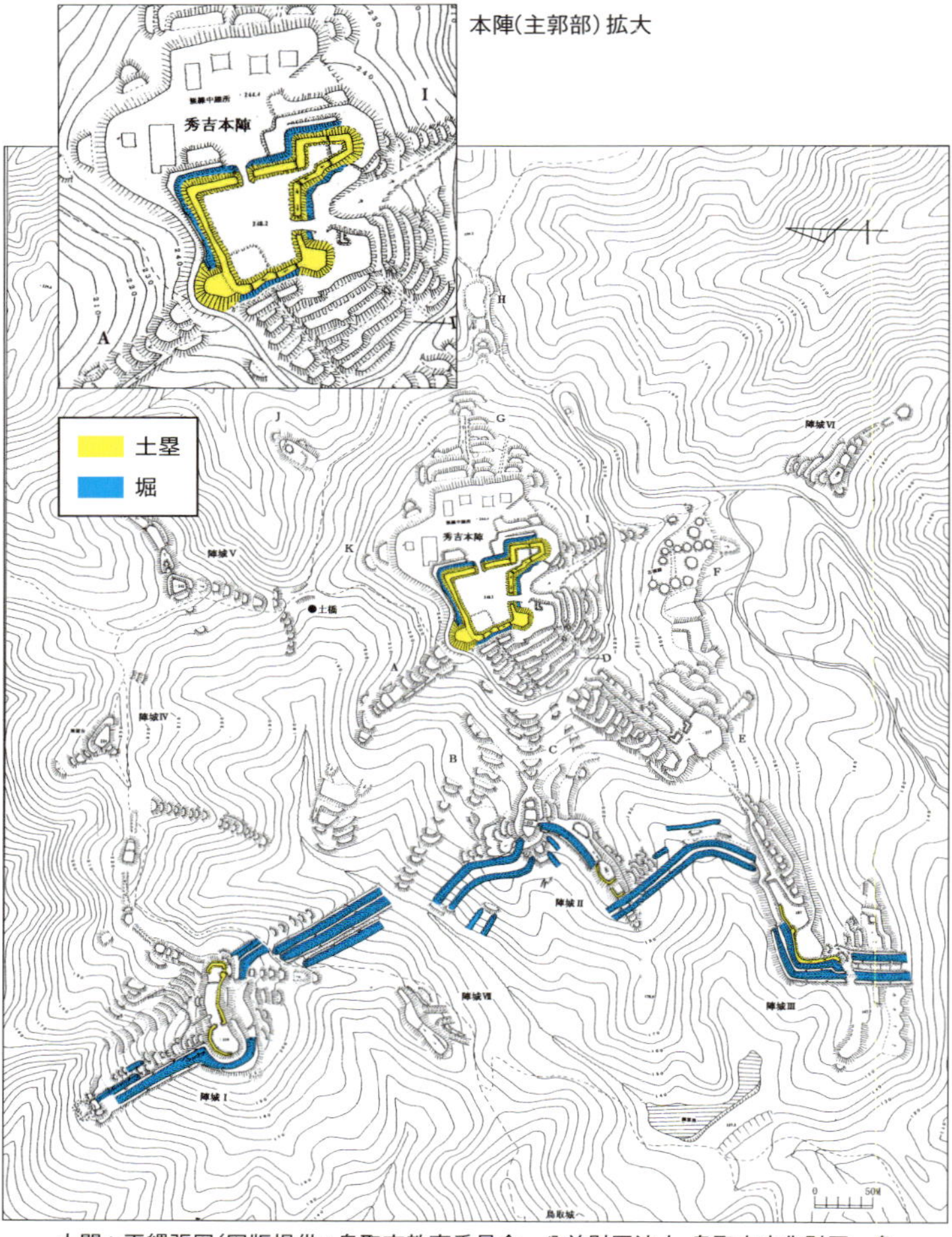

太閤ヶ平縄張図（図版提供：鳥取市教育委員会、公益財団法人 鳥取市文化財団、鳥取市歴史博物館『新訂増補 鳥取城跡とその周辺 遺構でつなぐ歴史と未来』をもとに、加筆して作図）

見えている状態である。文献によれば短期間で構築されているから、とにかく視覚的に線をつくることを目的としたのではないだろうか。

重要な一戦とはいえ、長期戦が前提でもない臨時の城をここまでつくり込んでいるのには違和感すら覚える。『信長公記』に「大将軍の居城に拵え」との記述があり、信長の出陣を前提につくられたのではとの指摘もあるという。戦況によっては、**毛利と織田の一騎討ちがあり、二大勢力の決着がこの場所でついた可能性もあった**というわけだ。そうであれば、太閤ヶ平の過剰防衛も納得である。

経家は、したためた遺書に「日本二ツ之御弓矢境」と自身の境遇を表現している。織田・毛利という二大勢力の境であり、日本の命運をかけた決戦であったことをうかがわせる記述だ。ここに、この戦いの真髄があるのだろう。実際に、鳥取城を攻略した秀吉は翌年に**備中高松城**（岡山県岡山市）へ迫り、毛利勢力下へ切り込むことになる。

韮山城包囲戦～城塞群と付城群めぐり～

◆〝動き〟を探る支城・付城めぐり

ひとつの城をじっくり歩き、縄張を検証するのは楽しい。なにより数百年前の遺構が残存していることに感激するし、遺構というパズルのピースをつなぎ合わせることで城の全貌が浮かび上がってくるからだ。だけれど、**視点をぐっと引いて城を俯瞰し、城を取り巻く〝動き〟を想像するのには、また別のおもしろさがある。時間の動きや人の動きが見えてきて、戦場だった当時の緊迫感や臨場感がリアルに感じられる**のがたまらない。

それは、過去の止まった時間のなかにある宝を探すようなものではなくて、刻一刻と変わる戦況をリアルタイムで体感するような楽しみ方だ。パズルをはめ合わせて完成図をつくるものよりも、もう少し因子が大きい。戦いにおける城の役割や築城の背景、城の使われ方を推察できて、歴史は人が動かしているのだと身近に思えてくる。

城が築かれた山がそこにあり、そこから見える景色は変わらない。だから、かつてそこに立った人物と同じ目線で対峙した距離を知り動きを察することで、より現実的に戦いを感じることができるのだ。

そんな楽しみを存分に味わえるのが、**天正18年（1590）に豊臣秀吉軍による包囲戦の舞台**となった**韮山城**（静岡県伊豆の国市）の城塞群と付城群めぐりだ。**籠城側の城塞群だけでなく攻城側の付城群が至近距離でほぼ完存**している、全国的にも希有な例だ。

韮山城は、秀吉率いる4万4000余の大軍をわずか3000の寡兵で守り抜いた北条氏の支城として知られる。しかしこの戦いをめぐる城を歩く醍醐味は、歴史的舞台を訪れ遺構を確認することではない。韮山城は縄張も独特で見ごたえがあるし、韮山城をサポートする北条軍の支城も、それらを包囲した秀吉軍の付城もそれぞれ見どころがある。

だが、サッカーの試合をスタジアムで観戦するような、俯瞰で見るからこそのスペクタクルに出会えるのがこの城塞群めぐりの魅力だ。スポーツニュースでダイジェストや結果だけ見たり、ズームアップされた部分的なシーンを覗き見るのとは違う、合戦時の空気の流れのようなものが見えるのだ。現地を実際に歩きまわることで、戦いにおいての城の使い方・使われ方を感じることができ、戦時の空間に遭遇できる。

秀吉軍を迎え撃つ北条軍の戦略

韮山城は、**北条氏の始祖・伊勢宗瑞（北条早雲）が生涯の居城とした城**だ。明応2年（1493）、**興国寺城**（静岡県沼津市）の城主だった宗瑞が伊豆国内の内紛に乗じて堀越《ほりごえ》公方《くぼう》を倒した後に大改修したとされる。宗瑞は韮山城を拠点に伊豆を平定すると相模へと進出し、明応4年（1495）には**小田原城**（神奈川県小田原市）を奪取。永正9年（1512）には鎌倉に**玉縄城**（神奈川県鎌倉市）を築城したが、それ以降も小田原城へ移ることなく、永正16年（1519）に没するまで韮山城を居城としていたという。北条氏にとって、韮山城は聖地のような特別な城といえるのだろう。

2代・北条氏綱が小田原城に拠点を移したことにより韮山城は伊豆地域を治める支城になったが、今川氏や武田氏など西側の勢力に対する防御地点として重要な意味を持ち続けた。北条氏の滅亡後は徳川家康の所領下に置かれたものの、慶長6年（1601）に廃城。遺構が状態よく残っているのは、江戸時代に韮山代官の御囲地となったためである。

現在見られる遺構は、天正18年の秀吉による小田原攻めの際に改修されたものだ。秀吉との関係が悪化すると、決戦に備えて北条氏規《うじちか》（3代・氏康の五男で4代・氏政の弟）が入城し、大改修して籠城の準備を進めた。当主の弟である氏規が入ったことからも、重要な城ということは察しがつくだろう。伊豆は箱根山を隔てた西の防衛線であり、東海道と太平洋航路の結節点。韮山城は北条氏にとって神域的な城であるだけでなく、**立地的にも戦略上の重要な拠点**だった。

天正18年、天下統一を目前にした豊臣秀吉は22万2000余の大軍を率いて小田原城攻めを開始した。その進軍ルートは、上杉景勝・前田利家部隊が進む東山道と、秀吉本隊が進む東海道の2つだった。

北条氏の強みは、関東一円に広がる強靭な支城網だ。これらの**支城群を駆使して秀吉軍を翻弄し、長期戦に持ち込んで撤退させるのが作戦**だったと考えられる。それまでの戦いをみてもそれが北条氏の常套手段で、**八王子城**（東京都八王子市）や**鉢形城**（埼玉県大里郡寄居町）、**岩付**《いわつき》**城**（埼玉県さ

韮山城の航空写真（写真提供：伊豆の国市教育委員会）

いたま市）など拠点となる城が攻撃された場合は、本城の小田原城から後詰を差し向けて撃退するつもりだったと思われる。

ところが秀吉に対してこの作戦を遂行する場合、**本城である小田原城の位置が大きな問題**となる。小田原城は領国の西端にあり、箱根山が壁となって立ちはだかりはするものの、箱根を突破されればすぐに包囲されてしまうからだ。援軍のベースキャンプである小田原城を囲まれてしまうと、支援を出せなくなる。そうなれば、関東の支城がただ攻撃されるのを黙視する状態に陥ってしまうのは当然の帰結だった。

北部から進軍してくる東山道勢は、強靭な支城網で迎撃すれば小田原城到達までに疲弊

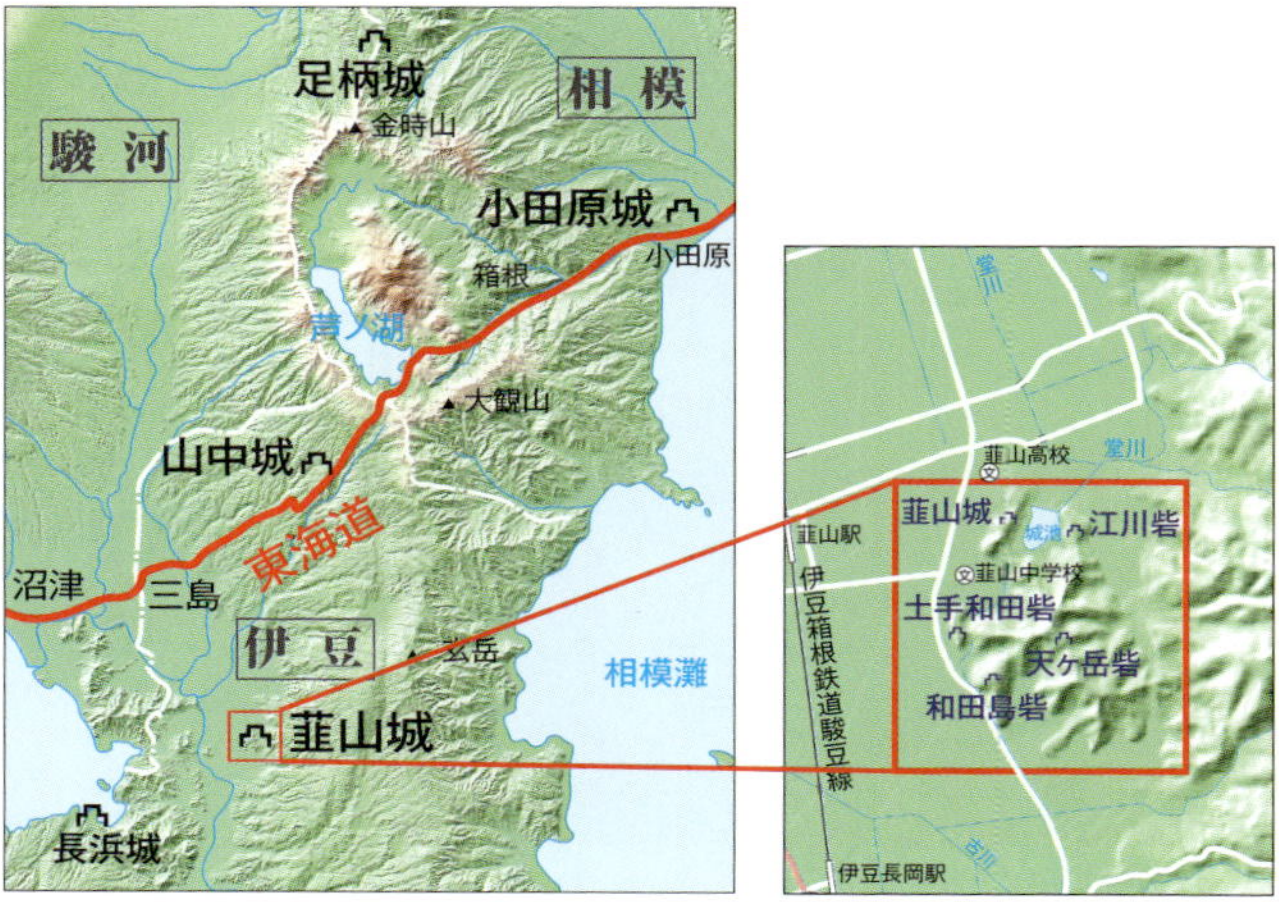

韮山城の位置（現在の地形図に加筆して作図）

させることができる。一方で、**東海道からの進軍に対しては、足柄城**（神奈川県南足柄市・静岡県駿東郡小山町）、**山中城**（静岡県三島市）、**韮山城で食い止める必要があった。絶対に箱根を越えられてはならないため、川村口を守る足柄城、箱根口を守る山中城、片浦口を守る韮山城の3城を守りの要としたのだ。**

とくに重要になってくるのは、東海道上の山中城だ。前章で述べたように、山中城は天正15年（1587）からいち早く秀吉の来襲に備えて大改修が行われ秀吉対策をしている。ここを撃破されれば小田原城攻略に王手をかけられてしまうのだから、当然の措置といえよう。

その**山中城を側面から防御し、かつ突破口になりうる片浦口を守り、敵を伊豆東海岸の根府川方面から小田原に向かわせない役割を担っていたのが韮山城**だった。22万超の大軍となれば、負担になるのは兵站だ。韮山城の当初の役割は、**秀吉軍の交通の起点となる三島を攻撃し、補給路を断つことだった**とも考えられる。

◆標高約50メートルの韮山城

韮山城は、JR三島駅から約10キロ、車で30分くらいのところにある。城に近づくと田んぼが広がり視界が開けるから、それらしき山がすぐに目に入りぐっと気分が高まる。

秀吉軍は韮山城を360度ぐるりと取り囲むように、付城や砦を築いていた。韮山駅のすぐ東側が、森忠政が陣を置いたとされる**木戸稲荷《きどいなり》付城跡**だ。韮山城までは800メートルほどの距離で、遮るものがない通りに一歩出れば、韮山城はすぐそこだ。

このあたりに立って韮山城を見やると、まず驚くのが韮山城の標高が思いのほか低いことだ。なんとなく〝難攻不落な城＝標高のある登城がキツい城〟という漠然とした固定観念があるから、豊臣の大軍に耐えた城なのださぞかし登城も大変だろうと勝手に想像してしまうのだが、意気込んでいくと肩すかしを食らってしまう。この程度であれば、たいした苦労もなくひょいと攻め登れそうだ。ましてや、あの山中城を半日で落とした秀吉軍ならたやすいこと。韮山城の標高はわずか50メートルで、「さすがは北条早雲の韮山城だ」と後ずさりさせられるような威圧感はあまりない。ここからわかるのは湿地に守られていることくらいで、周囲には田んぼが広がり、水路もある。

西側からの韮山城の航空写真（写真提供：伊豆の国市教育委員会）

なぜ標高がさほど高くないのかといえば、その必要がないからだ。かつて堀越公方が本拠としていた**堀越御所（韮山御所）は、三島から南下する下田街道沿いに位置する平城**で、天城川以北に流れる狩野川が北伊豆の穀倉地帯である田方平野にさしかかる場所にある。西に4キロほどいけば駿河湾があり、江浦や内浦といった波の穏やかな内湾があった。物資の搬出入にいたって便利である上、海上からの援軍を受け入れるのにも適していた。つまり、**領国の支配拠点としては最高の立地**だった。低い丘陵とはいえ西側は湿地帯に守られ、簡単には近づけない。通常であれば、この防御力で十分だったのだろう。ちなみに秀吉軍が韮山城の東側山地に築いた9か所の付城もここからいくつか見えるのだが、これらもまたやはり、標高はそれほど高くない。韮山城が標的だから、付城もそれほど高いところになくてよいのだ。

ただし、情勢が変わり繋ぎの城から境目の城へと役割を変えると、構造は大きく変化したようだ。韮山城は何時期かの変遷が論じられているのだが、永禄期から天正期に大改造されたらしい。片浦口の要衝となったことで、それまでの東海道ではなく片浦口と韮山城を直結する東向きに設計され直したとも推察されている。

◈北条氏の築城術が光る韮山城支城群

韮山城が築かれているのは独立した山ではなく、**標高128・7メートルの天ヶ岳《てんがたけ》から北北西方向に派生する龍城山と呼ばれる尾根の上**だ。多賀火山から分岐した天ヶ岳は伊豆半島を縦断する山地が西方の田方平野に張り出した突端部分にあたり、山頂を中心としてヒトデのように尾根がのびる。その尾根のひとつに、韮

韮山城と付城群の航空写真(写真提供：伊豆の国市教育委員会)

山城がある。

山城は最高所に築かれることが多いのだが、韮山城の場合は尾根のひとつにつくられているのが特徴だ。**西の尾根に土手和田《どてわだ》砦、北北東の尾根に江川《えがわ》砦**といったように、**派生する3本の尾根の先端には、それぞれ氏規によって構築されたとみられる独立した砦**がある。また、はっきりとした遺構は確認されていないものの、**南西の尾根には和田島《わだがしま》砦**と呼ばれる場所がある。

韮山城が築かれている龍城山は東西約100メートル、南北約400メートルの細長い尾根で、うち1100平方メートルの城域に本丸、二の丸、権現曲輪、三の丸の4つの曲輪が南北に並んでいる。

最高所の天ヶ岳も、秀吉の来襲に備えて改造されたと思われる。主郭からの景観が、その理由を物語っている。ここからは、まるで手の平の上に乗せたものを

韮山城の本丸から伝塩蔵に続く、東側に設けられた土塁

見るかのように、韮山城が丸見えなのだ。これほどまでに本城を丸ごと見下ろせる場所はそうそうなく、その光景を目にすれば改築の理由は嫌でもわかるだろう。

韮山城は天ヶ岳砦と尾根続きになっているから、もし天ヶ岳砦を敵に奪われてしまえば尾根を伝って瞬く間に進撃されてしまう。どんなに韮山城を改造したところで時間稼ぎにもならず、間違いなく落城する。天ヶ岳砦は見張り台や出城としてもともとあったのではなく、秀吉の来襲に備えて慌てて確保したのだろう。韮山城との間を断ち切っている3本の巨大な堀切もこのときにつくったものと考えられ、かなりの独立性が感じられる。

天ヶ岳砦と韮山城をセットで訪れると、韮山城の立地がよくわかるはずだ。天ヶ岳砦へは江川砦または韮山城から尾根伝いに、ときにロープをたぐり寄せながら登っていく。標高128メートル程度ならたいしたことはないように思えるが、急斜面がある

天ヶ岳砦から見下ろす韮山城。本丸が見下ろせる

上に土壌に水分が多く滑りやすいため、なかなかスリリングだ。尾根のあちこちにザクザクと掘られた堀切から、戦いの臨場感が伝わる。

　登りきると、細い尾根が1000メートル以上に渡り南北に続く。「この場所を押さえることに意味があるのだから、尾根が延々と続くだけで基本的には自然地形のままかもしれない」などと思ってしまうのだが、予想に反してかなり手が込んでいる。とくに主郭南方はつくり込まれていて、虎口が連続し、塹壕のようなものもある。南東側の尾根を下った南端部には連続堀切があり、北東の尾根にも巨大な堀切が掘られるなど厳重な遮断の意図が感じられる。

　見どころのひとつが、**巨大な堀切をともなう、主郭南方の岩盤を削った土橋**だ。細い尾根の両側を削り落として、人ひとり通れる程度の道幅に削り残してある。両側は急斜面の崖で、落ちればひとたまりもない。通る人も命懸けだろうが、削った人も命懸

天ヶ岳砦主郭南方の土橋。岩盤が削り込まれ、突出部もある

けだっただろう。高所恐怖症の人ならば必ず腰が引けるほどの脅威だ。斜度がそこまでない山城の場合は削り残した土橋の両側をそのまま竪堀にして落とすケースも見られるのだが、ここでは必要ない。そんなことをしなくても、もともと急崖だからだ。それでもなお土橋をつくっているのは、北条氏の危機感のあらわれなのだろう。

天ヶ岳山頂から南西にのびる尾根の突端に築かれたのが、**土手和田砦**である。韮山城の南端に立って南側を見ると、韮山中学校のグラウンド越しに、天ヶ岳から派生する尾根とその先端部の高まりを真横から見ることができる。この小山のような突出部が土手和田砦である。砦がある尾根が壁となり、それより南側は韮山城から見ることができない。この砦は、この死角をなくすために増築されたものなのだろう。また、本城から離れた低い尾根上の戦闘基地としての機能もあると考えられている。

現存する遺構は、寛政5年（1793）に『伊豆国田方郡韮山古城図』（江川文庫所蔵）に描かれた土手和田砦の構造とほぼ合致していて、とくに岩盤を削り込んで畝を残した巨大な横堀があるのが特徴だ。実際に歩いてみると、絵図に描かれているように**主郭の南側から東側にめぐる横堀がL字に折れ曲がり、曲輪間と尾根をしっかり分断**している。掻き分けて遺構を確認してみると、少なくともL字の横堀と東側の大堀切は確認でき、コンパクトながら戦闘的なつくりがわかる（現在は草木が刈られ明瞭に見られる）。堀の深さもかなりのものだ。

天ヶ岳から北東にのびる尾根の先端に築かれたのが、**江川砦**だ。江川邸の背後の尾根がそれにあたる。大規模な横堀や竪堀も見ものなのだが、もっとも圧倒されるのは**天ヶ岳主郭直下の畝をともなう巨大な堀切**だ。岩盤を削り込んだ畝が少なくとも3本、現在でもはっきり残っている。

畝1本の幅は5〜6メートルもあり、すなわち堀切はかなり巨大。尾根をしっかり断ち切っていて、ここが**天ヶ岳と江川砦の境界線**と思われる。この堀切を越えると天ヶ岳側の斜度はぐっと高まり、現在は設置されたロープを伝いながら山頂に駆け上がっていく構造になっている。江川砦と天ヶ岳の連絡路が現在のところ見つかっていないことから、徹底的

江川砦と天ヶ岳の間にある空堀。岩盤を削って巨大な畝堀にしているのがわかる

な分断の意思が推察される。

尾根という尾根を堀切で分断し、砦を築いて全山を要塞化した城塞群には、そのひとつひとつに北条氏の緻密な築城技術が光り、何度訪れても飽きない。

ところで、畝堀は北条氏のお家芸といえるもので、見つけると「さすが北条の城だ！」と感激してしまうのだが、この場所に立って冷静に考えてみると、本当に必要なのだろうかという気がしなくもない。たしかに畝があるのとないのとでは全然違うのだが、岩盤をこれほど削り込むほどの大工事をしてまで得られる効力はあるのだろうか。

感覚的だが、関東一円における北条氏の城の縄張には理路整然としたものがあり、障子堀や馬出の使い方もムダがなく緻密かつ戦略的な印象がある。これに対して、韮山城支城の障子堀はさすがの縄張ながら、どこか散漫な気がしなくもない。やはり、急を要した切羽詰まった状況下での普請だからということなのだろうか。はたまた理屈ではない、北条氏の築城におけるクセや文化のようなものなのか…。こんなことを想像しながら歩くのもまた、城歩きの醍醐味なのである。

◈韮山城を完全包囲した秀吉軍の付城群

韮山城包囲戦は、秀吉軍の付城をめぐってこそおもしろい。『小田原陣之時韮山城仕寄

陣取図』（『毛利家文庫』山口県文書館蔵）で照合できる、**天ヶ岳の東側に向かい合う尾根の先端部にいくつか築かれている付城群**だ。

そのうち遺構が見つかった付城が、北から**太閤陣場《たいこうじんば》付城跡、本立寺《ほんりゅうじ》付城跡、追越山《おっこしやま》付城跡、上山田《かみやまだ》付城跡、昌渓院《しょうけいいん》付城跡**と呼ばれている。

まずわくわくするのは、**付城群と対峙する韮山城との距離**だ。もっとも近い**追越山付城**は、天ヶ岳とは道を1本挟んですぐ。**鼻と鼻を寄せ付け合うほどの至近距離で対峙していた**のだと想像すると、双方の兵の声が今にも聞こえてき

韮山城と昌渓院付城、上山田付城。かなり至近距離で対峙している

本立寺付城の遠景（写真提供：伊豆の国市教育委員会）

上山田付城と追越山付城の遠景（写真提供：伊豆の国市教育委員会）

そうだ。最前線となる追越山付城の東方の尾根上に、**上山田付城**がある。

もっとも遺構がよく残るのが、**上山田付城**だ。標高１８７・４メートルの山頂に位置し、東西約80メートル、南北約30メートルのコンパクトな城である。だが、主郭と副郭ががっちりとした土塁で囲まれるだけでなく、コの字状の土塁を交互に組

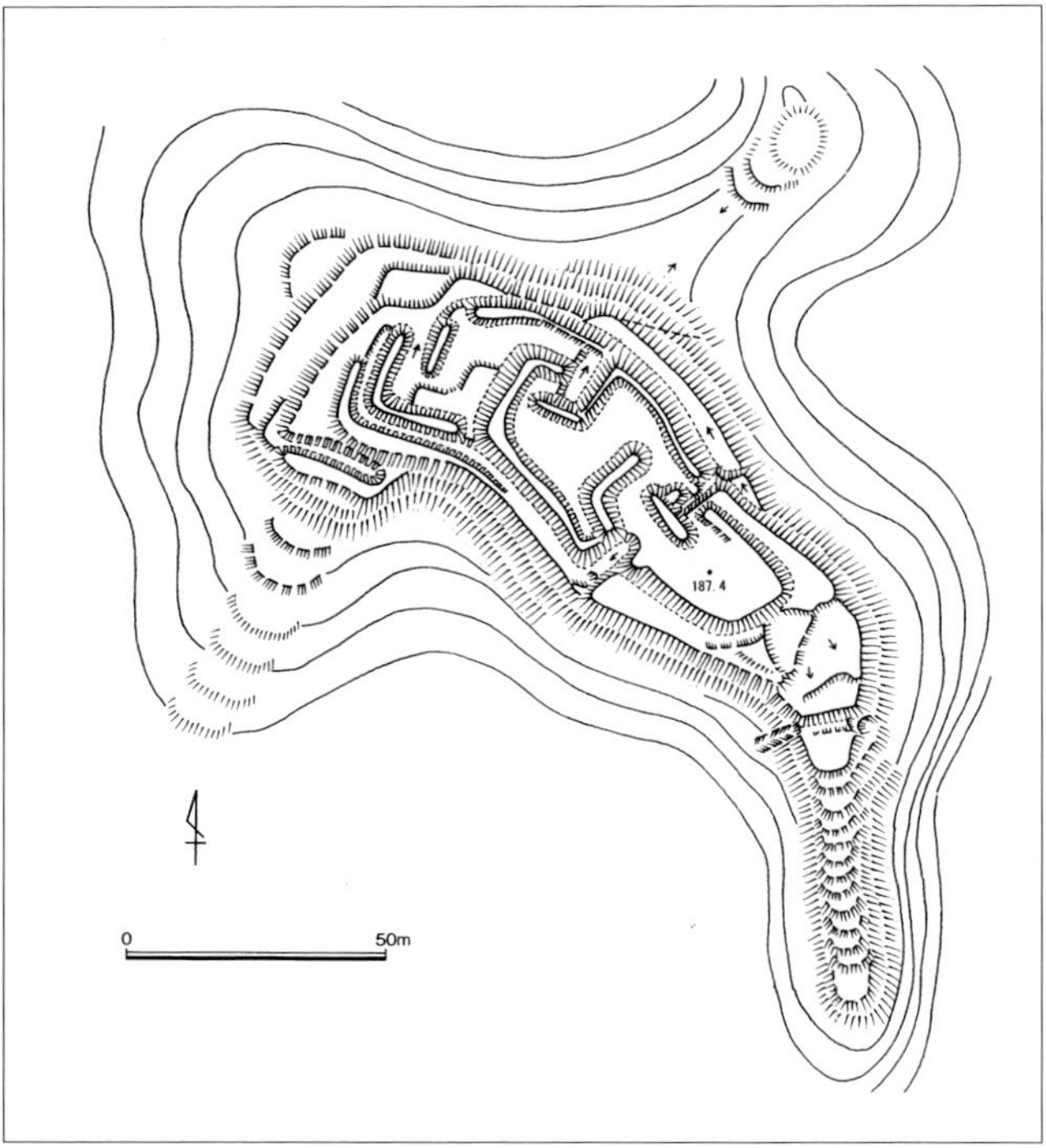

上山田付城概要図（提供：伊豆の国教育委員会）

み合わせて城内での直進を防ぎ、虎口を枡形状にしている。主郭はL字形の土塁で曲輪を仕切るなど、**織豊系の陣城と共通する技巧性**がある。

付城群のなかでも、ここまで技巧的な縄張なのはこの上山田付城だけだ。その理由は、ここが秀吉軍の本陣であるからなのだろう。現地を歩くと、動線がよくわからず、立派な遺構はあるものの技巧的といえるのか悩ましくも感じる。また、圧倒的な兵力差や戦況を考えると秀吉軍がここに攻め込まれる可能性は考えにくく、どう戦うかなど考える必要などなかった気もする。となるとこの場所に布陣していたとされる前野長康が時間を持て余していたのか、気が小さかったのか、などという考えもよぎってしまうのだが、やはり重要な場所であるという推察がしっくりくる。

虎口や土塁ばかりに気を取られて見落としがちだが、包囲戦を読み解くカギになりそうで気になるのが、**付城から南に派生する尾根上に延々と設けられた平坦地**だ。曲輪というほど整えられていない削平地が、だらだらと階段状に昌渓院付城方向に向かって無数に続いている。

この平坦地が、兵の駐屯地という見方があるというのだから、

上山田付城の虎コ

なるほど納得だ。山頂部に前野軍1250人が入るのは不可能で、おそらく少しずつ兵が分散していたと思われる。こうした駐屯地はいくらあっても足りないはずで、しかも平坦地は天ヶ岳に平行するように続いているのだから、いかにもそれらしい。ここに伐採した周辺の木を使って小屋をつくり陣旗を立て並べていたとすれば、天ヶ岳からは旗が横断幕のように一直線に見えたはずだ。旗が壁のように見え、常に監視されているように感じたのではないだろうか。これは前節で取り上げた**太閤ヶ平にも共通する、豊臣方の付城のひとつの特徴**ともいえよう。

本立寺付城は『小田原陣之時韮山城仕寄陣取図』によれば蜂須賀家政の陣所で、本立寺背後にある七面山に構えられていた。南から西に向かう尾根筋と北西に向かう尾根筋に、コの字状に全長500メートルほどの土塁がめぐらされている。本立寺から続く尾根筋には堀切があり、その城内側に土塁があることから、明らかに城域を

本立寺付城の土塁。屈曲しながら蜿蜒と続く

設定している。

もっとも興味深いのが、その包囲ラインだ。両手を広げるように、**付城の南北両側に土塁と空堀とのセットが斜面を這い山麓に落ちていく**。南側の土塁と空堀のセットは**太閤陣場付城**とを結ぶように設けられているのだが、ここで重要になってくるのが、韮山城から小田原へ続く街道の存在だ。

どうやら、付城間の道がそれにあたるようだ。街道は江川邸の正面でぶつかり、つまり戦国時代には韮山城の正面は東側にあり、ここから熱海を経由して小田原に続く幹線道路があったとも考えられるという。太閤陣場付城と呼ばれるのは、もちろん太閤秀吉が布陣していたわけではなく、それに近しい人物の陣所と考えられているからだ。豊臣方が小田原への撤退路を防ぐ目的でここに中核になる陣所を置いたとすれば、**重要な街道を見下ろすこの場所は、それなりの人物が陣を置くのにふさわしい場所だった**との見方もできる。

付城間には、柵列が設けられていたと考えられる。秀吉軍の包囲網にとってもっとも重要なポイントはこの部分で、**両手を広げるように付城と付城の斜面をつなぎ、かつ逃げ道となる街道を完全に封鎖していた**という構図が成立する。

上山田付城から昌渓院付城の間の尾根鞍部を下った谷筋の開口部では、伊豆の国市の調査により谷を塞き止める堰堤状遺構が確認された。また、秀吉軍は城から下田街道へ通じる道におかれた木戸稲荷付城跡をはじめ西側の平地にも付城を設けていたのだが、ここは微高地になっていて、現在でも少し段差のある地形が確認できる。これらの遺構を歩きながらつないでいくと、隙のない包囲網が構築されていたことがわかってくる。

　昭和23年（１９４８）にアメリカ軍が撮影した

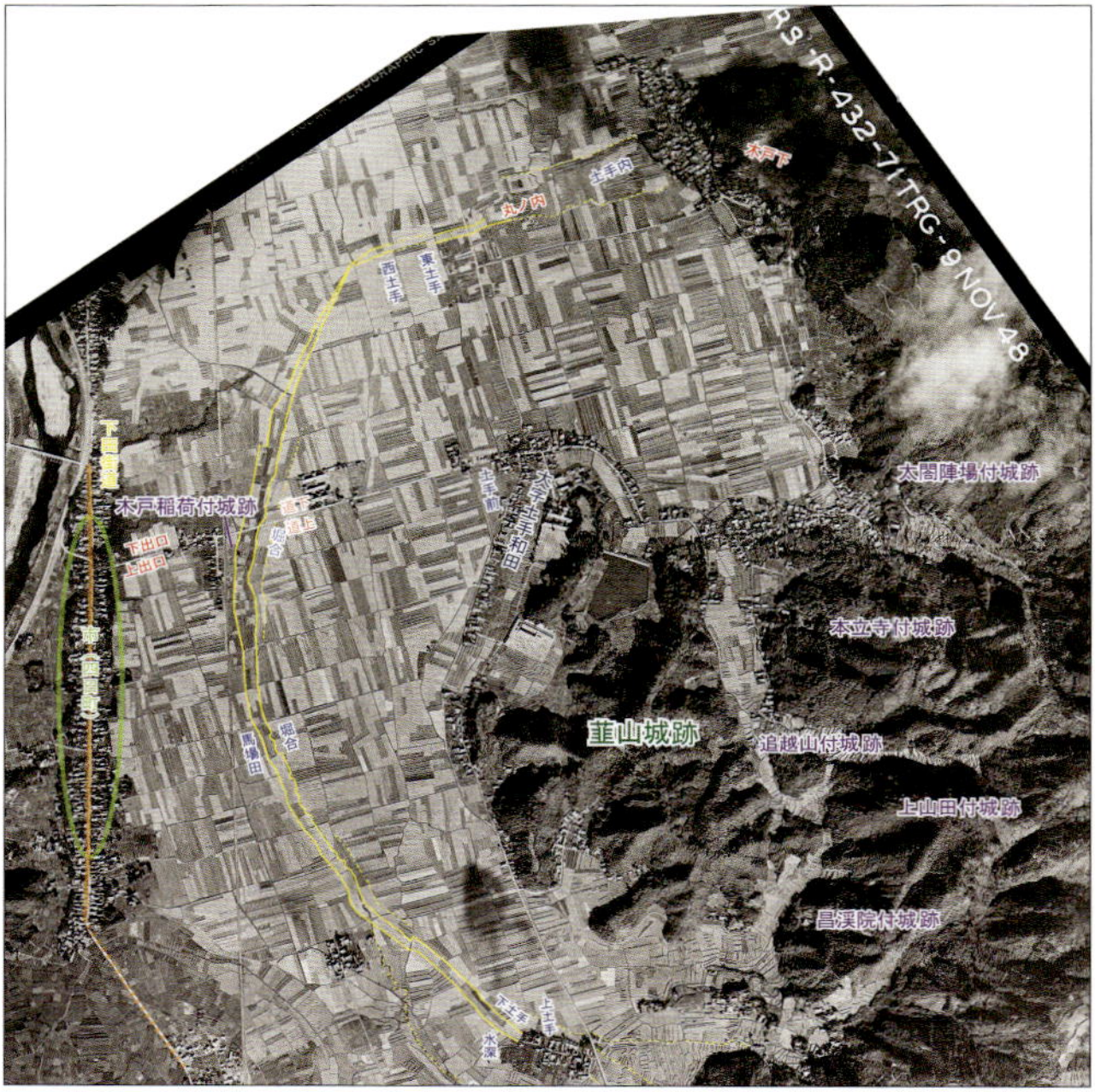

韮山城を囲む堀跡と城関連字名（図版提供：伊豆の国市教育委員会）

航空写真には、韮山城の北・西・南を半円状に囲む区画が写っている。人工的につくられたものである可能性が高く、地籍図を照合すると「木戸下」「土手内」「丸の内」「土手東」「堀合」「水堀」などの小字がライン上にあるという。伊豆の国市による調査からも、このラインは秀吉軍が築いた仕寄の堀である可能性が高いと考えられる。また、下田街道から韮山城に通じる県道の周辺には「上出口」「下出口」「道上」「道下」の小字があり、城へと通じる道とみられるようだ。

籠城する北条軍からすれば、秀吉軍の包囲網は闇夜の水平線に煌煌と光る漁り火のように、恐ろしい無限のラインとなっていたのではないだろうか。確実に封鎖されていることだけは誰の目にもわかり、絶望的な気分だったに違いない。

付城群から読み解く包囲戦の真相

さて、なぜ秀吉軍は圧倒的兵力を誇りながら韮山城に攻め込まず、これほどまでに精度の高い包囲網を構築し

山城の本丸から望む東海道方面

たのだろうか。そこに、この戦いの奥義がある。

3月29日、山中城は半日であっけなく落城してしまう。秀吉が付城を使った包囲戦をするのはできるだけ兵力を損失しないためだが、それにもかかわらず、山中城では力攻めを決行してそれなりの犠牲と引き換えに勝利を手にしている。秀吉もまた、山中城での一戦が小田原合戦の勝敗に直結することを熟知していたからだろう。この戦いを制したほうが勝つ、勝負しどころの一番というわけだ。

戦いはすべてが同等ではなく、常に120%の力を出し切るわけではない。だから、韮山城が落城しなかったという結果をそのまま韮山城の防衛力の高さと評価するのは早計だ。韮山城は下田街道を南下してきた織田信雄率いる秀吉軍に包囲され、氏規の巧みな駆け引きにより攻略されずにいた。たしかにこの奮闘ぶりだけでも、堅城と評価できるだろう。

しかし4月上旬に秀吉軍が小田原城を包囲すると、4月中旬には秀吉から付城戦に移行するよう命令が下されている。山中城の陥落によって役割を失ってしまった韮山城は一丸となって籠城戦に耐えるしかなくなり、一方の秀吉軍も、犠牲を払ってまで攻め落とす必要がなくなった。本気で攻めれば韮山城を落とすことなどたやすかったろうが、あえて断行するメリットがなかったのだ。加えて氏規は非戦闘的解決を目指す外交派の筆頭で、徳川家康と懇意だった。

現在、韮山城の本丸からは左手に興国寺城、右手に山中城まで遠望でき、それをつなぐ東海道を望める。もちろんはるか遠くに確認できる程度だが、数万もの大軍が軍旗をはためかせて東海道を行軍したなら肉眼で見えただろうし、数万の軍勢ともなれば先頭と後方の差は数キロにも及んでいたはずで、韮山城から見える東海道は帯のように軍勢で埋め尽くされていたと思われる。突破口を開いた秀吉軍がなんの障害もなく、旅をするように小田原へ向かっていくようすは韮山城から地平線のように見えたのではないだろうか。城兵たちは、ただただそれを静観していたのかもしれない。

こうして韮山城は包囲され、やがて家康に応じて氏規は開城することになる。油断ならない緊迫感はありながら、主戦ではないどこかふわふわとした時間の経過と宙ぶらりんの戦況が存在したのではないだろうか。これが、籠城戦に持ち堪えられた真相のようにも思える。

戦いの城を歩く③

小田原攻め～北条氏の戦略と秀吉の城攻めメソッド～

◆あらゆるメソッドを投じた城攻め

天正18年（1590）3月1日、豊臣秀吉は京都から小田原に向けて出陣した。正親町上皇と後陽成天皇も見送る、たくさんの見物客に囲まれたパレードのような出陣だったという。目指すは、北条氏の本城である小田原城。22万2000といわれる大軍を引き連れたこの小田原攻め（関東攻め）の勝利をもって、秀吉は天下統一を決定づけ、北条氏は実質的に滅亡する。小田原攻めは、**数々の攻城戦をこなしてきた秀吉の城攻めメソッドをすべて投じた戦い**だった。その戦いの経緯と戦い方に迫ってみよう。

◆北条氏の防衛体制

まず、北条氏の動きを追ってみよう。北条氏政・氏直は、秀吉を迎え撃つべく、天正17年（1589）12月中旬から領国の境目への軍勢配備を開始。秀吉が11月下旬に関東・奥羽の大名や国衆に送った御廻文から明確化されていた2つの進軍ルート（東海道・東山道）に沿って、参陣の指示や城代の配置、城の改修を行って、これに対する防衛体制をしいていった。一族と領主のほとんどを小田原城に籠城させて軍事力を集中させつつ、北条氏邦《うじくに》の**鉢形《はちがた》城**（埼玉県大里郡寄居町）や北条氏勝の**玉縄《たまなわ》城**（神奈川県鎌倉市）など、拠点的な城には兵力を残して領国内での籠城体制を整えた。

松井田《まついだ》城（群馬県安中市）が、西上野での東山道に対する防衛拠点となった。松井田城は**上野と信濃の国境に位置し、東山道の要所である碓氷峠の押さえとされた城**で、東西にのびる比高130メートルほどの、南に険しく北は急峻な尾根に築かれている。南北1300メートル、東西900メートルの大城郭で、連続する土塁と竪堀を特徴とする。

松井田城はもともと、上野への侵攻を本格化させた武田信玄に備えて安中忠政が築城したとみられている。武田氏時代を経て、武田氏滅亡後は北条氏が占拠。信長方の滝川一益に奪取されたが、神流川《かんな》の戦い後は再び北条氏の支配下となっていた。その立地の重要性から、**天正**

松井田城の安中郭の櫓台

年間に大道寺政繁《だいどうじまさしげ》によって大改修されたとみられ、現在残る城は大道寺氏によるものと考えられる。

鉢形領は北条氏邦の支配下にあり、鉢形城、その支城である**箕輪《みのわ》城**（群馬県高崎市）や**沼田城**（群馬県沼田市）が防衛線となって松井田城の背後を固めていた。

東海道では**箱根路の山中城**を強化し、**熱海道は韮山城**、**足柄道は足柄城**を防衛拠点として強化。山中城と小田原の間に**鷹巣《たかのす》城**（神奈川県足柄下郡箱根町）、韮山城と小田原の間に**根府川《ねぶかわ》城**（神奈川県小田原市）、足柄城の北方には**河村新城**があった。

甲斐からの備えとしては、相模北部に**津久井城**（神奈川県相模原市）、武蔵西部に**八王子城**（東京都八王子市）があり、伊豆半島西海岸には**長浜城**（静岡県沼津市）、半島先端部に**下田《しもだ》城**（静岡県下田市）と防衛を強化し、在番が整えられた。

鉢形城

◆東山道勢の関東攻めと小田原着陣

次に、秀吉軍の動きである。東山道勢は加賀の前田利家を大将として、北方から南下。利家軍は近江経由で東山道を進み、信濃木曽へと進軍した。**上田城**（長野県上田市）の真田昌幸も3月上旬には出陣し、先陣の真田信幸は8日には碓氷峠付近に着陣して前田・上杉景勝軍の到着を待ったようである。

西上野では、3月15日の前哨戦を経て、松井田城の攻撃が開始された。最前線の松井田城が落城すると、大道寺氏の本拠地である**河越城**（埼玉県川越市）、北条氏邦が重要拠点とした**箕輪城**、その支城の**厩橋城**《まやばし》（群馬県前橋市）などが相次いで開城。もちろん、これらの**支配拠点の陥落によって周辺の支城も同時期に開城した**と考えられる。

東上野・西下野の主要な城も、5月上旬までには開城したようだ。上総では、北条方ながら秀吉と通じていた里見氏が北条領への進軍を開始。相模では、4月17日に津久井城が攻撃を受けた記述があり、秀吉軍はこの頃には相模中央部まで迫っていたとみられる。南から従軍した浅野長吉率いる軍勢が北条氏勝の玉縄城を開城させると、**三崎城**《みさき》（神奈川県三浦市）も降伏したと思われる。武蔵南部も、4月22日には江戸城が開城し、玉縄城と江戸城の間の**小机城**（神奈川県横浜市）も同時期に開城したようだ。

上総、下総、常陸には、秀吉の直臣である木村一と浅野長吉を中心に、別働隊として秀吉に編成された2万の軍勢が派遣された。木村・浅野勢は5月中旬までに江戸城や**佐倉城**（千葉県佐倉市）などを攻略し、相模、南武蔵、下総南部を制圧。武蔵に向かい、鉢形城や**忍城**（埼玉県行田市）、北条氏房の本拠である**岩付城**（埼玉県さいたま市）の攻撃にかかったのだった。

一方、秀吉本隊に先立ち東海道を進軍していた東海道勢は、3月中旬には駿河東部に着陣した。秀吉は3月下旬に**三枚橋城**（静岡県沼津市）に到着すると、翌日に**長久保《ながくぼ》城**（静岡県駿東郡長泉町）に移り、山中城や韮山城のようすを見て両城の配置を指示したとみられる。

東海道勢は3月29日に山中城を攻略すると、家康を先陣として箱根道を進軍。鷹巣城が戦わずして開城したため、2日には家康軍は苦労なく箱根道と熱海道を進んだ。足柄城と根府川城ともに戦わずして開城したため、北条氏が強化した3つの道の防衛線はあっけなく崩壊していた。

4月3日、家康らの軍勢は小田原に進軍し、別動隊も小田原まで侵攻して、小田原城を包囲すべく布陣をはじめた。続いて堀秀政らの軍勢、2万の水軍衆も伊豆半島をまわって海岸部に布陣。山中城陥落からわずか4日後の4月4日には、豊臣軍の大軍が海陸の三方から押し寄せた。秀吉は4月2日のうちに箱根山に移ったようで、4月6日には北条氏の菩提寺である箱根山麓の早雲寺に陣を移したとされている。

◆名胡桃城事件と小田原城包囲網

さて、小田原攻めの発端といえば、天正17年11月12日に**沼田城**の城代であった猪俣邦憲が突如、真田領の**名胡桃《なぐるみ》城**（群馬県利根郡みなかみ町）を乗っ取り城代の鈴木主水を憤死させたこととされる。それまでも停戦命令を無視して下野や常陸へ出兵したり、上洛を約束しながら実行しない北条氏に対し憤っていた秀吉は、沼田領分割裁定を破棄して奪取したことを知り激怒。11月24日に宣戦布告状を北条氏直に手交し、最後通告している。

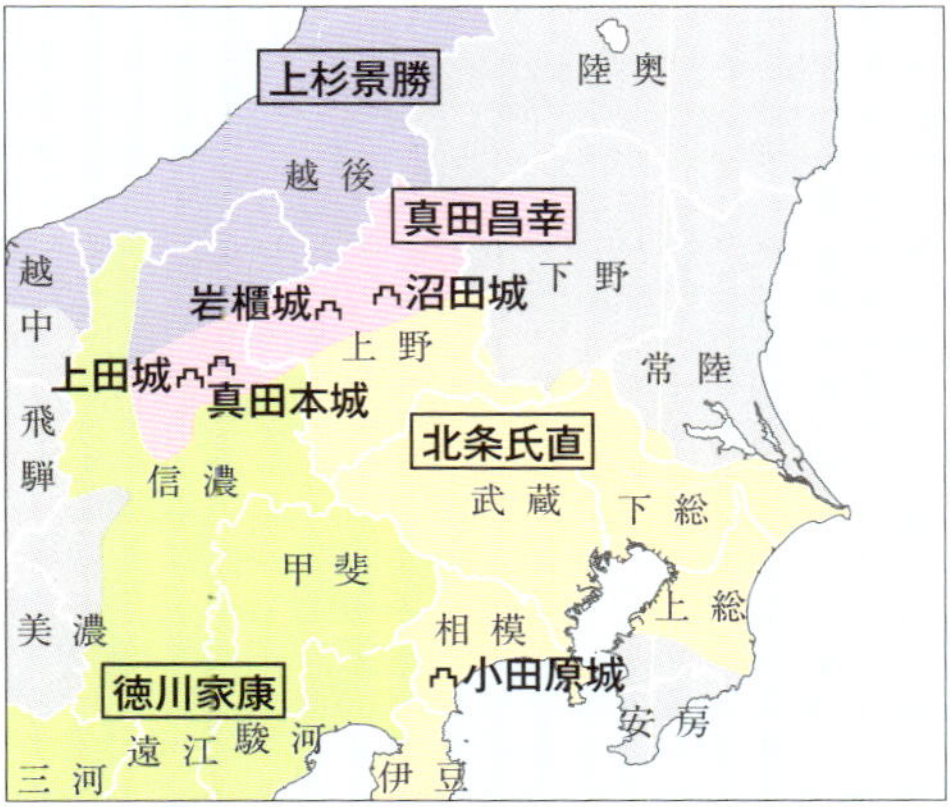

第1次上田合戦直前の勢力図（天正13年頃）。この後、北条と徳川による沼田領問題は秀吉の裁定により天正17年に終息していた（廣済堂ベストムック『真田三代全合戦ビジュアル大全』などを参考に作成）

たかだかひとつの城に手を出しただけの問題に思えるが、それほど単純ではない。**沼田城や名胡桃城のある沼田領の領土紛争は、武田・上杉・北条氏が争奪戦を繰り広げた時代まで遡る因縁**があり、沼田領問題といえば、**真田昌幸が徳川家康と決裂し第1次上田合戦を引き起こしたきっかけ**でもあった。

どうにも折り合いがつかず決着がつかなくなった沼田領問題は、秀吉政権の手に委ねられ一件落着していた。**秀吉は沼田城を含む沼田・岩櫃領2／3を北条氏、名胡桃城を含む1／3を真田氏の知行と決定**。北条氏はこれを不服としたものの、秀吉の裁定を拒否すれば開戦は確実であるため、天正17年6月に条件を受諾。足掛け7年にも及ぶ戦後処理は、ようやく終息したはずだったのだ。

その裁定を無視して名胡桃城へ手を出したのだから、秀吉が北条氏を許すはずもない。天正13年に公布した惣無事令に反するものだという大義名分のもと、北条氏は秀吉を敵にまわしてしまったのである。

この頃の北条氏の動向をみると、秀吉に対してさほど危機感を感じていなかったようだ。そもそも名胡桃城を奪取していないと主張する書状もあり、大戦を引き起こすような事件とは認識していなかったとみられる。氏直は真相と氏政の上洛時期について弁明を試み、秀吉への取りなしも依頼している。

しかし、一方では秀吉を警戒していたことも事実であり、また、仲介役の家康を信頼していたのか、秀吉との直接的なやりとりは不十分だった。秀吉に対しての防衛策を取っていたことは間違いなく、**秀吉としてみれば、上洛誓約違反と領土裁定（惣無事）違反という2つの大きな大義名分を得たことは好都合**だったのだろう。氏直の弁明は根拠なしと退けられ、そうこうしているうちに、家康を通じての和睦の道も絶たれてしまったのである。

忍城の水攻めと八王子城の殲滅戦

小田原城が包囲されていく一方で、上野・西下野を制圧した前田利家・上杉景勝ら東山勢は、北武蔵に進軍していた。北武蔵は、北条氏邦が在城する**鉢形城**、**深谷城**《ふかや》（埼玉県深谷市）、忍城、**騎西城**（埼玉県加須市）、**羽生城**《はにゅう》（埼玉県羽生市）、**松山城**（埼玉県比企郡吉見町）などが拠点となる。木村・浅野勢と合流した5万の大軍が鉢形城へ向かうと、鉢形城主の氏邦は抵抗せず降参。忍城を除いてはあっさり開城したようで、前田・上杉軍は八王子攻めへと舵を切った。

忍城へは石田三成が大将となり、2万3000余の軍勢で向かった。ここで行われたのが、かの有名な水攻めだ。忍城は北を利根川、南を荒川（元荒川）に挟まれた、小さな河川や伏流水が集まる広大な沼地にある低地に築かれていた。そのため三成は天正10年（1582）の備中高松城攻めにならい、水攻めの命を秀吉から受けたのだった。

三成は忍城を一望できる丸墓山古墳に本陣を置き、城代・成田長親と家臣や農民3000が立て籠る忍城を包囲。近くの利根川から忍城付近まで、総延長約28キロに及ぶ堤防を構築して、忍城の水没を狙った。計数を得意とする三成らしく、築堤はわずか5日で終わったといわれる。

ところが利根川の水量不足により効力は弱く、増水によって堤防が決壊。自軍に溺死者を出して、水攻めは失敗に終わった。現在の忍城は埋め立てられ地形を探るのも難しいが、どうやら城は微高地にあり、水攻めを成功させるのは難しかったようだ。忍城は最終的に落城しないまま、小田原城開城を受けて開城した。

八王子城の御主殿の滝

北条氏への大きなダメージになったのが、

6 北条氏照《うじてる》の居城である八王子城の落城だ。

月23日、すでに小田原城が厳重包囲された状況下で、秀吉は見せしめといえる力攻めを上杉景勝、前田利家ら1万5000の大軍勢に命じた。当時、城主の氏照以下ほとんどの重臣は小田原城に駆けつけており不在。城内には、城代の横地監物、家臣の狩野主膳、中山勘解由らわずかの将兵のほか、領内から動員した農民・婦女子など領民を加えた約3000人が籠るのみだった。

氏照の不在時を強襲された八王子城に戦闘力などなく、1日で落城。秀吉軍は前夜のうちに霧をぬい、前田隊が東正面の大手口、上杉隊が北側の搦手の2方向から突撃したという。早朝には山上の要害地区まで侵攻し、その後は激戦となったものの、別働隊の搦手からの奇襲が成功して城は落ちた。

八王子城本丸西側の、伝天守台へと続く石塁。伝天守台は詰城ではなく保塁と思われる

城代の横地監物は落城前に檜原村に脱出したものの小河内村付近にて切腹し、氏照の正室をはじめとする城内の婦女子は自刃。次々に身を投じた御主殿の滝は、三日三晩血に染まったとの伝承もある。八王子城攻めは、非戦闘員までも殲滅する大殺戮戦となった。

3代・北条氏康の三男で4代・北条氏政の実弟である氏照は、文武両道に秀でた聡明な人物といわれ、武勇に長け外交手腕も優れた北条氏の重要人物であった。八王子城落城の報せは北条氏にとって精神的な大打撃となり、小田原開城を決意させる要因のひとつになったといわれている。

◆石垣山一夜城の築城と小田原開城

こうして小田原城は開城へと向かっていくのだが、北条氏が降伏を決意する決定打となったといわれる城がある。小田原城からわずか3キロの笠懸山に秀吉が築いた**石垣山一夜城**《いしがきやまいちや》（神奈川県小田原市）だ。

当時の関東にはまだ総石垣の城はなく、もちろん天守も存在しなかった。秀吉は**小田原城内から見上げれば必ず視界に入る場所にある笠懸山を選び、わざわざ西国から石工職人を呼び寄せて関東初の高石垣を築き、関東初の豪壮な天守を建てた**のだ。秀吉の本陣とはいえ、**臨時の前線基地には必要のない居城のような城**だった。

この際、秀吉はとんでもないパフォーマンスをしたという。完成と同時に樹木を伐採させ、一夜のうちに出現したように見せたのだ。石垣山一夜城と呼ばれるのは、このエピソードが由来だ。すでに敗色が濃厚となり厭戦ムードが高まるなか、見たこともない石垣や天守を目にした北条軍は、財力と権力、余力の差を否応なく見せつけられ、驚きよりも失望のほうが大きかったに違いない。

もちろん一夜で築くなど秀吉であっても不可能で、実際には約4万人の動員数で80日ほどかかっている。大坂城本丸だけでも1年を要していることを考えると、かなりの突貫工事だったことは確かだ。しかし、短期間で完成させたこともさることながら、それよりも**前代未聞の城であることが重要**だった。

秀吉は在城中に、天皇の勅使を迎えたり、千利休や能役者、側室の淀殿まで呼び寄せて、茶会や宴会を開いたという。そうして、**北条方に精神的ダメージを与えながら、いくらでも長期の兵糧攻めが可能なことを示したの**

石垣山一夜城。天正18年に秀吉によって築かれた石垣が残る

だ。同時に、**小田原城に兵糧が運び込まれないよう厳重に監視しながら、領内の支城をひとつずつ潰していった。**

現在でも、本丸の展望台からは小田原城を見下ろすことができる。最高地点は本城曲輪より西南に張り出した天守台で、標高は261・5メートル。小田原城の本丸より227メートル高く、眼下には小田原城や城下、足柄平野や相模灘、遠くには三浦半島や房総半島も望める最高の立地だ。北条氏が自信を持っていた小田原城の総構を見下ろせるどころか、相模湾まで一望できてしまう。小田原城を包囲する秀吉の大軍勢の配置まで見渡せ、秀吉はさぞかし優越感に浸っていたことだろう。

秀吉はこの心理作戦で北条軍の戦意を喪失させると、真骨頂ともいえる調略に入った。5月下旬から開城勧告はたびたび行われていたようだが、いよいよここで本格化したのだ。6月14日に鉢形城、6月23日に八王子城が

石垣山一夜城の井戸曲輪

落城し、6月25日には津久井城も開城。6月26日に石垣山一夜城を完成させると、秀吉はこれを頃合いとして黒田官兵衛らを講和の使者として小田原城へ送り、北条氏を降伏させたのだった。

崩れかけてはいるものの、現在も石垣山一夜城には総石垣の城の遺構が状態よく残る。400年以上経過した現在でも広範囲に亘り確認できる石垣は、突貫工事で築かれたとは思えないほど頑丈だ。関東最古の野面積みの石垣はとても貴重である。

南北方向に走る尾根を軸にして、その最高地点に本丸と天守台を置き、南には西曲輪と大堀切を隔てて出城を、北には二の丸や北曲輪、井戸曲輪などを配置。本丸の東側には南曲輪など小さな曲輪群が置かれた。注目すべきはすべての虎口が枡形虎口であることで、とくに二の丸から本丸に上がる北門の跡は、外枡形と内枡形をセットにした二重枡形だ。

最大の見どころは、二の丸北東側にある井戸曲輪である。もともと沢のようになっていた地形を利用し、大小の方形スペースを設けたような段違いの空間を、北側と東側に築かれた高石垣が城壁となって囲む。井戸は二の丸から25メートルも下がった場所にあり、現在でも湧き水が確認できる。全国でもほかに例のない独特な構造は一見の価値がある。

石垣山一夜城の築城は、**数々の城攻めを行ってきた秀吉の最新手段かつ総決算**といえるだろう。**見せつけるという近世城郭のセオリーを、秀吉は居城や支配拠点の城だけでなく、陣城にまで持ち込んだ**のである。

◆小田原城の総構を歩く

北条氏が滅亡した後、小田原城は大変貌を遂げた。現在の小田原城は北条氏時代の小田原城ではなく、江戸時代に入って大改修された城なのだ。小田原を含む関東一円は北条氏から家康の領地となり、家康が江戸を本拠としたため、小田原城は家臣に与えられて近世の城へと様変わりした。

しかし、**北条氏時代の姿もよく残っているのが、小田原城の最大の魅力**だ。小田原城は、北条氏時代の中世の小田原城と徳川氏時代の近世の小田原城、2つの城が共存している全国的にも希有な城なのだ。

北条氏時代の小田原城の遺構が、防御の要としていた**総構と呼ばれる外郭防衛ライン**だ。北条氏が3か月に及ぶ籠城戦に耐えられたのも、この総構があったからにほかならない。いわゆるバリケードのようなもので、**城と城下町を丸ごと囲い込み、土塁と堀で防御ラインをつくっている**。その**長さは、なんと約9キロ**にも及ぶ。

すっかり市街地化された小田原城周辺だが、意外にも総構の断片はよく残っていて、部分的な遺構をチェックポイントとしてつなぐことで総構のラインをたどれ、実際にほぼ1周歩くことができる。スケールの大きさはもちろん、地形を活用した敵の攻撃ルートと、それに対する防御策が手に取るようにわかる。

総構のなかでも代表的な遺構として紹介されるのが、**小峯《こみね》御鐘《おかね》ノ《の》台《だい》大堀切**だ。御鐘ノ台は小田原城西側の箱根外輪山からの尾根が3条に派生する扇の要に位置し、情報伝達の鐘が置かれていた曲輪と考えられる。**小峯御鐘ノ台大堀切東堀・中堀・西堀という三重の大規模な堀切**は、3条の尾根筋の中心にある八幡山尾根筋の先に城があることから、敵兵の侵入ルートを封鎖する目的のものと察しがつく。

とりわけ東堀は圧巻で、幅は約20〜30メートル、堀底から天端までは約12メートル、長さは250メートルに及ぶ。堀の法面は50度の急勾配と、全国でも最大規模の

小峯御鐘ノ台大堀切東堀。折れをともなう巨大な土塁と堀がめぐる

堀切だ。横矢を掛けられるように何度も折り曲げてあったり、障子堀や土橋のような掘り残しがあったりと、抜かりなく技巧的だ。土塁の上から射撃されれば逃げ場もない。

幅約13メートル、高さ約5メートルほどの土塁が堀の東側をがっちりと固めている。さらに東堀と中堀をつなぐ通路のように、2つの堀に対して垂直な空堀が掘られ、この堀によって南北に曲輪が配置されている。北側の曲輪は西～南にかけてL字状に、南側の曲輪は西～北に土塁が設けられ防衛ラインをつくっている。

丘陵の縁辺部へと向かう北側は、侵入を意識してか、より高低差と折れが激しい。土塁は削り込むだけでなく、かなり盛り上げられていて圧巻だ。

現在通路になっているのが**中堀**だ。通路になっているおかげで、やはり横矢が掛かるように鉤の手状に折れ曲がっているのがよくわかる。西側の西堀は、幅約30メートルにも及ぶ城内最大規模の堀切だ。こうして御鐘ノ台を15分ほど散策するだけで、北条氏が総力を

稲荷森の空堀。つくり込まれた戦闘空間になっている

結集して秀吉軍に備えていたことがわかる。そしてやはり、**箱根方面にあたる西側をかなり意識している**のが明らかだ。

総構の北側にあたる、小峯御鐘ノ台から城下張出あたりまでの丘陵部には蜿蜒と遺構が残る。堀と土塁は大規模でありながら、散漫さがなく病的なほどに緻密な設計が印象的だ。堀と堀との合流点も、乱雑につなげず高低差や折れをつけたまま仕上げてある。じっくり観察しながら歩いてみると、堀の深さや犬走りの間隔、堀幅や土塁の高さなども一定に保たれていて、シルエットの統一感に几帳面さを感じる。ほぼ埋まっているものの、地面にはよく見ると畝らしきものが確認でき、こちらもきっちりと等間隔で設けられている。

近年整備により見やすくなった圧巻の遺構が、**稲荷《いなり》森《もり》の空堀**だ。**空堀は谷津丘陵に沿って這うようにめぐり、尾根の頂部から堀底までは約10メートルもある。**堀底に降りてみると、北条氏らしい、**緻密な設計を投**

城下張出。北の最前線にあたる総構の遺構

じたえげつない戦闘空間が確認できる。堀底道は折れが続き死角なく、丘陵側からは常に見下ろされる。そればかりか、土塁で囲まれた堡塁をともなう曲輪が並行し、ここからも常に狙われるようになっていた。しかも、二重の堀もめぐらせてある。**少人数で効率よく迎撃できる、まさに北条氏の真骨頂ともいえる空間**だ。堀底をよく見ると、やはり等間隔で畝が認められる。

そのまま東に展開する台地には、山ノ神堀切西、山ノ神堀切、山ノ神台西、山ノ神台東と遺構が続く。山ノ神台東は現在、総構の堀を利用した茶畑になっていて、対峙する久野丘陵が秀吉方の蒲生氏郷が陣を構えたところだ。お互いがよく見える距離で睨み合っていたことが実感できるポイントでもある。その東に残る**城下張出**と呼ばれる北への四角い出っ張ったスペースは、北の最前線。横矢を掛けるための構造なのだろう。さらに東側にある総構で2カ所しかない竪堀のひとつ、城源寺竪堀も見ごたえがある。

早川口には、**北条氏独特の二重戸張**《ふたえとばり》が残っている。二重戸張は土塁を2つ重ね、開口する中央堀部分を通路として出入口を設けたもので、通路の敵に対して両側の土塁から攻撃するものだ。

秀吉はその後、京や**大坂城**（大阪府大阪市）に総構を構築している。小田原攻めで、総構の効力に脅威を感じたのだろうか。秀吉のみならず全国の大名もこぞって居城に総構を構築することになり、総構は近世城郭都市の礎となったのだった。

◆姿を現した北条氏時代の小田原城

平成21年（2009）から行われている小田原城の発掘調査では、驚くべき新発見があった。本丸と二の丸の間にある**御用米《ごようまい》曲輪の地底から、戦国時代の遺構が発掘されたのだ。**江戸時代に幕府直轄の米蔵だった御用米曲輪は、文献から戦国時代も米蔵であったとされてきた。しかし、礎石建物跡や庭状遺構、そこから検出された出土品などから、儀式や宴会が催される重要な場であった可能性が高まった。さらには池の跡も検出されている。これまで、北条氏時代の小田原城は小田原高等学校周辺の八幡山古郭を中枢として同心円状に拡大された城とされてきたのだが、その定説も覆りつつある。

第5次調査で発見された池の跡も全国的に希有な形状で、外周は調査範囲内だけでも45メートル以上と大規模。残存する護岸の高さは130センチに及び、池の底から16世紀後半のかわらけが検出されていることから、戦国時代の遺構であると推察される。

特徴的なのは、池の護岸の湾曲したラインに沿って四角形の石が並べられていること、その石が五輪塔の火輪や地輪、宝篋印塔の転用であることだ。使用されている石材は想定2000個以上で、この数は小田原市内で確認されている石塔のほぼ半数に匹敵するという。北条氏の権力や文化水準の高さを測る一級資料に値する発見として注目である。

礎石建物や庭の全容はもちろん、池の役割や庭状遺構との関係なども今のところはわからない。どんな城の実像が浮かび上がってくるのか、楽しみなところだ。庭状遺構から、北条氏が16世紀後半に少なくとも3回の改築工事を短期間でしていたことも判明した。420年以上も前の事実が眠りから覚めたように解き明かされつつある小田原城は、ロマンあふれる城なのである。

戦いの城を歩く④

関ヶ原合戦～陣城が語る戦いの真実～

実際に城を歩くことで、常識と先入観を打ち砕かれることがある。真相はわからずとも、それもまた歴史のおもしろさであり、城歩きの醍醐味だ。滋賀県立大学の中井均教授の解説のもと歩いた陣城めぐりは、関ヶ原合戦の定説を覆される刺激的なものとなった。別説も踏まえながら、関ヶ原合戦を考えていく。

◆小早川秀秋が陣を置いた松尾山城

まず訪れたのは、**小早川秀秋が陣を置いた松尾山城**《まつおやま》（岐阜県不破郡関ヶ原町）だ。松尾山城は、関ヶ原合戦場の南に位置する**標高約291メートルの松尾山に築かれ、東山道・北国街道・伊勢街道が眼下に見下ろせる好立地**にある。

北端に立てば関ヶ原を一望でき、石田三成が本陣を置いた笹尾山をはじめ、島津豊久、小西行長、宇喜多秀家、大谷吉継ら西軍の布陣はもちろんのこと、東軍の布陣も確実に見下ろせる。特等席で観戦するような立地だったことは一目瞭然だ。開戦地からも決戦地か

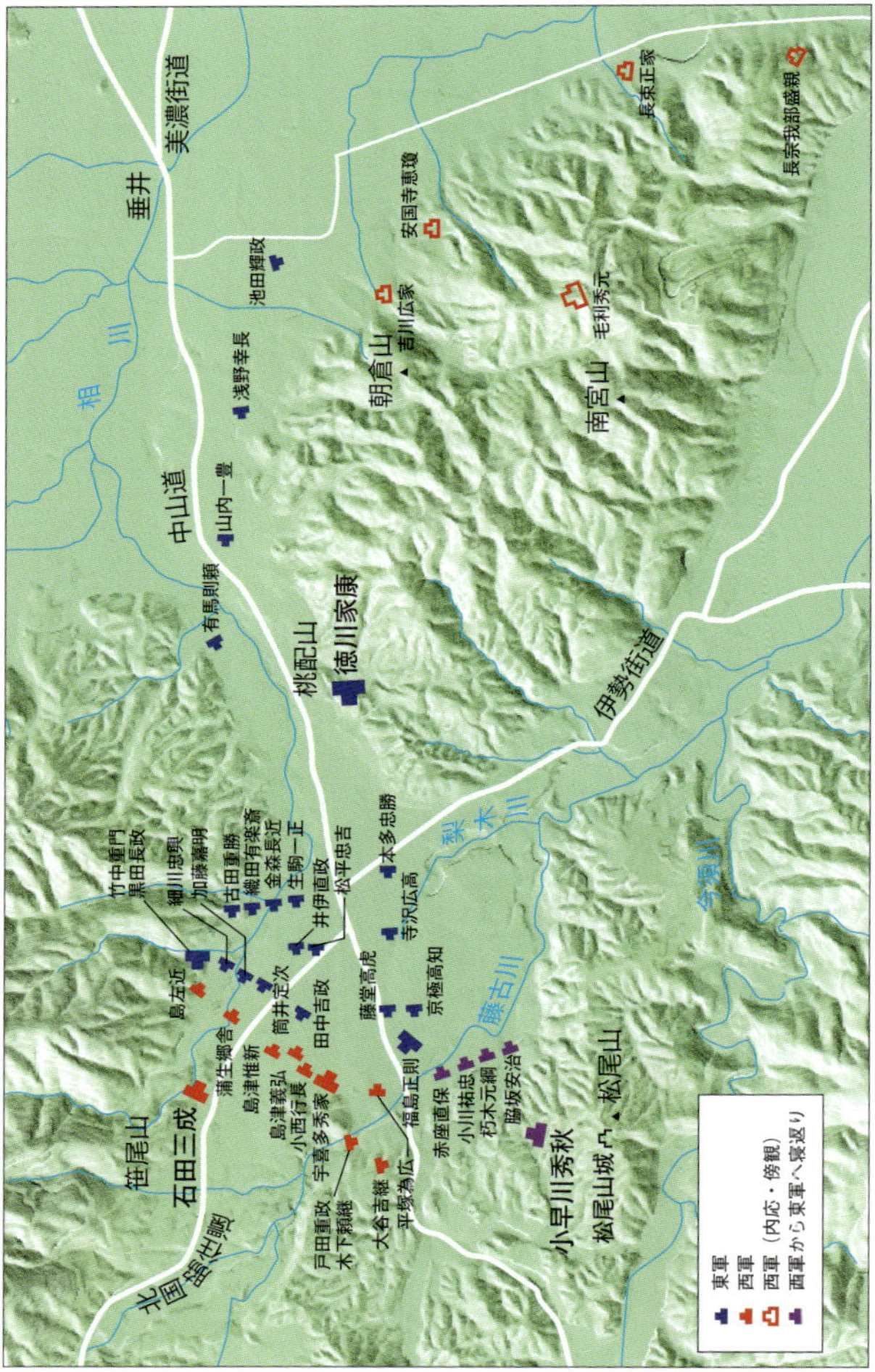

関ヶ原合戦の布陣図。松尾山城からは関ヶ原が一望できるが、南宮山からは見ることができない（現在の地形図に加筆して作図）

らも、笹尾山、岡山烽火場からも見える。

松尾山城を歩いた印象は、広く技巧的な城、に尽きる。**その規模は美濃国内でも最大級を誇り、一時的に築かれた単なる陣城とは思えないほど巧妙なつくりだ。**松尾山城と聞くと関ヶ原合戦における小早川秀秋の陣跡という歴史的スポットのイメージが強いが、実際に歩いてみると、**軍勢を駐屯させるだけの陣城とは思えない。**ここで実戦が繰り広げられてもおかしくない、それなりの事態を想定した戦闘力の高い城であることがわかる。

まず、**秀逸な設計に度肝を抜かれる。主郭の南側には現在でもはっきりと形状がわかる枡形虎口が残り、しかも櫓台まである。櫓台からは虎口に迫る切岸直下の土橋を頭上から狙える構**造で、この部分だけでも山城ファンなら興奮し

松尾山城主郭南側の枡形虎口。櫓台もある

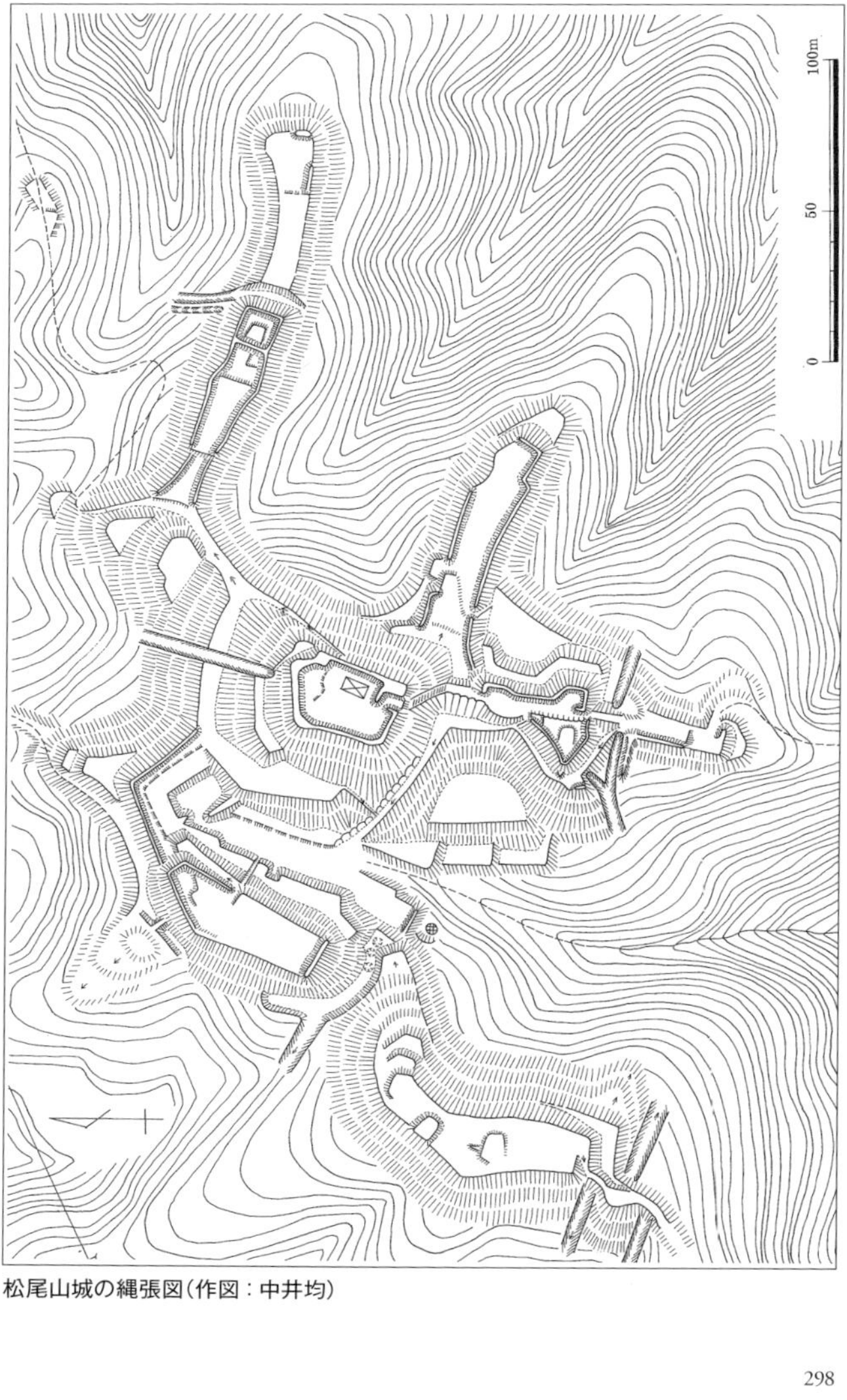

松尾山城の縄張図（作図：中井均）

てしまうだろう。虎口の前面は、堀切を隔てて突き出すように土塁囲みの曲輪が設けられ、土塁は横矢が掛けられるように折れ曲がっている。まさに迎撃態勢という言葉がぴったりの、戦国時代らしい構造だ。

土橋東側の尾根筋にも土塁で囲まれた曲輪があり、ここも横矢が掛かるように明らかに折れがつけられている。主郭北東にも東にのびる尾根があるのだが、ここも同様に土塁囲みの曲輪が続き、大規模な堀切を隔ててさらに曲輪が続く。さらには西側の谷筋も土塁で囲むことで城内へと取り込み、堀切を隔てた対岸にも蜿蜒と曲輪を設けている。

毛利秀元が布陣した南宮山

次に訪れたのが、関ヶ原古戦場の東方にそび

松尾山城の主郭から見渡す関ヶ原

える**南宮山《なんぐうさん》の陣跡**（岐阜県不破郡関ヶ原町）だ。**西軍の毛利秀元が布陣した場所**で、南宮山南東の標高404メートルの地点に築かれている。**松尾山城とは異なり小規模だが、やはり城と呼べる構造**で、コンパクトながら理路整然としていて、説明に迷わないつくりをしている。

　主郭から尾根筋を使って3方向に城域を取り、理想的に横矢が掛かっている。主郭北東側の尾根筋には東面だけにどっしりと大きな土塁を設けてその先に曲輪をつくり、北東端は堀切で尾根を遮断。西側にも副郭があり、曲輪は横矢が掛かるように屈曲した土塁で囲まれ、先端は堀切で遮断されている。南東側の尾根筋にも小さな曲輪が設けられ、ここも先端は堀切で分断されている。

　特徴といえるのは、この城の向きだ。土塁は明らかに、南側が高く厚くなっている。北東尾根の堀切は東側だけ竪堀になっていて、同じように西側尾根の堀切も、南側だけが竪堀となっている。つまりは

南宮山からの眺望。眼下には大垣、はるか遠くには名古屋市街地が見える

南・東面が敵に対峙する正面側となって防備が強く意識されている。こちら側に何があるのかといえば、三成が入った**大垣城**（岐阜県大垣市）なのだ。

この陣城の大問題は、関ヶ原合戦場が見えないことだ。標高404メートルもあり、主郭からの眺望はすこぶるよく、濃尾平野が一望できる。しかし、**肝心の関ヶ原は南宮山に遮られてまったく見えない**のだ。陣所から戦場が見えないのはありえない話で、関ヶ原を決戦の場として構築されたのであれば、かなり大きな矛盾が生じてくる。毛利秀元と同じく9月7日に伊勢から北上してきた長宗我部盛親や安国寺恵瓊なども南宮山系の東方に陣を構えているのだが、訪れてみるとやはり関ヶ原合戦場を見ることはできない。

◆大垣籠城戦のシナリオと両軍の動向

陣城とは思えないほど技巧性の高い松尾山城と、毛利秀元の陣城でありながら関ヶ原合戦場を見下ろせない南宮山。この矛盾と違和感は、何を示しているのだろうか。そこに、関ヶ原合戦を考え直すヒントが隠されていた。

関ヶ原合戦の経緯を改めてたどってみる。関ヶ原周辺に軍勢が先に集結したのは西軍のほうで、8月10日には三成らが大垣城に入城し、8月17日には島津義弘が垂井に布陣している。伊勢から北上した毛利秀元、吉川広家、安国寺恵瓊らが後詰として南宮山周辺に布陣し陣を城塞化したのは、9月7日のことだ。ここで注目すべきは**彼らの陣が関ヶ原古戦場を望めない大垣方面を向いていること**で、少なくとも9月7日の時点では、**西軍は大垣城での籠城戦を想定していた**と考えられる。

三成が増田長盛に宛てた9月12日付の書状によれば、総大将の毛利輝元を大坂から出陣させ、松尾山城に布陣させる旨が記されている。**美濃・近江国境にあたり西軍の最終防衛ラインである松尾山城こそ、毛利輝元が陣を置くべき場所だった**というわけだ。**松尾山城は、関ヶ原ではなく国境および東山道をにらんだ重要拠点**であったのだろう。

しかし、前述のように松尾山城にはかなりの手が入れられており、決戦までの数日間で築くのは到底不可能だ。となれば、**それ以前から大規模な改修が行われていた**ことになる。

中井教授によれば、9月14日に稲葉正成が兵を率いて美濃に赴き松尾山の新城に入り、その城主である伊藤長門守を追い払った、という記述が『稲葉家譜』にあるという。伊藤長門守とは大垣城主の伊藤盛正のことで、新城とは増改築された松尾山城のことと考えられる。つまり、伊藤盛正は8月10日に三成に大垣城を提供した後は三成の命により松尾山に新城を築き、関ヶ原合戦前日まで守備していたと解釈できるという。ここに、大垣城籠城戦を想定した西軍の動向が見えてくる。

西軍は大垣城での籠城戦を想定し、南宮山に布陣する諸将は後詰として、背後から挟撃する作戦だったのだろう。松尾山城は、東軍が一気に関ヶ原を抜け近江に侵攻した場合を想定して強化されていたと考えられる。しかし、14日に西軍の主力部隊がなんらかの理由で関ヶ原へ移動し東軍を迎撃する作戦に変更されてしまったため、関ヶ原合戦が勃発したというわけである。

また、これらの動きから考えると、小早川秀秋の寝返りは合戦当日に突発的に行われたわけではなく事前に確約されたものだということになる。松尾山布陣は西軍の作戦ではなく、単独行動であったのだ。14日の時点で、西軍は単独行動を制御できない状況に陥っていたということだろう。

ところで、なぜ三成は大垣城を出て関ヶ原へと移動したのだろうか。通説では家康が大垣城を素通りして佐和

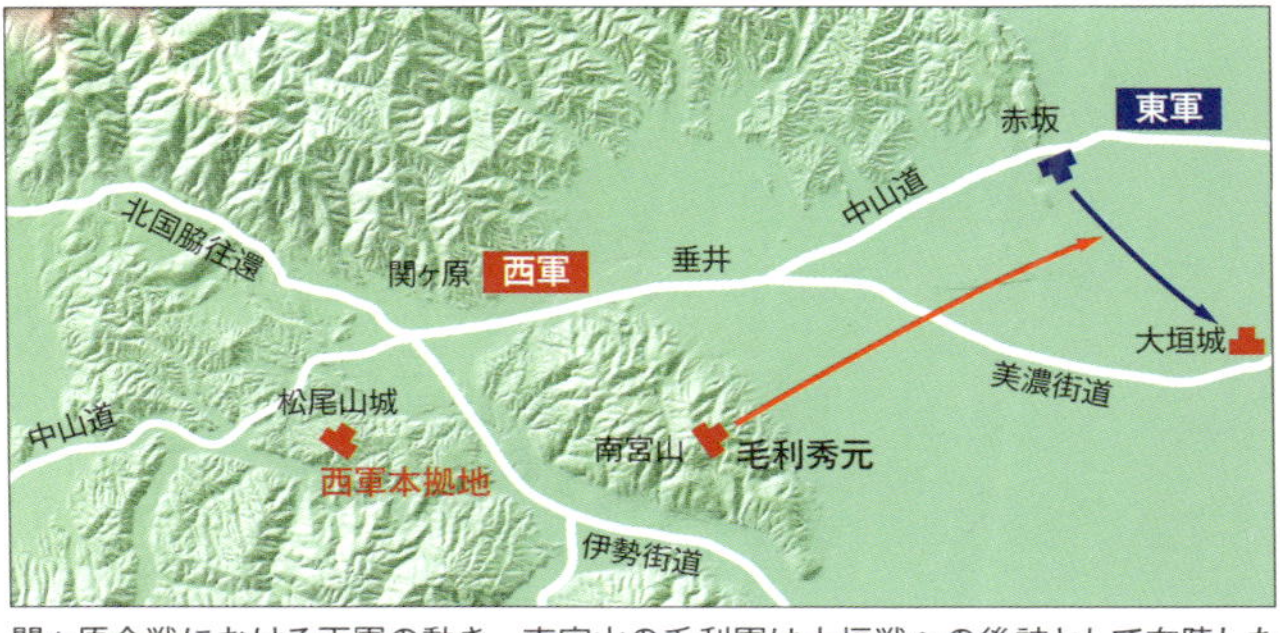

関ヶ原合戦における両軍の動き。南宮山の毛利軍は大垣戦への後詰として布陣したとみられる(現在の地形図に加筆して作図)

山城へと向かったため、それを阻止すべく関ヶ原で迎え撃ったとされているが、近年ではさまざまな別説がある。

8月下旬の段階では、家康方は清須城、三成方は大垣城を拠点とし、尾張と美濃の国境で対峙していた。8月23日に岐阜城がわずか1日で陥落したことで戦況は変化し、家康方の軍勢が大垣城に迫り、付城を構築して大垣城を包囲することとなった。

この時点で、西軍は大垣城での攻防戦が重要な戦いになること、籠城戦がかなり長期戦になることは認識していたようだ。家康の江戸出陣も大垣城への攻撃開始を受けてのもので、家康もまた、大垣籠城戦が長期的な戦いになると想定していたとみられる。

これを受けて、毛利秀元、吉川広家、安国寺恵瓊などが後詰として南宮山に入るのだが、興味深いのは、家康が赤坂に布陣した後、大垣城の包囲を続行しつつ、本隊を動かしたという説だ。三成方はこれを挟撃すべく、急

関ヶ原合戦における両軍の動き。家康の毛利勢への進軍を受けて三成は大垣城から急遽転進、毛利勢の降伏によって関ヶ原合戦に転じた（現在の地形図に加筆して作図）

ぎ大垣城を出たというのだ。
ところが、三成が動いたところで、吉川広家が家康に降伏するという予想外の事態が起きてしまった。そのため毛利勢との激突を回避した家康は、関ヶ原方面へと転進した三成本隊へと主力部隊を向かわせたというのである。

合戦の真相は諸説あり実際の動向は明らかではない。しかし、いずれにしても三成にとって毛利勢の動きは想定外の緊急事態であり、関ヶ原合戦は不測の事態により作戦の変更を余儀なくされた末の、苦肉の策だったと思われる。
それは、現在残る陣城から考えても納得できる部分がある。というのも、三成の笹尾山や宇喜多秀家と小西行長の天満山、島津義弘の小関などに陣城の痕跡が見当たらないからだ。関ヶ原合戦を想定していれば、松尾山城まではいかずとも陣城を構築できた気がするのだ。

地形と立地、そこに立って見えるものや感じることが、歴史の真実を紐解くヒントになる。松尾山城の遺構と南宮山からの眺望は、そのことを教えてくれた好例なのである。

主要参考文献

愛知中世城郭研究会・中井均編『愛知の山城ベスト50を歩く』サンライズ出版　二〇一〇年

伊豆の国市『韮山城跡「百年の計」きわめる・つたえる・いかす 郷土の誇り』二〇一四年

財団法人茨城県教育財団『茨城県教育財団文化財調査報告書第３４０集 小幡城跡２』財団法人茨城県教育財団　二〇一一年

小田原市教育委員会『小田原城小峯御鐘ノ台大堀切』小田原市教育委員会　一九九六年

小田原市教育委員会『小田原城総構 城下張出第V地点』小田原市教育委員会　二〇一四年

小田原市教育委員会『史跡小田原城跡御用米曲輪 発掘調査概要報告書』小田原市教育委員会　二〇一六年

小田原城天守閣『戦国最大の城郭 小田原城』小田原城天守閣　二〇一二年

小和田哲男先生古稀記念論集刊行会編『戦国武将と城 小和田哲男先生古稀記念論集』サンライズ出版　二〇一四年

河西克造・中井均・三島正之編『長野の山城ベスト50を歩く』サンライズ出版　二〇一三年

加藤理文『静岡の城 研究成果が解き明かす城の県史』サンライズ出版　二〇一一年

加藤理文『よくわかる日本の城』小和田哲男監修　学研プラス　二〇一七年

加藤理文・中井均編『静岡の山城ベスト50を歩く』サンライズ出版　二〇〇九年
金沢市教育委員会編『加越国境城郭群と古道調査報告書―切山城跡・松根城跡・小原越―』金沢市埋蔵文化財センター　二〇一四年
黒田基樹『小田原合戦と北条氏』吉川弘文館　二〇一二年
齋藤慎一・向井一雄『日本城郭史』吉川弘文館　二〇一六年
佐用町利神城跡等調査委員会・兵庫県佐用町教育委員会編『利神城跡等調査報告書』佐用町教育委員会　二〇一七年
滋賀県教育委員会編『近江城郭探訪 合戦の舞台を歩く』発行：財団法人滋賀県文化財保護協会　発売：サンライズ出版　二〇〇六年
滋賀県教育委員会・米原市教育委員会編『埋蔵文化財活用ブックレット9（近江の城郭4）京極氏遺跡群―京極氏館跡・上平寺城跡・弥高寺跡―』滋賀県教育委員会事務局文化財保護課　二〇一一年
織豊期城郭研究会『織豊城郭　第11号　破城――城を壊す・城が崩れる・城を埋める』織豊期城郭研究会　二〇〇七年
織豊期城郭研究会『織豊城郭　第12号　織豊系城郭の支城』織豊期城郭研究会　二〇一二年
織豊期城郭研究会『織豊城郭　第13号　織豊系城郭の陣城』織豊期城郭研究会　二〇一三年
高橋成計『織豊系陣城事典』戎光祥出版　二〇一七年

高屋茂男『出雲の山城―山城50選と発掘された城館』ハーベスト出版　二〇一三年
東京都教育委員会編『東京都の中世城館』戎光祥出版　二〇一三年
鳥栖市教育委員会編『鳥栖市文化財調査報告書 勝尾城筑紫氏遺跡』鳥栖市教育委員会　二〇〇六年
鳥取市教育委員会『史跡鳥取城跡附太閤ヶ平 天球丸保存整備事業報告書』鳥取市教育委員会　一九九七年
鳥取県立公文書館県史編さん室『鳥取県史ブックレット第1巻「織田vs毛利―鳥取をめぐる攻防―」』鳥取県　二〇〇七年
鳥取県立公文書館 県史編さん室『鳥取県史ブックレット第4巻「尼子氏と戦国時代の鳥取」』鳥取県　二〇一〇年
中井均編『近江の山城ベスト50を歩く』サンライズ出版　二〇〇六年
長浜市教育委員会『賤ケ岳合戦城郭群報告書』長浜市教育委員会　二〇一三年
西股総生『図解 戦国の城がいちばんよくわかる本』ベストセラーズ　二〇一六年
浜松市教育委員会『二俣城跡・鳥羽山城跡総合調査報告書』浜松市教育委員会　二〇一七年
彦根市教育委員会・滋賀県教育委員会『増補改訂版佐和山城』彦根市教育委員会文化財部文化財課　二〇一一年
平山優『武田遺領をめぐる動乱と秀吉の野望―天正壬午の乱から小田原合戦まで』戎光祥出版 二〇一一年
平山優『天正壬午の乱 増補改訂版』戎光祥出版　二〇一五年

広瀬町教育委員会『史跡富田城跡環境整備事業報告書』二〇〇三年
北杜市教育委員会『山梨県北杜市 市内城館跡詳細分布調査報告書』二〇一一年
松野町教育委員会編『河後森城発掘調査報告書』松野町教育委員会　一九九二年
三木城跡及び付城跡群学術調査検討委員会『三木城跡及び付城跡群総合調査報告書』三木市教育委員会　二〇一〇年
三木市教育委員会『三木合戦を知る』三木市教育委員会　二〇一一年
峰岸純夫・齋藤慎一編『関東の名城を歩く 北関東編』吉川弘文館　二〇一一年
美浜町教育委員会『佐柿国吉城今昔物語～450年の時を超えて～〔講演録〕』美浜町教育委員会　二〇〇四年
美浜町教育委員会『佐柿国吉城址を歩こう ～見どころ編～ 佐柿国吉城ブックレット　国吉城の章第一巻』美浜町教育委員会　二〇〇七年
美浜町教育委員会『戦国若狭と国吉城 ～歴史編～　佐柿国吉城ブックレット　国吉城の章第二巻』
美浜町教育委員会　二〇一〇年
村田修三監修『織豊系城郭とは何か』城郭談話会編　サンライズ出版　二〇一七年
米沢市教育委員会『舘山城測量調査報告書』米沢市教育委員会　一九九九年
『歴史群像』学研プラス

資料提供・協力機関

安芸高田市歴史民族博物館、伊豆の国市教育委員会、上田市立博物館、公益財団法人 大阪市博物館協会、掛川市教育委員会、金沢市埋蔵文化財センター、上郡町教育委員会、公益財団法人 京都埋蔵文化財調査研究センター、国立国会図書館、佐用町教育委員会、島田市教育委員会、高梁市教育委員会、鳥栖市教育委員会、鳥取県立公文書館 県史編さん室、鳥取市教育委員会、長野県埋蔵文化財センター、沼津市教育委員会、浜松市、彦根市教育委員会、広島市立中央図書館、福井県一乗谷朝倉氏遺跡資料館、松野町教育委員会、三木市教育委員会、三島市教育委員会、南九州市教育委員会、ミュージアム知覧、米子市教育委員会、長浜み~な編集室

（順不同）

萩原さちこ（はぎわら　さちこ）
小学2年生のとき城に魅せられる。大学卒業後、制作会社や広告代理店等の勤務を経て、現在はフリーの城郭ライター、編集者。執筆業を中心に、メディア・イベント出演、講演、講座など行う。
著書に『わくわく城めぐり』（山と渓谷社）、『戦国大名の城を読む』（SB新書）、『日本100名城めぐりの旅』（学研プラス）、『お城へ行こう!』（岩波ジュニア新書）、『図説・戦う城の科学』（サイエンス・アイ新書）、『江戸城の全貌』（さくら舎）、『城の科学　個性豊かな天守の「超」技術』（講談社ブルーバックス）など。ほか、新聞や雑誌、Webサイトでの連載、共著多数。公益財団法人日本城郭協会理事。https://46meg.com

［カラー版］　地形と立地から読み解く「戦国の城」

2018年9月28日　初版第1刷発行

著者――萩原さちこ

発行者―滝口直樹

発行所―株式会社マイナビ出版
〒101-0003　東京都千代田区一ツ橋2-6-3 一ツ橋ビル2F
TEL　0480-38-6872（注文専用ダイヤル）
03-3556-2731（販売部）　03-3556-2735（編集部）
e-mail　pc-books@mynavi.jp
URL　http://book.mynavi.jp

写真―――萩原さちこ
デザイン――吉村朋子
編集―――山本雅之、岩井浩之　伏嶋夏希（マイナビ出版）
地図製作―株式会社ジェオ
DTP―――株式会社明昌堂
校正―――株式会社鷗来堂
イラスト―渡辺信吾（株式会社ウエイド）
印刷・製本―株式会社ルナテック

＊P53、P175、P186 写真：山本雅之

この本で使用した地図の作成にあたっては、国土地理院発行の電子地形図25000、基盤地図情報：数値標高モデル10 mメッシュ（標高）を使用しました。

定価はカバーに記載しております。

ISBN978-4-8399-5978-4 C0026
Printed in Japan